일반직 신입직원 채용 대비

새마을금고
중앙회

필기전형

새마을금고중앙회

필기전형

개정2판 발행	2022년 5월 30일
개정3판 발행	2023년 4월 14일

편 저 자	취업적성연구소
발 행 처	㈜서원각
등록번호	1999-1A-107호
주 소	경기도 고양시 일산서구 덕산로 88-45(가좌동)
교재주문	031-923-2051
팩 스	031-923-3815
교재문의	카카오톡 플러스 친구[서원각]
홈페이지	www.goseowon.com

PREFACE

새마을금고중앙회에서는 따뜻한, 신뢰받는, 창조적인, 협력하는 인재상을 채용합니다. 새마을금고중앙회에서 원하는 인재상을 채용하기 위해서 다양한 전형으로 인재를 선발합니다. 특히나 필기시험은 많은 과목과 어려운 난이도로 학습에 철저한 준비가 필요합니다. 일반직에서는 NCS직업기초능력평가(의사소통, 수리, 문제해결능력), 직무전공(경영, 경제, 민법), 금융상식이 있고 IT직에서는 NCS직업기초능력평가(의사소통, 수리, 문제해결능력), 직무전공(전산이론), 금융상식을 시행합니다. 필기전형의 학습량이 방대하여 학습에 출제경향은 어떠한지, 난이도는 어느 정도인가를 파악하는 것은 중요한 부분 중에 하나입니다. 방대한 학습에 도움을 드리기 위해 서원각에서는 실전감각을 익히고 출제유형을 파악할 수 있도록 도서를 구성하였습니다.

- 2021, 2023년 상반기 금융상식 필기시험 후기를 중심으로 금융상식 기출복원 모의고사를 수록하였습니다.
- NCS 직업기초능력평가(의사소통능력/수리능력/문제해결능력) 출제예상문제를 수록하였습니다.
- 직무전공에 출제가 예상되는 문제를 수록하여 직무전공 준비에 도움이 되도록 하였습니다.
- 금융상식을 핵심용어와 출제가 예상되는 문제를 수록하였습니다.
- 모든 채용분야의 응시생이 공통적으로 알아야 하는 금융 · 경제 · 디지털 상식 용어 및 출제예상문제를 수록하였습니다.

합격을 향해 고군분투하는 수험생 여러분에게 힘이 되는 교재가 되기를 바라며 서원각이 진심으로 응원하겠습니다.

STRUCTURE

● 기출복원 모의고사

2023.01.08.에 시행한 필기시험과 2021.05.08.에 시행한 필기시험 총 2개년 새마을금고중앙회 기출문제를 복원하여 재구성하여 수록하였습니다. 자주 보이는 키워드를 확인하고 실전처럼 준비해보세요!

● NCS직업기초능력평가

의사소통능력, 수리능력, 문제해결능력 영역별로 출제가 예상되는 예상문제를 수록하였습니다. 영역별로 출제경향을 분석하여 내년 시험 출제경향을 수록하여 실전대비에 도움이 되도록 하였습니다!

Chapter. ★★★★★

2023.01.08. 기출복원 모의고사

정답 문항수	/ 30문항	풀이시간

1 다음은 농작물재해보험(밭작물) 보험 약관의 일부이다. 보험의 목적이 인삼작물인 경우 해석을 바르...

① 작물특성 및 시설종합위험방식

보상하는 손해	보험기간	
보험의 목적	보장개시	보장종료
인삼	1형(4~5월 가입): 판매개시년도 5월 1일(단, 5월 1일 이후 보험에 가입하는 경우에는 계약체결일 24시)	1형(4~5월 가입): 이듬해 4월 (단, 6년근은 판매개시년도 10월 과할 수 없음)
	2형(10~11월 가입): 판매개시년도 11월 1일(단, 11월 1일 이후 보험에 가입하는 경우에는 계약체결일 24시)	2형(10~11월 가입): 이듬해 10월 시(단, 10월 31일 이전에 수확이 우에는 보장 종료)

② 인삼(작물) 보장하는 손해

회사는 보험의 목적에 아래에 재해로 인해 입은 손해를 보상합니다.

1. 태풍(강풍) : 기상청에서 태풍에 대한 특보(태풍주의보, 태풍경보)를 발령한 때 해당지역의 또는 최대순간풍속 14m/s이상 강풍을 말합니다. 이 때 강풍은 해당지역에서 가장 가까운 측소(기상청 설치 또는 기상청이 인증하고 실시간 관측 자료를 확인할 수 있는 관측소)에 자료 중 가장 큰 수치의 자료로 판정합니다.

2. 폭설 : 기상청에서 대설에 대한 특보(대설주의보, 대설경보)를 발령한 때 해당 지역의 눈 또는 적설이 해당지역에서 가장 가까운 3개 기상관측소(기상청 설치 또는 기상청이 인증하고 실시 료를 확인할 수 있는 관측소)에 나타난 측정자료 중 가장 큰 수치의 자료가 5cm이상인 상태를

3. 집중호우 : 기상청에서 호우에 대한 특보(호우주의보, 호우경보)를 발령한 때 해당 지역의 당지역에서 가장 가까운 3개소의 기상관측장비(기상청 설치 또는 기상청이 인증하고 실시 료를 확인할 수 있는 관측소)로 측정한 24시간 누적강수량이 80mm이상인 강우상태를 말

4. 침수 : 태풍, 집중호우 등으로 인하여 인삼 농지에 다량의 물(고랑 바닥으로부터 침수 15cm 이상)이 유입되어 상면에 물이 잠긴 상태를 말합니다.

5. 우박 : 적란운과 봉우리 적운 속에서 성장하는 얼음알갱이나 얼음덩이가 내려 발생하는 피해

6. 냉해 : 출아 및 전엽기(4~5월로 한정) 중에 해당지역에서 가장 가까운 3개소의 기상관측 설치 또는 기상청이 인증하고 실시간 관측 자료를 확인할 수 있는 관측소)에서 측정한 5℃ 이하의 찬 기온으로 인하여 발생하는 피해를 말하며, 육안으로 판별 가능한 냉해 증상 우에 피해를 인정합니다.

7. 폭염 : 해당 지역에 최고기온 30℃ 이상이 7일 이상 지속되는 상태를 말하며, 잎에 육안으로 능한 타들어간 증상이 50% 이상 있는 경우에 인정합니다.

8. 화재 : 화재로 인하여 발생하는 피해

경영, 경제, 민법 등 분야별 직무적공에 출제가 예상되는
유형문제를 수록하였습니다. 정답 및 해설을 통해 이론까
지 확인해보세요!

꼭 알아야 하는 금융 · 경제, 디지털 · IT 상식을 수록하였
습니다. 상식 PLUS 자료를 통한 심화 학습 및 기출예상
문제로 실전에 대비해보세요!

---

③ 추가지급

회사는 ⑧에서 보장하는 위험으로 인하여 손해가 발생한 경우 계약자 또는 피보험자가 지출한 아래의 비
용을 추가로 지급합니다. 다만, 보험의 목적 중 인삼의 경우 잔존물 제거비용은 지급하지 않습니다.

1. 잔존물 제거비용 : 사고현장에서의 잔존물의 해체비용, 청소비용 및 차에 싣는 비용. 다만, ⑫에서 보
   장하지 않는 위험으로 보험의 목적이 손해를 입거나 관계법령에 의하여 제거됨으로써 생긴 손해에 대하여는 보
   상하여 드리지 않습니다(청소비용에서 사고현장 및 인근 지역의 토양, 대기 및 수질 오염물질 제거 비용과 차에
   실은 후 폐기물 처리비용은 포함되지 않습니다.)
2. 손해방지비용 : 손해의 방지 또는 경감을 위하여 지출한 필요 또는 유익한 비용
3. 대위권 보전비용 : 제3자로부터 손해의 배상을 받을 수 있는 경우에는 그 권리를 지키거나 행사하기 위하여 지출
   한 필요 또는 유익한 비용
4. 잔존물 보전비용 : 잔존물을 보전하기 위하여 지출한 필요 또는 유익한 비용. 다만, 잔존물에 의해 회사가 잔존물
   을 취득한 경우에 한합니다.
5. 기타 협력비용 : 회사의 요구에 따르기 위하여 지출한 필요 또는 유익한 비용

④ 보상하지 않는 손해 : 회사는 보험의 목적이 인삼인 경우 아래의 사유로 인한 손해는 보상하여 드리지 않
습니다.

1. 계약자, 피보험자 또는 이들의 법정대리인의 고의 또는 중대한 과실
2. 수확기에 계약자 또는 피보험자의 고의 또는 중대한 과실로 수확하지 못하여 발생한 손해
3. 제초작업, 시비관리 등 통상적인 영농활동을 하지 않아 발생한 손해
4. 원인의 직접, 간접을 묻지 않고 병충해로 발생한 손해
5. 연작장해, 염류장해 등 생육 장해로 인한 손해
6. 보상하지 않는 재해로 제방, 댐 등이 붕괴되어 발생한 손해
7. 해가림 시설 등의 노후 및 하자로 생긴 손해
8. 계약체결 시점 현재 기상청에서 발령하고 있는 기상특보 발령 지역의 기상특보 관련 재해로 인한 손해
9. 보상하는 손해에 해당하지 않은 재해로 발생한 손해
10. 전쟁, 혁명, 내란, 사변, 폭동, 소요, 노동쟁의, 기타 이들과 유사한 사태로 생긴 손해

※ 기상 특보 관련 재해 : 태풍, 호우, 홍수, 강풍, 풍랑, 해일, 대설, 폭염 등을 포함합니다.
※ 시비관리 : 수확량 또는 품질을 높이기 위해 비료성분을 토양 중에 공급하는 것

⑤ 보험금의 청구 : 피보험자가 보험금을 청구할 때에는 다음의 서류를 회사에 제출하여야 합니다.

1. 보험금 청구서(회사양식)
2. 신분증(주민등록증이나 운전면허증 등 사진이 붙은 정부기관발행 신분증. 본인이 아닌 경우에는 본인의 인감증명
   서 또는 본인서명사실확인서 포함)
3. 기타 회사가 요구하는 증거자료

① 영희 : 조수해(鳥獸害)로 발생한 피해도 보장해주겠다.
❷ 민지 : 인삼작물은 적란운과 봉우리 적은 속에서 성장하는 얼음알갱이나 얼음덩이가 내려와서 발
   생하는 피해도 보상하겠군.
③ 연주 : 사고현장에서의 잔존물의 해체비용, 청소비용을 추가지급을 받을 수 있겠다.
④ 혜령 : 수확량 또는 품질을 높이기 위한 비료성분을 토양에 공급하지 않아서 발생한 손해도 보상해주네.
⑤ 준수 : 보험금 청구할 때에는 회사에서 준 양식에 보험금 청구서만 첨부하여 제출하면 돼.

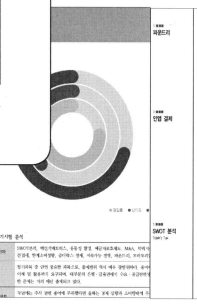

CONTENTS

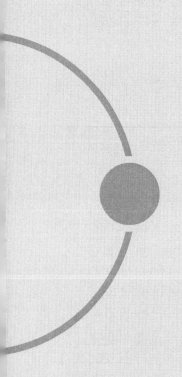

PART

01

기출복원문제

2023.01.08. 기출복원문제

정답 문항수	/ 30문항	풀이시간	/ 30분

1 다음은 농작물재해보험(밭작물) 보험 약관의 일부이다. 보험의 목적이 인삼작물인 경우 해석을 바르게 한 경우는?

① 작물특성 및 시설종합위험방식

보상하는 손해	보험기간	
보험의 목적	보장개시	보장종료
인삼	1형(4~5월 가입) : 판매개시년도 5월 1일(단, 5월 1일 이후 보험에 가입하는 경우에는 계약 체결일 24시)	1형(4~5월 가입) : 이듬해 4월 30일 24시 (단, 6년근은 판매개시년도 10월 31일을 초과할 수 없음)
	2형(10~11월 가입) : 판매개시년도 11월 1일 (단, 11월 1일 이후 보험에 가입하는 경우에는 계약체결일 24시)	2형(10~11월 가입) : 이듬해 10월 31일 24시(단, 10월 31일 이전에 수확이 완료된 경우에는 보장 종료)

② 인삼(작물) 보장하는 손해

　회사는 보험의 목적에 아래에 재해로 인해 입은 손해를 보상합니다.

1. 태풍(강풍) : 기상청에서 태풍에 대한 특보(태풍주의보, 태풍경보)를 발령한 때 해당지역의 바람과 비 또는 최대순간풍속 14m/s이상 강풍을 말합니다. 이 때 강풍은 해당지역에서 가장 가까운 3개 기상관측소(기상청 설치 또는 기상청이 인증하고 실시간 관측 자료를 확인할 수 있는 관측소)에 나타난 측정자료 중 가장 큰 수치의 자료로 판정합니다.

2. 폭설 : 기상청에서 대설에 대한 특보(대설주의보, 대설경보)를 발령한 때 해당 지역의 눈 또는 24시간 신적설이 해당지역에서 가장 가까운 3개 기상관측소(기상청 설치 또는 기상청이 인증하고 실시간 관측 자료를 확인할 수 있는 관측소)에 나타난 측정자료 중 가장 큰 수치의 자료가 5cm이상인 상태를 말합니다.

3. 집중호우 : 기상청에서 호우에 대한 특보(호우주의보, 호우경보)를 발령한 때 해당 지역의 비 또는 해당지역에서 가장 가까운 3개소의 기상관측장비(기상청 설치 또는 기상청이 인증하고 실시간 관측 자료를 확인할 수 있는 관측소)로 측정한 24시간 누적강수량이 80mm이상인 강우상태를 말합니다.

4. 침수 : 태풍, 집중호우 등으로 인하여 인삼 농지에 다량의 물(고랑 바닥으로부터 침수 높이가 최소 15cm 이상)이 유입되어 상면에 물이 잠긴 상태를 말합니다.

5. 우박 : 적란운과 봉우리 적운 속에서 성장하는 얼음알갱이나 얼음덩이가 내려 발생하는 피해를 말합니다.

6. 냉해 : 출아 및 전엽기(4~5월로 한정) 중에 해당지역에서 가장 가까운 3개소의 기상관측장비(기상청 설치 또는 기상청이 인증하고 실시간 관측 자료를 확인할 수 있는 관측소)에서 측정한 최저기온 0.5℃ 이하의 찬 기온으로 인하여 발생하는 피해를 말하며, 육안으로 판별 가능한 냉해 증상이 있는 경우에 피해를 인정합니다.

7. 폭염 : 해당 지역에 최고기온 30℃ 이상이 7일 이상 지속되는 상태를 말하며, 잎에 육안으로 판별 가능한 타들어간 증상이 50% 이상 있는 경우에 인정합니다.

8. 화재 : 화재로 인하여 발생하는 피해

③ 추가지급

회사는 ②에서 보장하는 위험으로 인하여 손해가 발생한 경우 계약자 또는 피보험자가 지출한 아래의 비용을 추가로 지급합니다. 다만, 보험의 목적 중 인삼의 경우 잔존물 제거비용은 지급하지 않습니다.

1. 잔존물 제거비용 : 사고현장에서의 잔존물의 해체비용, 청소비용 및 차에 싣는 비용. 다만, ②에서 보장하지 않는 위험으로 보험의 목적이 손해를 입거나 관계법령에 의하여 제거됨으로써 생긴 손해에 대하여는 보상하여 드리지 않습니다(청소비용에서 사고현장 및 인근 지역의 토양, 대기 및 수질 오염물질 제거 비용과 차에 실은 후 폐기물 처리비용은 포함되지 않습니다.)

2. 손해방지비용 : 손해의 방지 또는 경감을 위하여 지출한 필요 또는 유익한 비용

3. 대위권 보전비용 : 제3자로부터 손해의 배상을 받을 수 있는 경우에는 그 권리를 지키거나 행사하기 위하여 지출한 필요 또는 유익한 비용

4. 잔존물 보전비용 : 잔존물을 보전하기 위하여 지출한 필요 또는 유익한 비용. 다만, 잔존물에 의해 회사가 잔존물을 취득한 경우에 한합니다.

5. 기타 협력비용 : 회사의 요구에 따르기 위하여 지출한 필요 또는 유익한 비용

④ 보상하지 않는 손해 : 회사는 보험의 목적이 인삼인 경우 아래의 사유로 인한 손해는 보상하여 드리지 않습니다.

1. 계약자, 피보험자 또는 이들의 법정대리인의 고의 또는 중대한 과실

2. 수확기에 계약자 또는 피보험자의 고의 또는 중대한 과실로 수확하지 못하여 발생한 손해

3. 제초작업, 시비관리 등 통상적인 영농활동을 하지 않아 발생한 손해

4. 원인의 직접, 간접을 묻지 않고 병충해로 발생한 손해

5. 연작장해, 염류장해 등 생육 장해로 인한 손해

6. 보상하지 않는 재해로 제방, 댐 등이 붕괴되어 발생한 손해

7. 해가림 시설 등의 노후 및 하자로 생긴 손해

8. 계약체결 시점 현재 기상청에서 발령하고 있는 기상특보 발령 지역의 기상특보 관련 재해로 인한 손해

9. 보상하는 손해에 해당하지 않은 재해로 발생한 손해

10. 전쟁, 혁명, 내란, 사변, 폭동, 소요, 노동쟁의, 기타 이들과 유사한 사태로 생긴 손해

※ 기상 특보 관련 재해 : 태풍, 호우, 홍수, 강풍, 풍랑, 해일, 대설, 폭염 등을 포함합니다.

※ 시비관리 : 수확량 또는 품질을 높이기 위해 비료성분을 토양 중에 공급하는 것

⑤ 보험금의 청구 : 피보험자가 보험금을 청구할 때에는 다음의 서류를 회사에 제출하여야 합니다.

1. 보험금 청구서(회사양식)

2. 신분증(주민등록증이나 운전면허증 등 사진이 붙은 정부기관발행 신분증, 본인이 아닌 경우에는 본인의 인감증명서 또는 본인서명사실확인서 포함)

3. 기타 회사가 요구하는 증거자료

① 영희 : 조수해(鳥獸害)로 발생한 피해도 보장해주겠다.

② 민지 : 인삼작물은 적란운과 봉우리 적운 속에서 성장하는 얼음알갱이나 얼음덩이가 내려와서 발생하는 피해도 보상하겠군.

③ 연주 : 사고현장에서의 잔존물의 해체비용, 청소비용을 추가지급을 받을 수 있겠다.

④ 혜령 : 수확량 또는 품질을 높이기 위한 비료성분을 토양에 공급하지 않아서 발생한 손해도 보상해주네.

Answer ☀ 1.②

2 다음은 운전자 보험 상품설명서와 약관의 일부이다. 다음 상품설명서에 대한 설명으로 옳지 않은 것은?

〈○○손해보험 운전자보험〉

① 보장금액
  1. 운전자보험의 기본 보장 가입금액을 높였습니다.
  2. 보장금액
  • 교통사고처리지원금 - 최대 2억원
  • 자동차사고변호사선임비용 - 최대 3,000만원(자가용)
  • 자동차사고벌금비용 - 2,000만원 한도
  • 스쿨존 어린이 사고 3,000만원 한도
  • 보복운전사고를 당한 입장(피해자)에서 운전자를 지켜주는 보복운전피해 위로금 제공합니다.
  ※ 단, 위의 금액 및 위로금은 특약에 가입한 경우에 보장됩니다.
  3. 보장내용

	보장명	보장 상세	지급금액
기본계약	자동차사고부상치료비 (1~7급단입)	교통사고로 발생한 상해로 「자동차손해배상보장법 시행령」 제3조 자동차사고부상등급표의 부상등급(1~7급)을 받은 경우	1,000만원
선택계약	일반상해사망	일반상해로 사망 시	10,000만원
	교통사고처리지원금 (6주미만, 중대법규위반)	자동차 운전 중 발생한 중대법규위반 교통사고로 피해자(피보험자이 부모, 배우자 및 자녀 제외)에게 상해를 입혀 피해자가 42일 미만(피해자1인기준) 치료를 요한다는 진단을 받은 경우(1사고당 피보험자가 실제로 지급한 형사합의금 지급)	• 28일(4주)미만 진단시 : 3백만원 한도 • 28일(4주)이상 42일(6주)미만 진단시 : 7백만원 한도
	자동차사고벌금	자동차 운전 중 교통사고로 타인의 신체에 상해를 입힘으로써 신체상해와 관련하여 벌금액을 확정받은 경우 1사고당 2,000만원 한도(단, 어린이보호구역에서 어린이 치사상의 가중처벌에 따른 벌금액 확정 시 1사고당 3,000만원 한도)로 실제손해액 보상	가입금액 한도
	보복운전피해위로금 (운전자)	자동차 운전 중 보복운전의 피해자가 되어 수사기관에 신고, 고소, 고발 등이 접수되고, 검찰에 의해 공소제기(이하 "기소"라 하며, 약식기소를 포함합니다) 또는 기소유예 된 경우	가입금액
	자전거사고벌금	자전거 운전 중 급격하고도 우연히 발생한 자전거사고로 타인의 신체에 상해를 입힘으로써, 신체상해와 관련하여 벌금액을 확정받은 경우 1사고당 2,000만원 한도로 실제손해액 보상	2,000만원(1사고당)

② 보험기간
　1. 5/10/15/20년 만기
　2. 70/80/90/100세 만기
③ 납입기간 및 납입방법
　1. 납입기간 : 3년납/10년납, 전기납, 10/20/30년납
　2. 납입방법 : 매월납입, 매년납입
④ 보험료 할인
　1. 당사 장기 보장성보험 기가입자(계약자) 영업보험료의 2% 할인
　2. 당사 농기계종합보험 기가입자(계약자) 영업보험료의 2% 할인
　3. 전기자동차, 하이브리드자동차, 수소전기자동차(계약자) 소유자 2% 할인
　　※ 단, 기가입자 할인, 농기계 종합보험의 경우 할인 중복적용 불가
⑤ 비고
　1. 회사에서 정하는 기준에 의거 피보험자의 가입연령 및 건강상태, 직업 또는 직무 등에 따라 보험가입금액이 제한되거나 가입이 불가능할 수 있습니다.
　2. 실제 손해를 보상하는 담보를 다수의 보험계약으로 체결되어 있는 경우(공제계약 포함) 약관내용에 따라 비례보상합니다.
　3. 중도인출은 1년 이후부터 기본계약 해지환급금과 적립부분 해지환급금 중 적은 금액의 80%한도, 연 12회

① 기본계약 보장금액으로 교통사고처리지원금이 최대 2억 원까지 보장된다.
② 「자동차손해배상보장법 시행령」 제3조 자동차사고부상등급표의 부상등급으로 3급을 받은 경우 1,000만원의 금액으로 보험금이 지급이 된다.
③ 10년만기/10년납으로 보장기간 동안 납입하는 조건으로 가입이 가능하다.
④ 할인 적용을 받지 않았던 농기계종합보험 기가입자는 2% 할인을 받을 수 있다.

Answer ☀ 2.①

3 다음은 가축재해보험에 관련한 상품설명서의 일부이다. 상품설명서에 대한 설명으로 옳은 것은?

〈가축재해보험(돼지)〉

구분	내용
보험기간	1년 원칙
납입방법	일시납
상품형태	순수보장형(소멸성)
상품구성	보통약관 + 특별약관 + 추가특별약관

1. 가입대상
   • 돼지 : 종돈(모돈, 웅돈), 자돈, 육성돈, 비육돈 등
   • 축사 : 가축사육 건물 및 관련 시설(태양광, 태양열 등 관련 시설은 제외)

2. 보장내용
   • 주계약

구분	보상하는 손해	자기부담금
가축	• 화재에 의한 손해 • 풍재 · 수재 · 설해 · 지진에 의한 손해	손해액의 5%, 10%, 20%
축사	• 화재(벼락 포함)에 의한 손해 • 풍재 · 수재 · 설해 · 지진에 의한 손해	손해액의 0%, 5%, 10% (풍 · 수재, 설해 · 지진 최저 50만원)

   • 특약

구분	보상하는 손해	자기부담금
질병위험보장 특약	TGE, PED, Rota virus에 의한 손해 ※ 신규가입일 경우 가입일로부터 1개월 이내 질병 관련 사고는 보상하지 않습니다.	손해액의 20%, 30%, 40% 중 자기부담금과 200만원 중 큰 금액
축산휴지 위험보장 특약	돼지보험(보통약관 및 특약)에서 보상하는 사고로 인한 경영손실 손해	–
전기적장치 위험보장 특약	전기적장치의 고장에 따른 손해	손해액의 10%, 20%, 30%, 40% 중 자기부담금과 200만원 중 큰 금액
폭염재해보장 추가특약	폭염에 의한 손해	손해액의 10%, 20%, 30%, 40% 중 자기부담금과 200만원 중 큰 금액
동물복지인증계약 특약	동물복지축산농장 인증(농림축산검역본부) 시 5% 할인	–

① 보험기간은 1년 이상의 기간은 가입할 수 없다.

② 가입대상에 모돈, 웅돈, 가금 등이 포함된다.

③ 가축이 냉해로 인한 피해를 입은 경우 자기부담금은 손해액의 5%, 10%, 20%이다.

④ 축사가 화재로 인해서 손해를 입은 경우 자기부담금은 최저 50만원이다.

4 다음 보고서에 대한 설명으로 옳은 것은?

글로벌 금융부문 총자산에서 NBFI가 차지하는 비중이 거의 절반에 이르고 ('08년 42% → '20년 48.3%) 사업 역시 다각화되면서, 잠재리스크의 평가 및 대응의 필요성이 증대되었다. 특히 2020년 3월 글로벌 시장불안에서 대부분의 국가가 NBFI 부문의 자금이탈 등 극심한 스트레스를 경험한 바, FSB는 NBFI 복원력 강화를 위한 포괄적인 작업을 진행하고 있다. 포괄적인 작업에는 위기시 충격 확산 경로 식별, 관련 시스템 리스크 분석, 복원력 강화 정책수단 평가 등이 있다.

NBFI 생태계의 원활한 작동과 복원력은 시장 스트레스 상황에서도 충분한 유동성을 확보하는 것에 기반한다. NBFI 취약성 평가는 유동성 불균형(liquidity imbalances)의 축적요인 및 확산경로 식별에 중점을 두고 있다. 유동성불균형의 축적요인 및 확산경로는 3가지로 식별할 수 있다.

첫 번째로는 유동성 수요이다. 유동성 불일치 유발행위, 파생상품거래의 예상외 대규모 마진콜, 대외자금 조달시 통화불일치, 레버리지 등이 있다. 두 번째로는 유동성 공급으로 급증한 유동성 수요 대비 유동성 공급 기능 약화, 주요 도매자금시장의 구조적 한계 등이 있다. 마지막으로 스트레스 발생 시 상호연계구조 도식화 등이 있다.

FSB는 기존 미시건전성 정책·투자자보호 수단에 더해 NBFI의 복원력제고를 위한 정책으로 3가지 방안을 제시하였다. 유동성 수요 급증 억제 방안을 위해 NBFI 복원력 제고를 위한 핵심과제로서 NBFI 자산·부채의 유동성 불일치 및 레버리지 감축, 펀드 조기환매 유인 축소, 마진콜 등에 대비한 유동성 자산 확충 등이 있다. 또한, 유동성 공급여력 확충 방안으로 정부채와 RP 거래의 중앙청산소 활용을 확대하고, 채권시장과 RP시장의 투명성 제고, 채권 중개거래 의존도축소 및 직접거래 확대 등이 있다. 마지막으로 시스템 리스크 모니터링 강화로 NBFI의 히든 레버리지(hidden leverage) 등과 관련된 취약성 모니터링을 강화하고 필요시 정책수단을 마련할 계획이다.

① FSB는 NBFI 복원력 강화를 위한 포괄적인 작업을 자금이탈 등의 극심한 스트레스로 진행하지 못하고 있다.
② 유동성불균형의 축적요인 및 확산경로를 정확하게 식별이 불가능하다.
③ 대외자금 조달시 통화불일치, 레버리지 등의 유동성 수요가 유동성 불균형의 요인 중에 하나이다.
④ 레버리지를 늘리는 것은 NBFI 복원력 제고를 위한 핵심과제이다.

Answer ☀ 3.① 4.③

5 다음 요약문의 제목으로 적절한 것은?

> 신흥시장국의 대외채무는 3.3조달러에서 5.6조달러로 크게 늘어났다. 대부분 미 달러화표시 부채를 중심으로 크게 증가했으나 경제주체별(은행, 비금융기업, 정부부문 등) 부채의 특징이 상이하고 외환보유액 및 장기외채비중의 확대로 복원력은 향상된 편이다. 또한 NBFIs의 신흥시장국 투자 증가로 신흥시장국의 글로벌 자본시장 접근성이 높아지고 조달 비용이 축소되는 등 시장의 효율성이 증대되었으나 동시에 자본유출입 변동성도 확대되었다. 신흥시장국 대외 자금조달 과정은 글로벌 금융시스템 내 다수의 기관·국가·시장에 걸쳐 일어나는 자금순환이기 때문에 금융시스템 내 충격의 전파 속도와 범위도 함께 확장되며 복잡성이 나타난다.

① 신흥시장국의 대외채무 비용
② 신흥시장국의 대외자금조달의 특징
③ 신흥시장국의 글로벌투자 스트레스
④ 신흥시장국의 금융시장 긴장 완화를 위한 조치

6 세 사람의 나이를 모두 곱하면 24500이고 모두 더하면 46이다. 최고령자의 나이는?

① 21
② 25
③ 28
④ 35

7 A, B, C, D, E 5명 중에서 3명을 순서를 고려하지 않고 뽑을 경우 방법의 수는?

① 5가지
② 8가지
③ 10가지
④ 15가지

8 4명의 신입직원 중에서 2명만이 회의실 A, B에 들어가야 할 때, 회의실에 들어가야 하는 2명의 인원을 고르는 경우의 수는?

① 1

② 2

③ 4

④ 6

9 5개의 숫자 1, 1, 2, 2, 3를 일렬로 나열하기 위한 경우의 수는?

① 10

② 20

③ 30

④ 40

10 다음은 1봉(1회 제공량)의 포장단위가 20g인 K사 아몬드초콜릿의 영양성분표이다. 이에 대한 설명으로 옳지 않은 것은?

	100g 당 함량	% 영양소 기준치
열량	605kcal	
탄수화물	30g	10%
당류	20g	
단백질	20g	35%
지방	45g	90%
포화지방	7.5g	50%
트랜스지방	0g	
콜레스테롤	25mg 미만	5%
나트륨	25mg	0%

① K사 아몬드초콜릿 1회 제공량의 탄수화물 함량은 6g이다.

② K사 아몬드초콜릿이 제공하는 열량 중 60% 이상이 지방으로부터 얻어진다.

③ K사 아몬드초콜릿으로 지방의 1일 영양소 기준치를 100% 이상 섭취하려면 6봉 이상 섭취해야 한다.

④ K사 아몬드초콜릿 2봉을 섭취하면 1일 영양소 기준치 이상의 포화지방을 섭취하게 된다.

Answer ☀ 5.② 6.② 7.③ 8.④ 9.③ 10.④

11 전체 창업지원금 신청자 대비 회사원 비율이 가장 높은 해는 몇 년인가?

(단위 : 명)

직업 \ 연도	2018년	2019년	2020년	2021년
교수	54	34	152	183
연구원	49	73	90	118
대학생	23	17	59	74
대학원생	12	31	74	93
회사원	357	297	481	567
기타	295	350	310	425
계	790	802	1,166	1,460

① 2018년
② 2019년
③ 2020년
④ 2021년

12 다음은 2018 ~ 2021년까지 주요 진료과목별 병·의원의 사업자 수이다. 다음 자료에 대한 설명으로 옳은 것은?

(단위 : 명)

진료과목 \ 연도	2018년	2019년	2020년	2021년
신경정신과	1,270	1,317	1,392	1,488
가정의학과	2,699	2,812	2,952	3,057
피부과 · 비뇨의학과	3,267	3,393	3,521	3,639
이비인후과	2,259	2,305	2,380	2,461
안과	1,485	1,519	1,573	1,603
치과	16,424	16,879	17,217	17,621
일반외과	4,282	4,369	4,474	4,566
성형외과	1,332	1,349	1,372	1,414
내과 · 소아과	10,677	10,861	10,975	11,130
산부인과	1,726	1,713	1,686	1,663

① 2018 ~ 2021년에서 사업자 수가 제일 많은 진료과목은 내과 · 소아과이다.
② 매년 사업자 수의 총 인원은 증가하고 있다.
③ 매년 사업자 수가 줄고 있는 것은 성형외과이다.
④ 2021년에 전년대비 사업자 수가 제일 많이 증가한 것은 치과 다음으로 피부과 · 비뇨의학과이다.

13 다음 〈표〉는 2021년 '갑'국의 초등돌봄교실에 관한 자료이다. 다음 자료에 대한 설명으로 옳지 않은 것은?

〈표 1〉 2021년 초등돌봄교실 이용학생 현황

(단위 : 명)

구분 \ 학년		1	2	3	4	5	6
오후 돌봄교실	학생 수	124,000	91,166	16,421	7,708	3,399	2,609
저녁 돌봄교실	학생 수	5,215	3,355	772	471	223	202

① 오후 돌봄교실 2학년의 학생 수 비율은 40% 이상이다.
② 학년이 올라갈수록 돌봄교실 학생수는 감소한다.
③ 전 학년에서 오후 돌봄교실이 저녁 돌봄교실보다 학생 수가 많다.
④ 3학년에서 저녁 돌봄교실을 이용하는 학생 수의 비율이 오후 돌봄교실 학생 수 비율보다 더 높다.

14 다음은 사원별 매출 현황 보고서이다. 매출액이 가장 큰 사원은 누구인가?

(단위 : 천 원)

사원 번호	이름	부서	1사분기	2사분기	3사분기	4사분기	합계	평균
ZH1001	김성은	영업부	8,602	7,010	6,108	5,058	26,778	6,695
ZH1002	윤두현	개발부	8,872	5,457	9,990	9,496	33,815	8,454
ZH1003	노정희	총무부	8,707	6,582	9,638	7,837	32,764	8,191
ZH1004	강일중	영업부	6,706	7,432	6,475	4,074	26,687	6,672
ZH1005	황인욱	영업부	7,206	8,780	8,034	5,832	29,852	7,463
ZH1006	노성일	영업부	9,142	6,213	6,152	9,699	31,206	7,802
ZH1007	전용국	개발부	6,777	8,104	8,204	7,935	31,020	7,755
ZH1008	박민하	총무부	6,577	8,590	9,726	8,110	33,003	8,251
ZH1009	백금례	영업부	9,468	9,098	8,153	9,082	35,801	8,950
ZH1010	서은미	개발부	5,945	7,873	5,168	9,463	28,449	7,112

① 윤두현
② 노정희
③ 박민하
④ 백금

2021.05.08. 기출복원문제

정답 문항수	/ 30문항	풀이시간	/ 30분

1 이 기업은 세계 최대 규모로 반도체를 전담·생산하고 있는 파운드리이다. 세계 최초의 반도체 파운드리로 1987년 대만에 세워진 이 기업의 이름은?

① TSMC
② SMIC
③ UMC
④ 에이팩트

2 최고정보보호책임자를 의미하는 단어로 기업 내에서 사용되는 고객 정보를 포함한 모든 정보를 책임 관리하는 사람을 의미하는 용어는?

① CPO
② CISO
③ CMO
④ CFO

3 일론 머스크가 설립한 기업으로 인간의 뇌와 컴퓨터를 결합하는 연구를 하는 기업은?

① 스페이스X
② 뉴럴링크
③ 테슬라모터스
④ 솔라시티

4 온라인과 모바일 플랫폼 기업에게 사업장의 위치와 관계없이 발생한 이익에 대한 세금을 부과하는 법인세는?

① 로봇세
② 버핏세
③ 디지털세
④ 에너지세

5 금융거래가 적어서 개인 신용을 평가할 수 있는 정보가 거의 없는 사람을 의미하는 용어는?

① 리터루족
② 알파세대
③ 파이어족
④ 신 파일러

6 아마존의 무인점포 '아마존 고'와 같이 소매점에 첨단기술을 접목한 것을 의미하는 용어는?

① 리테일테크   ② 핀테크

③ 빅테크   ④ 사물인터넷

7 프로그램의 내부 구조와 동작을 확인하기 위한 동적 테스트 방식으로 내부 소스코드를 확인하며 대표적으로 기초 경로 검사가 있는 이 기법의 용어는?

① 블랙박스 테스트   ② 그레이박스 테스트

③ 화이트박스 테스트   ④ 스모크 테스트

8 국제적인 자본시장에서 금융자산을 상품이나 통화 등 일정 조건하에 교환하는 거래를 의미한다. 백신 수급이 넉 넉한 국가에게 백신을 빌려와 차후에 갚는다는 개념으로도 사용되고 있는 용어는?

① 환차익거래   ② FX마진거래

③ 스와프거래   ④ 대차거래

9 미국의 벤처투자가 로저 맥나미가 사용한 용어이며 IT시대로 접어들면서 새로운 표준이 나타나는 현상을 의미하는 것은?

① 뉴 노멀   ② 회색코뿔소

③ 검은코끼리   ④ 하얀코끼리

10 중국에서 주도하고 있는 실크로드 전략 구상이다. 내륙과 해상의 실크로드로 중국 주변 국가와 경제협력 및 무역 확대 등을 위한 프로젝트를 의미하는 용어는?

① 중국몽   ② 선전경제특구

③ 중국제조2025   ④ 일대일로

11 착오송금 반환지원제도에 대한 설명으로 옳지 않은 것은?

① 착오송금 반환지원제도 신청은 착오송금한 은행에 한다.

② 송금인이 실수로 잘못 송금한 경우 예금보험공사에서 대신 찾아준다.

③ 착오송금일에서 1년 이내인 경우에 신청이 가능하다.

④ 착오송금에서 금액이 회수되면 사용된 관련 비용은 차감하여 송금인에게 돌려준다.

Answer ☀ 1.① 2.② 3.② 4.③ 5.④ 6.① 7.③ 8.③ 9.① 10.④ 11.①

12 인공지능 프로그램이 자산운용가의 역할을 하는 것으로 금융사에 축적된 데이터를 기반으로 고객에게 투자를 제안하거나 고객 자산을 운용하기도 하는 것은?

① 딥러닝   ② 로보어드바이저

③ 챗봇   ④ 빅데이터

13 양적완화 정책의 규모를 서서히 축소하며 경기 부양을 위해 매입규모를 줄이는 것으로 시행되면 금리 인상이 예상되는 것을 의미하는 용어는?

① 오퍼레이션 트위스트   ② 스테이킹

③ 테이퍼링   ④ 스태그플레이션

14 제품을 제조 · 판매하지 않고 특허기술만을 집중 매입하여 특허 로열티 수입을 챙기는 특허관리 전문회사를 의미하는 용어는?

① K-ICS   ② 스토어 로열티

③ 특허박스   ④ 페이턴트 트롤

15 부동산과 정보기술을 결합한 것으로 중개나 임대, 부동산 관리 등의 서비스 산업에 빅데이터나 스마트폰을 이용한 서비스 산업을 의미하는 용어는?

① 리걸테크   ② 애드테크

③ 프롭테크   ④ 섭테크

16 사이드 잡을 가진 직장인이 재능을 사고팔고 공유할 수 있는 플랫폼으로 적절하지 않은 것은?

① 탈잉   ② 제페토

③ 크몽   ④ 숨고

17 저출산과 고령화로 인하여 생산 가능한 인구가 줄고 부양인구가 증가하면서 경제성장이 침체되어지는 현상을 의미하는 용어는?

① 인구보너스   ② 인구절벽

③ 인구배당효과   ④ 인구오너스

18 컴퓨터 그래픽으로 생성된 디지털 인물로 광고에도 나오며 SNS에서 영향력을 발휘하기도 한다. 국내에서 만든 가상 인플루언서 '로지'를 일컫는 용어는?

① 버추얼 휴먼   ② 메타버스

③ 휴머노이드   ④ 딥페이크

19 흩어진 개인의 정보를 관리 및 통제하여 자산 및 건강 관리 등에 활용할 수 있는 것이다. 기업에서 분산된 개인 정보를 통합 관리하여 맞춤 서비스를 제공하는 것을 의미하는 용어는?

① 가명정보   ② GDPR

③ 마이데이터   ④ 데이터 거버넌스

20 주가 하락이 예상되는 종목에 주식을 빌려서 매도하는 것을 의미한다. 주가가 떨어지면 매도한 금액보다 저렴한 가격에 주식을 사들여 빌린 주식을 되갚는 매매기법으로 증권시장 유동성을 높이는 역할을 하는 것은?

① 블록딜   ② 마진 콜

③ 스톡론   ④ 공매도

21 예금자보호가 적용되지 않는 금융상품은?

① ISA   ② IRP

③ 은행채   ④ 표지어음

22 다음 중 수요의 가격탄력성에 관한 설명으로 옳지 않은 것은?

① 대체재의 수가 많을수록 그 재화는 일반적으로 탄력적이다.

② 사치품은 탄력적이고 생활필수품은 비탄력적인 것이 일반적이다.

③ 재화의 사용 용도가 다양할수록 비탄력적이다.

④ 수요의 탄력성을 측정하는 기간이 길수록 탄력적이다.

Answer ☀ 12.② 13.③ 14.④ 15.③ 16.② 17.④ 18.① 19.③ 20.④ 21.③ 22.③

23 다음 중 등량곡선에 대한 설명으로 옳지 않은 것은?

① 원점으로부터 멀리 위치한 등량곡선일수록 높은 산출량을 나타낸다.

② 생산요소 간의 대체성이 낮을수록 등량곡선의 형태는 직선에 가깝다.

③ 등량곡선의 기울기를 한계기술대체율이라 한다.

④ 한계기술대체율 체감의 법칙이 적용되지 않을 경우에는 등량곡선이 원점에 대하여 볼록하지 않을 수도 있다.

24 FIDO에 대한 설명으로 적절하지 않은 것은?

① 인증 프로토콜과 인증기법이 합쳐져서 편리성이 높다.

② 서버에 저장되어진 생체 정보가 해킹의 위험성이 있다.

③ U2F프로토콜로 인증하기 위해서 비밀번호가 필요하다.

④ UAF프로토콜의 대표적인 서비스는 삼성페이이다.

25 5G에 대한 설명으로 옳은 것은?

① 국제전기통신엽합(ITU)에서 IMT － 2000이라 칭한다.

② Peak Date Rate가 1Gbps정도 된다.

③ 표준기술 빔포밍 기술이 5G에서는 사용되지 않는다.

④ 모든 전자기기를 연결하는 기술이다.

26 PF(Project Financing)에 대한 설명으로 옳지 않은 것은?

① 사업의 수익성에 투자하는 방법이다.

② 대규모 자금이 들어가는 프로젝트에 주로 이용된다.

③ 사업주의 신용도가 중요하다.

④ 프로젝트의 수익으로 대출금을 상환한다.

27 엣지 컴퓨팅에 대한 설명으로 옳은 것은?

① 중앙 집중 서버에서 방대한 데이터를 실시간으로 처리한다.

② 포그 컴퓨팅 기술과 대조된다.

③ 사물인터넷(IoT) 보급으로 개발되었다.

④ 클라우드 컴퓨팅보다 데이터 부하량이 높다.

28 저량(Stock)의 변수를 모두 고른 것은?

㉠ 부동산 투자	㉡ 근로자 임금
㉢ 이자비용	㉣ 통화량
㉤ 기업자산	㉥ 기업 간 거래량

① ㉡

② ㉢㉣

③ ㉣㉤

④ ㉤㉥

29 자산유동화증권(ABS)로 올바르지 않은 것은?

① CBO(Collateralized Bond Obligation)

② CLO(Collateralized Loan Obligation)

③ MBS(Mortgage Backed Securities)

④ CDS(Credit Default Swap)

30 재화를 선택할 때 같은 효용을 얻을 수 있는 것이다. A와 B라는 두 가지 재화가 있을 때, 재화 A의 가격이 상승하면 재화 B의 수요가 높아질 수 있는 것으로 올바른 것은?

① 대체재

② 보완재

③ 열등재

④ 정상재

Answer ☀ 23.② 24.① 25.④ 26.③ 27.③ 28.③ 29.④ 30.①

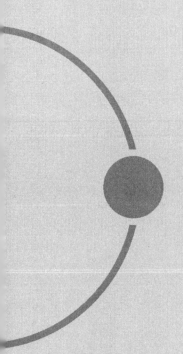

PART

02

NCS
직업기초능력평가

의사소통능력

정답 문항수	/ 20문항	풀이시간	/ 20분

출제경향 check✔

직장생활에서 필요한 의사표현능력 등을 묻는 기본적인 문항들로 구성된다. 단어의미 파악부터 관계 유추, 맞춤법, 논리적 판단 및 오류, 문장배열, 장문독해, 보고서 작성 등의 문제가 많이 출제된다. 과다한 정보 속에서 핵심 정보와 내포된 의미를 파악하는 연습이 필요하다.

---

1 다음 글을 읽고 알 수 있는 내용은?

> 고대 그리스의 원자론자 데모크리토스는 자연의 모든 변화를 원자들의 운동으로 설명했다. 모든 자연현상의 근거는, 원자들, 빈 공간 속에서의 원자들의 움직임, 그리고 그에 따른 원자들의 배열과 조합의 변화라는 것이나.
>
> 한편 데카르트에 따르면 연장, 즉 퍼져있음이 공간의 본성을 구성한다. 그런데 연장은 물질만이 가지는 속성이기 때문에 물질 없는 연장은 불가능하다. 다시 말해 아무 물질도 없는 빈 공간이란 원리적으로 불가능하다. 데카르트에게 운동은 물속에서 헤엄치는 물고기의 움직임과 같다. 꽉 찬 물질 속에서 물질이 자리바꿈을 하는 것이다.
>
> 뉴턴에게 3차원 공간은 해체할 수 없는 튼튼한 집 같은 것이었다. 이 집은 사물들이 들어올 자리를 마련해 주기 위해 비어 있다. 사물이 존재한다는 것은 어딘가에 존재한다는 것인데 그 '어딘가'가 바로 뉴턴의 절대공간이다. 비어 있으면서 튼튼한 구조물인 절대공간은 그 자체로 하나의 실체는 아니지만 '실체 비슷한 것'으로서, 객관적인 것, 영원히 변하지 않는 것이었다.
>
> 라이프니츠는 빈 공간을 부정한다는 점에서 데카르트와 의견을 같이했다. 그러나 데카르트가 뉴턴과 마찬가지로 공간을 정신과 독립된 객관적 실재로 보았던 반면, 라이프니츠는 공간을 정신과 독립된 실재라고 보지 않았다. 그가 보기에는 '동일한 장소'라는 관념으로부터 '하나의 장소'라는 관념을 거쳐 모든 장소들의 집합체로서의 '공간'이라는 관념이 나오는데, '동일한 장소'라는 관념은 정신의 창안물이다. 결국 '공간'은 하나의 거대한 관념적 상황을 표현하고 있을 뿐이다.

① 만일 빈 공간의 존재에 관한 데카르트의 견해가 옳다면, 뉴턴의 견해도 옳다.
② 만일 공간의 본성에 관한 라이프니츠의 견해가 옳다면, 데카르트의 견해는 옳지 않다.
③ 만일 공간의 본성에 관한 데카르트의 견해가 옳다면, 데모크리토스의 견해도 옳다.
④ 만일 공간의 본성에 관한 뉴턴의 견해가 옳다면, 라이프니츠의 견해도 옳다.

2 올해로 20살이 되는 5명의 친구들이 바다로 추억여행을 떠나기 위해 목적지, 교통편 등을 알아보고 마지막으로 숙소를 정하게 되었다. 도중에 이들은 국내 숙박업소에 대한 예약 · 취소 · 환불에 관한 기사 및 그래프를 접하게 되었다. 이를 보고 내용을 잘못 파악하고 있는 사람이 누구인지 고르면?

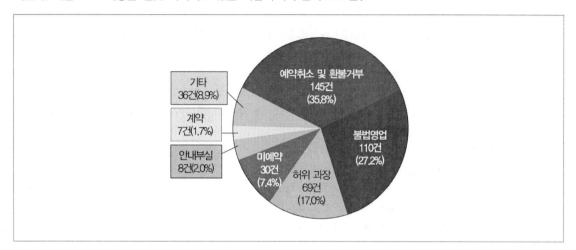

① A : 그래프에서 보면 숙박 애플리케이션 이용자들은 예약 취소 및 환불 거부 등에 가장 큰 불만을 가지고 있음을 알 수 있어.

② B : 불법영업 및 허위 · 과장 등도 A가 지적한 원인 다음으로 많은데 이 두 건의 차이는 41건이야.

③ C : 국내하고는 다르게 해외 업체의 경우에는 주로 불법영업 단속 요청이 많음을 알 수 있어.

④ D : 위 그래프에 제시된 것으로 보아 이용자들이 불편을 느끼는 부분들에 대해 1순위는 예약취소 및 환불거부, 2순위는 불법영업, 3순위는 허위 · 과장, 4순위는 미예약, 5순위는 안내부실, 6순위는 계약, 7순위는 기타의 순이야.

Answer ☀ 1.② 2.③

3 다음은 안전한 스마트뱅킹을 위한 스마트폰 정보보호 이용자 6대 안전수칙이다. 다음 안전수칙에 따르지 않은 행동은?

1. 의심스러운 애플리케이션 다운로드하지 않기
   스마트폰용 악성코드는 위·변조된 애플리케이션에 의해 유포될 가능성이 있습니다. 따라서 의심스러운 애플리케이션의 다운로드를 자제하시기 바랍니다.

2. 신뢰할 수 없는 사이트 방문하지 않기
   의심스럽거나 알려지지 않은 사이트를 방문할 경우 정상 프로그램으로 가장한 악성 프로그램이 사용자 몰래 설치될 수 있습니다. 인터넷을 통해 단말기가 악성코드에 감염되는 것을 예방하기 위해서 신뢰할 수 없는 사이트에는 방문 하지 않도록 합니다.

3. 발신인이 불명확하거나 의심스러운 메시지 및 메일 삭제하기
   멀티미디어메세지(MMS)와 이메일은 첨부파일 기능을 제공하기 때문에 스마트폰 악성코드를 유포하기 위한 좋은 수단으로 사용되고 있습니다. 해커들은 게임이나 공짜 경품지급, 혹은 유명인의 사생활에 대한 이야기 등 자극적이거나 흥미로운 내용을 전달하여 사용자를 현혹하는 방법으로 악성코드를 유포하고 있습니다. 발신인이 불명확하거나 의심스러운 메시지 및 메일은 열어보지 마시고 즉시 삭제하시기 바랍니다.

4. 블루투스 등 무선인터페이스는 시용 시에만 켜놓기
   지금까지 국외에서 발생한 스마트폰 악성코드의 상당수가 무선인터페이스의 일종인 블루투스(Bluetooth) 기능을 통해 유포된 것으로 조사되고 있습니다. 따라서 블루투스나 무선랜을 사용하지 않을 경우에는 해당 기능을 비활성화(꺼놓음) 하는 것이 필요합니다. 이로써 악성코드 감염 가능성을 줄일 뿐만 아니라 단말기의 불필요한 배터리 소모를 막을 수 있습니다.

5. 다운로드한 파일은 바이러스 유무를 검사한 후 사용하기
   스마트폰용 악성프로그램은 인터넷을 통해 특정 프로그램이나 파일에 숨겨져 유포될 수 있으므로, 프로그램이나 파일을 다운로드하여 실행하고자 할 경우 가급적 스마트폰용 백신프로그램으로 바이러스 유무를 검사한 후 사용하는 것이 좋습니다.

6. 비밀번호 설정 기능을 이용하고 정기적으로 비밀번호 변경하기
   단말기를 분실 혹은 도난당했을 경우 개인정보가 유출되는 것을 방지하기 위하여 단말기 비밀번호를 설정하여야 합니다. 또한 단말기를 되찾은 경우라도 악의를 가진 누군가에 의해 악성코드가 설치될 수 있기 때문에 비밀번호 설정은 중요합니다. 제품출시 시 기본으로 제공되는 비밀번호(예 : "0000")를 반드시 변경하여 사용하시기 바라며, 비밀번호를 설정할 때에는 유추하기 쉬운 비밀번호(예 : "1111", "1234" 등)는 사용하지 않도록 합니다.

① 강오는 유명인 A 씨에 대한 사생활 내용이 담긴 MMS를 받아서 열어보고선 삭제했다.
② 윤희는 개인정보 유출을 방지하기 위해 1개월에 한 번씩 비밀번호를 변경하고 있다.
③ 음악을 즐겨듣는 지수는 블루투스를 사용하지 않을 때에는 항상 블루투스를 꺼놓는다.
④ 평소 의심이 많은 봉기는 신뢰할 수 없는 사이트는 절대 방문하지 않는다.

4   다음 글의 내용으로 옳지 않은 것은?

> 걷기는 현대사회에서 새로운 웰빙 운동으로 각광받고 있다. 장소나 시간에 신경 쓸 필요 없이 언제 어디서든 쉽게 할 수 있기 때문이다. 하지만 사람들은 걷기가 너무 쉬운 운동인 탓에 걷기의 중요성을 망각하기 일쑤이다. 서울의 한 대형병원의 이모 교수는 "걷기는 남녀노소 누구나 아무런 장비도 없이 언제 어디서든 쉽게 할 수 있는 가장 좋은 운동이다. 특히 걷기는 최근 연구에 따르면 전속력으로 빨리 달리며 운동하는 것보다 몸의 무리는 적게 주면서 더 많은 칼로리를 소모할 수 있는 운동"이라며 걷기 예찬을 하고 있다. 하지만 걷기도 나름대로의 규칙을 가지고 있다. 걸을 때 허리는 꼿꼿이 펴고, 팔은 앞뒤로 힘차게 움직이고 속도는 자신이 걸을 수 있는 최대한 빠른 속도여야 한다. 이런 규칙을 어기고 그냥 평소처럼 걷는다면 그건 단순한 산책일 뿐이다.

① 걷기는 남녀노소 누구나 쉽게 할 수 있는 운동이다.
② 사람들은 걷기가 너무 쉽다는 이유로 걷기의 중요성을 쉽게 생각한다.
③ 제대로 걸을 경우 걷기는 빨리 달리며 운동하는 것보다 더 많은 칼로리를 소모할 수 있다.
④ 걷기는 규칙에 상관없이 평소 그냥 걷는 대로 걸으면 저절로 운동이 된다.

Answer ☀ 3.① 4.④

5 다음 자료는 K전자 50주년 기념 프로모션에 대한 안내문이다. 안내문을 보고 이해한 내용으로 틀린 사람을 모두 고른 것은?

〈K전자 50주년 기념행사 안내〉

50년이라는 시간동안 저희 K전자를 사랑해주신 고객여러분들께 감사의 마음을 전하고자 아래와 같이 행사를 진행합니다. 많은 이용 부탁드립니다.

－ 아래 －

1. 기간 : 202×년 12월 1일 ~ 12월 15일
2. 대상 : 전 구매고객
3. 내용 : 구매 제품별 혜택 상이

제품명		혜택	비고
노트북	K - 100	• 15% 할인	현금결제 시 할인 금액의 5% 추가 할인
	K - 105	• 2년 무상 A/S • 사은품 : 노트북 파우치 or 5GB USB(택1)	
세탁기	K 휘롬	• 20% 할인 • 사은품 : 세제 세트, 고급 세탁기커버	전시상품 구매 시 할인 금액의 5% 추가 할인
TV	스마트 K TV	46in 구매시 LED TV 21.5in 무상 증정	-
스마트폰	K - Tab20	• 10만 원 할인(K카드 사용 시) • 사은품 : 샤오밍 10,000mAh 보조배터리	-
	K - V10	• 8만 원 할인(K카드 사용 시) • 사은품 : 샤오밍 5,000mAh 보조배터리	-

4. 기타 : 기간 내에 K카드로 매장 방문 20만 원 이상 구매고객에게 1만 서비스 포인트를 더 드립니다.
5. 추첨행사 안내 : 매장 방문고객 모두에게 추첨권을 드립니다(1인 1매).

등수	상품
1등상(1명)	K캠 - 500D
2등상(10명)	샤오밍 10,000mAh 보조배터리
3등상(500명)	스타베네 상품권(1만 원)

※ 추첨권 당첨자는 202×년 12월 25일 www.K - digital.co.kr에서 확인하실 수 있습니다.

> ㉠ 수미 : K - 100 노트북을 현금으로 사면 20%나 할인 받을 수 있구나.
>
> ㉡ 병진 : 스마트폰 할인을 받으려면 K카드가 있어야 해.
>
> ㉢ 지수 : 46in 스마트 K TV를 사면 같은 기종의 작은 TV를 사은품으로 준대.
>
> ㉣ 효정 : K전자에서 할인 혜택을 받으려면 K카드나 현금만 사용해야 하나봐.

① 수미   ② 병진, 지수
③ 수미, 병진, 효정   ④ 수미, 지수, 효정

6 다음 문장이 들어갈 알맞은 곳은?

> 원체는 작가가 당대(當代)의 정치적 쟁점이 되는 핵심 개념을 액자화하여 새롭게 의미를 환기하려는 의도를, 과학적 방식에 의거하여 설득하려는 정치·과학적 글쓰기라고 할 수 있다.

> ㉠ 글쓰기 양식은 글 내용을 담는 그릇으로 내용을 강제한다. 이런 측면에서 다산 정약용이 '원체(原體)'라는 문체를 통해 정치라는 내용을 담고자 했던 '양식 선택의 정치학'은 특별한 의미를 갖는다. ㉡ 당나라 한유(韓愈)가 다섯 개의 원체 양식의 문장을 지은 이후 후대의 학자들은 이를 모범을 삼았다. ㉢ 원체는 고문체는 아니지만 새롭게 부상한 문체로서, 당대 사상의 핵심 개념에 대해 정체성을 추구하는 분석적이고 학술적인 글쓰기이자 정치적 글쓰기로 정립되었다. ㉣ 다산은 원체가 가진 이러한 정치·과학적 힘을 인식하고 원정(原政)이라는 글을 남겼다.

① ㉠   ② ㉡
③ ㉢   ④ ㉣

7 다음은 은행을 사칭한 대출 주의 안내문이다. 이에 대한 설명으로 옳지 않은 것은?

항상 OO은행을 이용해 주시는 고객님께 감사드립니다.

최근 OO은행을 사칭하면서 대출 협조문이 Fax로 불특정 다수에게 발송되고 있어 각별한 주의가 요망됩니다. OO은행은 절대로 Fax를 통해 대출 모집을 하지 않으니 아래의 Fax 발견 시 즉시 폐기하시기 바랍니다.

아래 내용을 검토하시어 자금문제로 고민하는 대표이하 직원 여러분들에게 저의 은행의 금융정보를 공유할 수 있도록 업무협조 부탁드립니다.

수신 : 직장인 및 사업자
발신 : OO은행 여신부
여신상담전화번호 : 070 − ××××− ××××

대상	직장인 및 개인/법인 사업자
금리	개인신용등급적용 (최저 4.8 ∼)
연령	만 20세 ∼ 만 60세
상환 방식	1년만기일시상환, 원리금균등분할상환
대출 한도	100만 원 ∼ 1억 원
대출 기간	12개월 ∼ 최장 60개월까지 설정가능
서류 안내	공통서류 − 신분증 직장인 − 재직, 소득서류 사업자 − 사업자 등록증, 소득서류

※ 기타사항
• 본 안내장의 내용은 법률 및 관련 규정 변경 시 일부 변경될 수 있습니다.
• 용도에 맞지 않을 시, 연락 주시면 수신거부 처리 해드리겠습니다.

현재 OO은행을 사칭하여 문자를 보내는 불법업체가 기승입니다. OO은행에서는 본 안내장 외엔 문자를 발송치 않으니 이점 유의하시어 대처 바랍니다.

---

① Fax 수신문에 의하면 최대 대출 한도는 1억 원까지이다.
② Fax로 수신되는 대출 협조문은 OO은행에서 보낸 것이 아니다.
③ 대출 주의 안내문은 수신거부 처리가 가능하다.
④ OO은행에서는 대출 협조문을 문자로 발송한다.

8 다음의 개요를 수정·보완하기 위한 방안으로 적절하지 않은 것은?

> 제목 : 정규직 파트타임제의 도입을 위한 제안
>
> Ⅰ. 정규직 파트타임제의 의미 : 하나의 일자리를 두 명의 정규직 근로자가 나누어 갖는 제도
> Ⅱ. 정규직 파트타임제의 장점
>   1. 기업
>   가. 집중력의 향상으로 인한 효율성 증대
>   나. 아이디어의 다양화로 인한 업무의 활력 증가
>   2. 개인
>   가. 건강 증진 및 자기 계발 시간의 확보
>   나. 육아 및 가사 문제의 해결
>   3. 정부
>   가. 고용 창출 효과
>   나. 소득세원의 증가
> Ⅲ. 정규직 파트타임제의 도입 시 예상되는 문제점
>   1. 기업
>   가. 업무와 연속성 저해 가능성
>   나. 인력 관리 부담의 증가
>   2. 개인
>   가. 적은 보수로 인한 불만
>   나. 가사 노동 증가 우려
> Ⅳ. 정규직 파트타임제의 필요성
>   1. 기업 : 직원들의 요구를 적극적으로 수용하려는 태도
>   2. 개인
>   가. 보수에 대한 인식의 전환
>   나. 업무의 연속성을 확보하려는 노력
>   3. 정부 : 정규직 파트타임제의 도입을 장려하는 법률 제정
> Ⅴ. 정규직 파트타임제 도입의 의의 : 육아 및 가사 문제로 인한 저출산 문제의 해결

① Ⅱ의 구조에 대응하여 Ⅲ에 '정부 : 비정규직의 증가로 인한 고용 불안 가능성'이라는 항목을 추가 한다.

② Ⅲ - 2의 '가사 노동 증가 우려'는 개요의 통일성을 해치므로 삭제한다.

③ Ⅳ는 하위 항목들의 내용을 아우르지 못하므로 '정규직 파트타임제 정착의 요건'으로 고친다.

④ Ⅳ - 2의 '인식의 전환'을 '보수보다는 삶의 질에 가치를 두는 태도'로 구체화한다.

Answer ☀ 7.④ 8.①

9 아웃도어 업체에 신입사원으로 입사한 박 사원이 다음의 기사를 요약하여 상사에게 보고해야 할 때 적절하지 못한 내용은?

아웃도어 브랜드 '기능성 티셔츠' 허위 · 과대광고 남발

국내에서 판매되고 있는 유명 아웃도어 브랜드의 반팔 티셔츠 제품들이 상당수 허위 · 과대 광고를 하고 있는 것으로 나타났다. 소비자시민모임은 30일 서울 신문로 ○○타워에서 기자회견을 열고 '15개 아웃도어 브랜드의 등산용 반팔 티셔츠 품질 및 기능성 시험 통과 시험 결과'를 발표했다. 소비자 시민모임은 202×년 신상품을 대상으로 아웃도어 의류 매출 상위 7개 브랜드 및 중소기업 8개 브랜드 총 15개 브랜드의 제품을 선정해 시험 · 평가했다. 시험결과 '자외선 차단' 기능이 있다고 표시 · 광고하고 있는 A사, B사 제품은 자외선 차단 가공 기능이 있다고 보기 어려운 수준인 것으로 드러났다. C사, D사 2개 제품은 제품상에 별도 부착된 태그에서 표시 · 광고하고 있는 기능성 원단과 실제 사용된 원단에 차이가 있는 것으로 확인됐다. D사, E사, F사 등 3개 제품은 의류에 부착된 라벨의 혼용율과 실제 혼용율에 차이가 있는 것으로 조사됐다. 또 일부 제품의 경우 '자외선(UV) 차단 기능 50 +'라고 표시 · 광고했지만 실제 테스트 결과는 이에 못 미치는 것으로 나타났다. 반면, 기능성 품질 비교를 위한 흡수성, 건조성, 자외선차단 시험 결과에서는 G사, H사 제품이 흡수성이 좋은 것으로 확인되었다.

소비자시민모임 관계자는 "일부 제품에서는 표시 · 광고하고 있는 기능성 사항이 실제와는 다르게 나타났다."며 "무조건 제품의 광고를 보고 고가의 제품의 품질을 막연히 신뢰하기 보다는 관련 제품의 라벨 및 표시 정보를 꼼꼼히 확인해야 한다."고 밝혔다. 이어 "소비자의 합리적인 선택을 유도할 수 있도록 기능성 제품에 대한 품질 기준 마련이 필요하다."며 "표시 광고 위반 제품에 대해서는 철저한 관리 감독을 요구한다."고 촉구했다.

---

① A사와 B사 제품은 자외선 차단 효과가 낮고, C사와 D사는 태그에 표시된 원단과 실제 원단이 달랐다.

② 소비자 시민모임은 '15개 아웃도어 브랜드의 등산용 반팔티셔츠 품질 및 기능성 시험 결과'를 발표했다.

③ G사와 H사 제품은 흡수성이 좋은 것으로 확인되었다.

④ 거의 모든 제품에서 표시 · 광고하고 있는 기능성 사항이 실제와는 다르게 나타났다.

10 다음 중 문서작성의 원칙으로 옳은 것을 모두 고른 것은?

> ㉠ 상대방의 이해를 돕기 위해 풍부한 미사여구를 사용한다.
> ㉡ 문서의미 전달에 반드시 필요하지 않은 경우 한자의 사용을 자제한다.
> ㉢ 부정문이나 의문문을 적절하게 사용한다.
> ㉣ 간단한 표제를 붙인다.
> ㉤ 주요한 내용을 먼저 쓴다.

① ㉠㉡㉢   ② ㉡㉢㉣
③ ㉡㉣㉤   ④ ㉢㉣㉤

11 다음의 글을 읽고 김 씨가 의사소통능력을 향상시키기 위해 노력한 것은 무엇인가?

> 직장인 김 씨는 꼼꼼하지 못한 탓에 업무를 하나씩 빼먹는 경우가 많이 발생한다. 그리고 같은 일을 했음에도 불구하고 다른 직원들보다 남겨진 자료가 별로 없는 것을 알게 되었다. 그래서 김 씨는 항상 업무를 마무리하기 전에 다시 한번 훑어보기로 결심하였다. 그후 김 씨는 회의시간은 물론이고 공문서를 제출할 때에도 꼼꼼히 검토하려고 열심히 노력하였다. 모든 상황에서 검토를 하다 보니 자신만의 방법을 터득하게 되어 더욱 간단하고 신속하게 검토를 할 수 있게 되었다. 또한 정리한 내용을 각 주제별로 분리하여 자신만의 데이터베이스를 만들기에 이르렀다. 이후 갑자기 보고할 일이 생겨도 자신만의 데이터베이스를 이용하여 쉽게 처리를 할 수 있게 되며 일 잘하는 직원으로 불리게 되었다.

① 경청하기   ② 메모하기
③ 따라하기   ④ 검토하기

12 다음의 글을 읽고 박 대리가 저지른 실수를 바르게 이해한 것은?

> 김 대리는 이번 입사 후 처음으로 임원들 앞에서 프레젠테이션을 하게 되었다. 김 대리는 최대한 간결한 글로 기획안을 만들었고 회의에서 자신의 발표를 시작하였다. 그러나 시간분배를 잘못한 나머지 회의시간이 길어졌다. 결국 발표를 급하게 마무리 지었고 생각보다 만족스럽지 못한 발표였다.

① 박 대리의 기획안에는 첨부파일이 없었다.
② 박 대리의 발표는 간결하지 못하고 시각적인 부분이 부족했다.
③ 박 대리의 발표는 너무 시간이 길었다.
④ 박 대리의 기획안에는 참신한 아이디어가 없었다.

Answer ☀ 9.④ 10.③ 11.④ 12.③

13 당신은 팀장님께 업무 지시내용을 수행하고 결과물을 보고 드렸다. 하지만 팀장님께서는 "최 대리 업무를 이렇게 처리하면 어떡하나? 누락된 부분이 있지 않은가."라고 말하였다. 이에 대해 당신이 행할 수 있는 가장 부적절한 대처 자세는?

① "죄송합니다. 제가 잘 모르는 부분이라 이수혁 과장님께 부탁을 했는데 과장님께서 실수를 하신 것 같습니다."
② "주의를 기울이지 못해 죄송합니다. 어느 부분을 수정보완하면 될까요?"
③ "지시하신 내용을 제가 충분히 이해하지 못하였습니다. 내용을 다시 한 번 여쭤보아도 되겠습니까?"
④ "부족한 내용을 보완하는 자료를 취합하기 위해서 하루정도가 더 소요될 것 같습니다. 언제까지 재작성하여 드리면 될까요?"

14 공문서를 작성할 경우, 명확한 의미의 전달은 의사소통을 하는 일에 있어 가장 중요한 요소라고 할 수 있다. 다음에 제시되는 문장 중 명확하지 않은 중의적인 의미를 포함하고 있는 문장이 아닌 것은 어느 것인가?

① 그녀를 기다리고 있던 성진이는 길 건너편에서 모자를 쓰고 있었다.
② 울면서 떠나는 영희에게 철수는 손을 흔들었다.
③ 그곳까지 간 김에 나는 철수와 영희를 만나고 돌아왔다.
④ 대학 동기동창이던 하영과 원태는 지난 달 결혼을 하였다.

15 다음 글을 읽고 ㉠㉡에 대해 바르게 이해한 내용으로 적절하지 않은 것은?

소비자는 구매할 제품을 선택하기 위해 자신의 평가 기준에 따라 그 제품의 여러 브랜드 대안들을 비교·평가하게 된다. 이를 대안 평가라 하는데, 그 방식에는 크게 보완적 방식과 비보완적 방식이 있다. 〈표〉는 소비자가 호텔을 선택하기 위해 몇 개의 브랜드 대안을 비교·평가하는 상황을 가정해 본 것으로, 호텔을 선택하는 평가 기준의 항목과 그것의 순위, 중요도, 평가 점수를 보여주고 있다.

〈표〉 브랜드에 대한 기준별 평가 점수

평가 기준			평가 점수			
항목	순위	중요도	A	B	C	D
위치	1	50%	4	6	6	5
가격	2	30%	5	4	6	7
서비스	3	20%	5	3	1	3

※ 점수가 클수록 만족도가 높음

㉠보완적 방식은 브랜드의 어떤 약점이 다른 강점에 의해 보완될 수 있다는 전제 하에 여러 브랜드의 다양한 측면들을 고려하는 방식으로, 브랜드 대안이 적을 때나 고가의 제품을 구매할 때 많이 쓰인다. 각 브랜드의 기준별 평가 점수에 각 기준의 중요도를 곱하여 합산한 뒤 가장 점수가 큰 대안을 선택한다. 예를 들어 〈표〉에서 A는 $(4 \times 0.5) + (5 \times 0.3) + (5 \times 0.2) = 4.5$이고 같은 방식으로 B는 4.8, C는 5, D는 5.2이므로 D가 최종 선택될 것이다. 반면, ㉡비보완적 방식은 어떤 브랜드의 약점이 다른 장점에 의해 상쇄될 수 없다는 전제 하에 대안을 결정하는 방식으로, 브랜드 대안이 많을 때나 저가의 제품을 구매할 때 많이 쓰인다. 비보완적 방식은 다시 사전편집, 순차적 제거, 결합, 분리 방식으로 구분된다.

　　첫째, 사전편집 방식은 1순위 기준에서 가장 우수한 대안을 선택하는 것이다. 만일 1순위 기준에서 두 개 이상의 브랜드가 동점이라면 2순위 기준에서 다시 우수한 브랜드를 선택하면 된다. 〈표〉에서 본다면, 1순위 기준인 '위치'에서 B와 C가 동점이므로 2순위 기준인 '가격'에서 C를 선택하는 식이다. 둘째, 순차적 제거 방식은 1순위 기준에서부터 순차적으로, 어느 수준 이상이면 구매하겠다는 허용 수준을 설정하고 이와 비교하여 마지막까지 남은 브랜드 대안을 선택하는 방식이다.

　　예를 들어 〈표〉에서 1순위 기준인 '위치'의 허용 수준이 5라면 이 수준에 미달되는 A가 일단 제외되고, 2순위인 '가격'의 허용 수준이 6이라면 B가 다시 제외되고, 3순위인 '서비스'의 허용 수준이 2라면 다시 C가 제외됨으로써 결국 D가 선택될 것이다. 셋째, 결합 방식은 각 기준별로 허용 수준을 결정한 다음 기준별 브랜드 평가 점수가 어느 한 기준에서라도 허용 수준에 미달하면 이를 제외하는 방식이다. 〈표〉에서 평가 기준별 허용 수준을 각 4라고 가정한다면 허용 수준에 미달되는 속성이 하나도 없는 A가 선택될 것이다. 넷째, 분리 방식은 평가 기준별 허용 수준을 잡은 뒤 어느 한 기준에서라도 이를 만족시키는 브랜드를 선택하는 방식이다. 〈표〉에서 평가 기준별 허용 수준을 7로 잡는다면 가격 면에서 7 이상인 D만 선택될 것이다.

　　이와 같이 소비자는 상황에 따라 적절한 대안 평가 방식을 사용함으로써 구매할 제품을 합리적으로 선택할 수 있다. 또한 마케터는 소비자들의 대안 평가 방식을 파악함으로써 자사 제품의 효과적인 마케팅 전략을 세울 수 있다.

① ㉠은 브랜드 대안이 적을 때에 주로 사용된다.
② ㉠은 고가의 제품을 구매하는 상황에 주로 사용된다.
③ ㉡은 평가 기준 항목을 모두 사용하지 않고도 브랜드를 선택할 수 있는 경우가 있다.
④ ㉡은 하나의 평가 기준으로 브랜드 간의 평가 점수를 비교하는 방식이다.

Answer ☼ 13.① 14.② 15.④

16 다음 글에서 언급된 밑줄 친 ㉠ 합리적 기대이론에 대한 설명으로 적절하지 않은 것은 무엇인가?

> 과거에 중앙은행들은 자신이 가진 정보와 향후의 정책방향을 외부에 알리지 않는 이른바 비밀주의를 오랜 기간 지켜왔다. 통화정책 커뮤니케이션이 활발하지 않았던 이유는 여러 가지가 있었지만 무엇보다도 통화정책 결정의 영향이 파급되는 경로가 비교적 단순하고 분명하여 커뮤니케이션의 필요성이 크지 않았기 때문이었다. 게다가 중앙은행에게는 권한의 행사와 그로 인해 나타난 결과에 대해 국민에게 설명할 어떠한 의무도 부과되지 않았다.
>
> 중앙은행의 소극적인 의사소통을 옹호하는 주장 가운데는 비밀주의가 오히려 금융시장의 발전을 가져올 수 있다는 견해가 있었다. 중앙은행이 모호한 표현을 이용하여 자신의 정책의도를 이해하기 어렵게 설명하면 금리의 변화 방향에 대한 불확실성이 커지고 그 결과 미래 금리에 대한 시장의 기대가 다양하게 형성된다. 이처럼 미래의 적정금리에 대한 기대의 폭이 넓어지면 금융거래가 더욱 역동적으로 이루어짐으로써 시장의 규모가 커지는 등 금융시장이 발전하게 된다는 것이다. 또한 통화정책의 효과를 극대화하기 위해 커뮤니케이션을 자제해야 한다는 생각이 통화정책 비밀주의를 오래도록 유지하게 한 요인이었다. ㉠<u>합리적 기대이론</u>에 따르면 사전에 예견된 통화정책은 경제주체의 기대 변화를 통해 가격조정이 정책의 변화 이전에 이루어지기 때문에 실질생산량, 고용 등의 변수에 변화를 가져올 수 없다. 따라서 단기간 동안이라도 실질변수에 변화를 가져오기 위해서는 통화정책이 예상치 못한 상황에서 수행되어야 한다는 것이다.
>
> 이 외에 통화정책결정에 있어 중앙은행의 독립성이 확립되지 않은 경우 비밀주의를 유지하는 것이 외부의 압력으로부터 중앙은행을 지키는 데 유리하다는 견해가 있다. 중앙은행의 통화정책이 공개되면 이해관계가 서로 다른 집단이나 정부 등이 정책결정에 간섭할 가능성이 커지고 이들의 간섭이 중앙은행의 독립적인 정책수행을 어렵게 할 수 있다는 것이다.

① 사람들은 현상을 충분히 합리적으로 판단할 수 있으므로 어떠한 정책 변화도 미리 합리적으로 예상하여 행동한다.

② 경제주체들이 자신의 기대형성 방식이 잘못되었다는 것을 알면서도 그런 방식으로 계속 기대를 형성한다고 가정하는 것이다.

③ 예상하지 못한 정책 충격만이 단기적으로 실질변수에 영향을 미친다.

④ 1년 후의 물가가 10% 오를 것으로 예상될 때 10% 이하의 금리로 돈을 빌려 주면 손실을 보게 되기 때문에, 대출 금리를 10% 이상으로 인상시켜 놓게 된다.

17 다음에 제시된 글의 목적에 대해 바르게 나타낸 것은?

제목 : 사내 신문의 발행

1. 우리 회사 직원들의 원만한 커뮤니케이션과 대외 이미지를 재고하기 위하여 사내 신문을 발간하고자 합니다.

2. 사내 신문은 홍보지와 달리 새로운 정보와 소식지로써의 역할이 기대되오니 아래의 사항을 검토하시고 재가해주시기 바랍니다.

－ 아래 －

㉠ 제호 : We 서원인
㉡ 판형 : 140 × 210mm
㉢ 페이지 : 20쪽
㉣ 출간 예정일 : 2021. 1. 1

별첨 견적서 1부

---

① 회사에서 정부를 상대로 사업을 진행하려고 작성한 문서이다.
② 회사의 업무에 대한 협조를 구하기 위하여 작성한 문서이다.
③ 회사의 업무에 대한 현황이나 진행상황 등을 보고하고자 하는 문서이다.
④ 회사 상품의 특성을 소비자에게 설명하기 위하여 작성한 문서이다.

18 다음 말하기의 문제점을 해결하기 위한 의사소통 전략으로 적절한 것은?

> • (부장님이 팀장님께) "어이, 김팀장 이번에 성과 오르면 내가 술 사줄게."
> • (팀장님이 거래처 과장에게) "그럼 그렇게 일정을 맞혀보도록 하죠."
> • (뉴스에서 아나운서가) "이번 부동산 정책은 이전과 비교해서 많이 틀려졌습니다."

① 청자의 배경지식을 고려해서 표현을 달리한다.
② 문화적 차이에서 비롯되는 갈등에 효과적으로 대처한다.
③ 상대방의 공감을 이끌어 낼 수 있는 전략을 효과적으로 활용한다.
④ 상황이나 어법에 맞는 적절한 언어표현을 사용한다.

19 다음은 한 대리의 발표에 대해 상사가 조언한 내용이다. 조언을 바탕으로 한 대리가 적용해야 하는 것은?

> 한 대리, 발표 잘 봤어요. 말하고자 하는 바도 명확하고 내용 구성도 깔끔하더라고요. 그런데, 이해를 도와줄 수 있는 근거가 부족해요. 이 부분은 조금 더 수정이 필요하겠어요.

① 목표를 뒷받침 할 자료를 수집한다.
② 전달하고자 하는 내용과 핵심을 완벽하게 파악해야 한다.
③ 대상에 대한 이해가 필요하다.
④ 질문을 예상하고 그에 대한 답변을 미리 준비해야 한다.

20 다음은 A 공단 공개채용에 관한 유의사항의 일부이다. 다음 내용을 근거로 할 때, A 공단이 유의사항의 내용에 부합하는 행동이라고 볼 수 없는 것은?

> 가. 모든 응시자는 1인 1분야만 지원할 수 있습니다.
> 나. 응시지원자는 지역제한 등 응시자격을 미리 확인하고 입사지원서를 접수하여야 하며, 입사지원서의 기재사항 누락·오입력, 장애인·자격증·취업지원대상자 등 가산점수가산비율 기재 착오 및 연락불능 등으로 발생되는 불이익은 일체 응시자 책임으로 합니다.
> 다. 입사지원서 작성내용은 추후 증빙서류 제출 및 관계기관에 조회할 예정이며, 추후 허위사실(응시자격, 임용결격사유 등)이 발견될 때에는 합격 또는 임용을 취소합니다.
> 라. 지원자 및 단계별 합격자는 우리공단 홈페이지를 통해 공고되는 내용을 정확히 숙지하여야 하며, 이를 준수하지 않아 발생하는 불이익은 본인 책임입니다.
> 마. 입사지원서 접수결과, 지원자가 채용예정인원 수와 같거나 미달하더라도 적격자가 없는 경우 선발하지 않을 수 있습니다.
> 바. 최종합격자 중에서 신규임용후보자 등록을 하지 않거나 신체검사에 불합격한 자 또는 공단 인사규정 제14조에 의한 임용결격자, 비위면직자는 합격이 취소되며 예비합격자를 최종합격자로 선발할 수 있습니다.
> 사. 각종 자격 및 증빙과 관련된 서류는 필기시험 합격자에 한해 접수할 예정이며, 「채용절차의 공정화에 관한 법률」에 따라 최종합격자 발표일 이후 180일 이내에 반환청구 할 수 있습니다. 다만, 채용홈페이지 또는 전자우편으로 제출된 경우나 응시자가 우리 공단의 요구 없이 자발적으로 제출한 경우에는 반환하지 않습니다.
> 아. 채용관련 인사 청탁 등 채용비리 또는 기타 부정합격 확인 시 채용이 취소될 수 있습니다.
> ※ 1) 입사지원서(자기소개서 포함) 작성 시, 출신 학교(출신 학교를 유추할 수 있는 학교메일), 가족관계 등 개인을 식별할 수 있는 내용은 일체 기재하지 마시기 바랍니다.
> 　　2) 자격사항 기재 시 직무와 관련된 국가기술 및 국가전문자격만 기재하시기 바랍니다.

① 동일한 응시자가 행정직과 기계직에 동시 응시 한 사실이 뒤늦게 발견되어 임의로 행정직 응시 관련 사항을 일체 무효처리 하였다.

② 응시자격이 불충분함에도 합격을 한 사실이 확인된 甲을 채용 취소 처리하였다.

③ 토목직에 5명 채용이 계획되어 있었고, 10명이 지원하였으나 4명만 선발하였다.

④ 최종합격자 중 신규임용후보자 자격을 상실한 자가 있어 불합격자 중 임의의 인원을 추가 선발하였다.

Answer ☀ 18.④ 19.① 20.④

수리능력

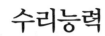

정답 문항수	/ 20문항	풀이시간	/ 20분

출제경향 check✔

업무를 수행함에 있어 필요한 기본적인 수리능력은 물론, 지원자의 논리성까지 파악할 수 있는 문항들로 구성된다. 사칙연산, 방정식과 부등식, 응용계산, 수열추리, 자료해석 등이 있다. 난이도가 높은 편은 아니지만 짧은 시간 내에 정확하게 계산해 내는 능력을 요구하며 최근에는 문제해결능력, 자원관리능력과 결합된 유형의 문제들이 출제되고 있다.

1 다음 수들은 일정한 규칙을 가지고 있다. 빈칸에 들어갈 수를 고르시오.

1	4	8	13	19	26	34	( )	

① 40
② 41
③ 42
④ 43

2

90	45	15	3	3
2	3	?	1	

① 6

② 5

③ 4

④ 3

3 다음은 2021년 11월부터 2022년 4월까지의 연령별 취업자 수를 나타낸 표이다. 다음 설명 중 옳지 않은 것을 고르시오.

(단위 : 천 명)

나이	2022. 04	2022. 03	2022. 02	2022. 01	2021. 12	2021. 11
15 ~ 19세	129	150	194	205	188	176
20 ~ 29세	3,524	3,520	3,663	3,751	3,765	3,819
30 ~ 39세	5,362	5,407	5,501	5,518	5,551	5,533
40 ~ 49세	6,312	6,376	6,426	6,455	6,483	6,484
50 ~ 59세	6,296	6,308	6,358	6,373	6,463	6,497
60세 이상	4,939	4,848	4,696	4,497	4,705	5,006

① 15 ~ 19세 연령대는 2022년 3월에 비해 2022년 4월 취업자 수가 줄었다.

② 50 ~ 59세 연령대는 2021년 11월부터 2022년 4월까지 취업자 수가 지속적으로 감소하고 있다.

③ 2022년 4월의 취업자 수는 40 ~ 49세에 연령대가 20 ~ 29세 연령대보다 2배 이상 많다.

④ 60세 이상 연령대는 2022년 2월부터 취업자 수가 계속 증가하고 있다.

Answer ☼ 1.④ 2.② 3.③

4 다음은 2021년 직업별 월별 국내여행 일수를 나타낸 표이다. 다음 설명 중 옳지 않은 것을 고르면?

(단위 : 천 일)

직업	1월	2월	3월	4월	5월	6월	7월	8월
사무전문	12,604	14,885	11,754	11,225	10,127	11,455	14,629	14,826
기술생산노무	3,998	6,311	3,179	3,529	4,475	3,684	4,564	3,655
판매서비스	5,801	8,034	6,041	4,998	5,497	5,443	7,412	8,082
자영업	7,300	8,461	6,929	6,180	7,879	6,517	8,558	9,659
학생	3,983	6,209	3,649	4,126	4,154	3,763	4,417	5,442
주부	7,517	10,354	7,346	6,053	6,528	6,851	6,484	7,877
무직은퇴	2,543	2,633	3,005	2,335	2,703	2,351	2,012	2,637

① 사무전문직에 종사하는 사람들의 월별 국내여행 일수는 지속적으로 증가하고 있다.
② 판매서비스직에 종사하는 사람들의 국내여행 일수는 4월보다 5월이 많다.
③ 사무선문식의 4월 국내여행 일수는 무직은퇴인 사람들의 비해 4배 이상 많나.
④ 자영업의 경우 6월부터 지속적으로 국내여행 일수가 증가하고 있다.

5 다음은 A사의 2021년 추진 과제의 전공별 연구책임자 현황에 대한 자료이다. 다음 설명 중 옳지 않은 것을 고르면?

(단위 : 명, %)

전공 \ 연구책임자	남자		여자	
	연구책임자 수	비율	연구책임자 수	비율
이학	2,833	14.8	701	30.0
공학	11,680	61.0	463	19.8
농학	1,300	6.8	153	6.5
의학	1,148	6.0	400	17.1
인문사회	1,869	9.8	544	23.3
기타	304	1.6	78	3.3
계	19,134	100.0	2,339	100.0

① 전체 연구책임자 중 공학전공의 연구책임자가 차지하는 비율이 50%를 넘는다.
② 전체 연구책임자 중 의학전공의 여자 연구책임자가 차지하는 비율은 1.9%이다.
③ 전체 연구책임자 중 인문사회전공의 연구책임자가 차지하는 비율은 12%를 넘는다.
④ 전체 연구책임자 중 농학전공의 남자 연구책임자가 차지하는 비율은 6% 이상이다.

Answer ☀ 4.① 5.③

6 경수는 생활이 어려워 수집했던 고가의 피규어를 인터넷 경매를 통해 판매하려고 한다. 경매 방식과 규칙, 예상 응찰 현황이 다음과 같을 때, 경매 결과를 바르게 예측한 것은?

- 경매 방식 : 각 상품은 따로 경매하거나 묶어서 경매

- 경매 규칙
  - 낙찰자 : 최고가로 입찰한 자
  - 낙찰가 : 두 번째로 높은 입찰가
  - 두 상품을 묶어서 경매할 경우 낙찰가의 5%를 할인해 준다.
  - 입찰자는 낙찰가의 총액이 100,000원을 초과할 경우 구매를 포기한다.

- 예상 응찰 현황

입찰자	A 입찰가	B 입찰가	합계
甲	20,000	50,000	70,000
乙	30,000	40,000	70,000
丙	40,000	70,000	110,000
丁	50,000	30,000	80,000
戊	90,000	10,000	100,000
己	40,000	80,000	120,000
庚	10,000	20,000	30,000
辛	30,000	10,000	40,000

---

① 두 상품을 묶어서 경매한다면 낙찰자는 己이다.

② 경매 방식에 상관없이 경수의 예상 수입은 동일하다.

③ 두 상품을 따로 경매한다면 얻는 수입은 120,000원이다.

④ 두 상품을 따로 경매한다면 A의 낙찰자는 丁이다.

7 A 씨는 30 % 할인 행사 중인 백화점에 갔다. 매장에 도착하니 당일 구매물품의 정가 총액에 따라 아래의 〈혜택〉 중 하나를 택할 수 있다고 한다. 정가 10만 원짜리 상의와 15만 원짜리 하의를 구입하고자 한다. 옷을 하나 이상 구입하여 일정 혜택을 받고 교통비를 포함해 총비용을 계산할 때, 〈보기〉의 설명 중 옳은 것을 모두 고르면? (단, 1회 왕복교통비는 5천원이고, 소요시간 등 기타사항은 금액으로 환산하지 않는다.)

혜택

- 추가할인 : 정가 총액이 20만 원 이상이면, 할인된 가격의 5%를 추가로 할인
- 할인쿠폰 : 정가 총액이 10만 원 이상이면, 세일기간이 아닌 기간에 사용할 수 있는 40% 할인권 제공

보기

㉠ 오늘 상·하의를 모두 구입하는 것이 가장 싸게 구입하는 방법이다.

㉡ 상·하의를 가장 싸게 구입하면 17만 원 미만의 비용이 소요된다.

㉢ 상·하의를 가장 싸게 구입하는 경우와 가장 비싸게 구입하는 경우의 비용 차이는 1회 왕복 교통비 이상이다.

㉣ 오늘 하의를 구입하고, 세일기간이 아닌 기간에 상의를 구입하면 17만 5천 원이 든다.

① ㉠㉡

② ㉠㉢

③ ㉡㉢

④ ㉢㉣

8 다음은 A 자동차 회사의 광고모델 후보 4명에 대한 자료이다. 〈조건〉을 적용하여 광고모델을 선정할 때, 총 광고효과가 가장 큰 모델은?

〈표〉 광고모델별 1년 계약금 및 광고 1회당 광고효과

(단위 : 만 원)

광고모델	1년 계약금	1회당 광고효과	
		수익 증대 효과	브랜드 가치 증대 효과
A	1,000	100	100
B	600	60	100
C	700	60	110
D	1,200	110	110

〈조건〉

㉠ 광고효과는 수익 증대 효과와 브랜드 가치 증대 효과로민 구성된다.
- 총 광고효과 = 1회당 광고효과 × 1년 광고횟수
- 1회당 광고효과 = 1회당 수익 증대 효과 + 1회당 브랜드 가치 증대 효과

㉡ 1회당 광고비는 20만 원으로 고정되어 있다.

$$1년 광고횟수 = \frac{1년 광고비}{1회당 광고비}$$

㉢ 1년 광고비는 3,000만 원(고정값)에서 1년 계약금을 뺀 금액이다.

1년 광고비 = 3,000만 원 − 1년 계약금

※ 광고는 tv를 통해서만 1년 내에 모두 방송됨

① A   ② B

③ C   ④ D

|9 ~ 10| 다음에 제시된 항공사별 운항현황을 보고 물음에 답하시오.

항공사	구분	2018년	2019년	2020년	2021년
AAR	운항 편(대)	8,486	8,642	8,148	8,756
	여객(명)	1,101,596	1,168,460	964,830	1,078,490
	운항거리(km)	5,928,362	6,038,761	5,761,479	6,423,765
KAL	운항 편(대)	11,534	12,074	11,082	11,104
	여객(명)	1,891,652	2,062,426	1,715,962	1,574,966
	운항거리(km)	9,112,071	9,794,531	8,972,439	8,905,408

9 AAR 항공사의 경우 항공기 1대 당 수송 여객의 수가 가장 많았던 해는 언제인가?

① 2018년

② 2019년

③ 2020년

④ 2021년

10 항공기 1대당 운항 거리가 2021년과 동일할 때, KAL 항공사가 2022년 한 해 동안 9,451,570km의 거리를 운항하기 위해서 증편해야 할 항공기 수는 몇 대인가?

① 495

② 573

③ 681

④ 709

Answer ☀ 8.① 9.② 10.③

11 다음은 주당 한자교육의 적정 시간에 관한 응답 분포에 관한 자료이다. 주당 4시간 이하에 응답한 교사의 수는 무응답의 몇 배인가? (단, 소수점 첫째 자리에서 반올림한다.)

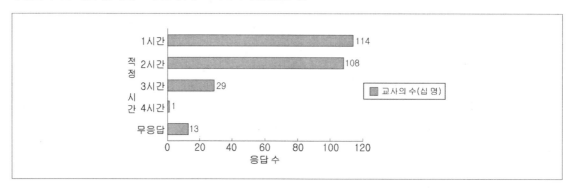

① 18

② 19

③ 20

④ 21

12 다음은 직종별 인원에 관한 자료이다. 다음 중 ⓒ에 들어갈 인원으로 적절한 것은?

부서	현원	직종별 현원				
		일반직	별정직	개방형	계약직	기능직
A	47	35	3	1	4	4
B	34	25	0	1	6	2
C	㉠	14	0	㉡	2	2
D	29	23	0	0	0	6
E	16	14	0	0	1	1
F	72	38	1	0	8	25
계	㉢	149	4	2	21	40

① 153   ② 186

③ 197   ④ 216

13 다음은 연도별 조선의 대청 수출액에 관한 자료이다. 다음 중 두 연도의 수출액 차이가 가장 작은 연도로 짝지어진 것은?

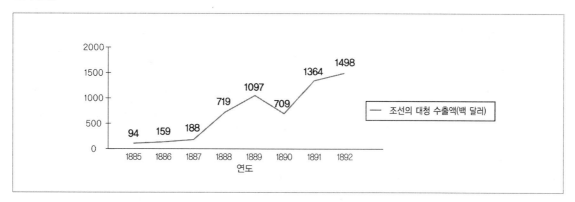

① 1888년, 1890년
② 1887년, 1885년
③ 1890년, 1892년
④ 1889년, 1890년

14 나음은 A시역 내 외국인의 인구에 관한 자료이다. 2020년의 A지역 내 외국인 인구가 315,153명이라면 2000년 대비 2020년의 증가율은 얼마인가?

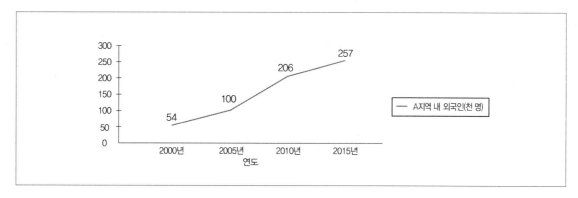

① 약 315%
② 약 484%
③ 약 524%
④ 약 613%

15 다음은 환경영향인자별 중요도에 관한 자료이다. 중요도의 평균값이 높을수록 순위값도 높게 매겨진다고 할 때, 다음 중 순위값이 가장 낮은 높은 인자는?

인자	연도별 중요도			
	2015	2016	2017	2018
지형	70	50	70	60
대기질	50	70	50	70
수질	40	60	40	50
소음	20	20	30	10

① 지형   ② 대기질

③ 수질   ④ 소음

16 박○○ 사원의 5월 급여내역이 다음과 같고 전월과 동일하게 근무하였으며 차량지원금으로 100,000원을 받게 된다면, 6월에 받게 되는 급여는 얼마인가? (단, 원 단위는 절삭한다.)

〈근로소득에 대한 간이 세액표〉

월 급여액(천 원) [비과세 및 학자금 제외]		공제대상 가족 수				
이상	미만	1	2	3	4	5
2,500	2,520	38,960	29,280	16,940	13,570	10,190
2,520	2,540	40,670	29,960	17,360	13,990	10,610
2,540	2,560	42,380	30,640	17,790	14,410	11,040
2,560	2,580	44,090	31,330	18,210	14,840	11,460
2,580	2,600	45,800	32,680	18,640	15,260	11;890
2,600	2,620	47,520	34,390	19,240	15,680	12,310
2,620	2,640	49,230	36,100	19,900	16,110	12,730
2,640	2,660	50,940	37,810	20,560	16,530	13,160
2,660	2,680	52,650	39,530	21,220	16,960	13,580
2,680	2,700	54,360	41,240	21,880	17,380	14,010
2,700	2,720	56,070	42,950	22,540	17,800	14,430
2,720	2,740	57,780	44,660	23,200	18,230	14,850
2,740	2,760	59,500	46,370	23,860	18,650	15,280

※ 1) 갑근세는 제시되어 있는 간이 세액표에 따름

　　2) 주민세＝갑근세의 10%

　　3) 국민연금＝급여액의 4.50%

　　4) 고용보험＝국민연금의 10%

　　5) 건강보험＝급여액의 2.90%

　　6) 교육지원금＝분기별 100,000원(매 분기별 첫 달에 지급)

(주)서원플랜테크 5월 급여내역			
성명	박○○	지급일	5월 12일
기본급여	2,240,000	갑근세	39,530
직무수당	400,000	주민세	3,950
명절 상여금		고용보험	11,970
특별수당	20,000	국민연금	119,700
차량지원금		건강보험	77,140
교육지원		기타	
급여계	2,660,000	공제합계	252,290
		지급총액	2,407,710

① 2,443,910

② 2,453,910

③ 2,463,910

④ 2,473,910

17 다음은 학생들의 지난 달 독서 현황에 관한 자료이다. 이에 대한 설명으로 옳지 않은 것은?

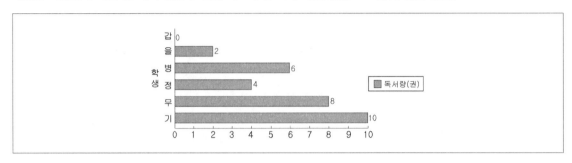

① 무의 독서량은 을의 독서량의 5배 이상이다.

② 기의 독서량은 병과 정의 독서량의 합과 같다.

③ 정의 독서량은 전체 독서량의 13% 이상을 차지한다.

④ 기와 병의 독서량 차이는 4권이다.

18 다음에 제시되는 'x를 포함하는 수'들은 일정한 규칙을 가지고 나열되어 있다. 규칙에 의할 경우, 마지막 빈칸 A 에 들어갈 수 있는 'x를 포함하는 수'는 다음 중 무엇인가?

$$(x^2 + 3) \div 4 \quad 2x \div 2 \quad (6 + x) \div 3 \quad (x + x + x) \div 3 \quad (\quad A \quad)$$

① $3x - 10$ ② $x + x - 2$

③ $10 - 2x$ ④ $4x^2 - 100$

19 다음은 국민연금 보험료를 산정하기 위한 소득월액 산정 방법에 대한 설명이다. 다음 설명을 참고할 때, 김갑동 씨의 신고 소득월액은 얼마인가?

> 소득월액은 입사(복직) 시점에 따른 근로자 간 신고 소득월액 차등이 발생하지 않도록 입사(복직) 당시 약 정되어 있는 급여 항목에 대한 1년치 소득총액에 대하여 30일로 환산하여 결정하며, 다음과 같은 계산 방 식을 적용한다.
>
> 소득월액 = 입사(복직) 당시 지급이 약정된 각 급여 항목에 대한 1년간 소득총액 ÷ 365 × 30

<김갑동 씨의 급여 내역>

- 기본급 : 1,700,000원
- 고정 시간 외 수당 : 월 200,000원
- 하계휴가비(매년 7월 지급) : 500,000원
- 교통비 : 월 100,000원
- 분기별 상여금 : 기본급의 100% (1,4,7,10월 지급)

① 2,137,762원
② 2,342,465원
③ 2,576,344원
④ 2,683,512원

20 다음 표는 2019 ~ 2020년 지역별 직장인들의 자기개발에 관해 조사한 내용을 정리한 것이다. 이에 대한 분석으로 옳은 것은?

(단위 : %)

연도 구분 지역	2019				2020			
	자기개발 하고 있음	자기개발 비용 부담 주체			자기개발 하고 있음	자기개발 비용 부담 주체		
		직장 100%	본인 100%	직장50% + 본인50%		직장 100%	본인 100%	직장50% + 본인50%
충청도	36.8	8.5	88.5	3.1	45.9	9.0	65.5	24.5
제주도	57.4	8.3	89.1	2.9	68.5	7.9	68.3	23.8
경기도	58.2	12	86.3	2.6	71.0	7.5	74.0	18.5
서울시	60.6	13.4	84.2	2.4	72.7	11.0	73.7	15.3
경상도	40.5	10.7	86.1	3.2	51.0	13.6	74.9	11.6

① 2019년과 2020년 모두 자기개발 비용을 본인이 100% 부담하는 사람의 수는 응답자의 절반 이상이다.

② 자기개발을 하고 있다고 응답한 사람의 수는 2019년과 2020년 모두 서울시가 가장 많다.

③ 자기개발 비용을 직장과 본인이 각각 절반씩 부담하는 사람의 비율은 2019년과 2020년 모두 서울시가 가장 높다.

④ 2019년과 2020년 모두 자기개발을 하고 있다고 응답한 비율이 가장 높은 지역에서 자기개발비용을 직장이 100% 부담한다고 응답한 사람의 비율이 가장 높다.

Answer ☀ 17.① 18.① 19.② 20.①

문제해결능력

정답 문항수	/ 20문항	풀이시간	/ 20분

출제경향 check✔

　업무 수행 시 발생하는 상황들을 창의적이고 논리적으로 해결하는 능력이다. 사고력과 문제처리능력을 파악할 수 있는 문항들로 구성된다. 명제 및 진위관계, SWOT 분석을 통한 문제도출, 고객 응대의 문제가 자료해석 유형으로 출제된다. 최근에는 자원관리능력과 혼합되어 주어진 상황을 고려한 비용 및 시간 순서 등의 상황 문제가 출제된다.

1　서원전자는 영업팀 6명의 직원(A ~ F)과 관리팀 4명의 직원(갑 ~ 정)이 매일 각 팀당 1명씩 총 2명이 당직 근무를 선다. 2일 날 A와 갑 직원이 당직 근무를 서고 팀별 순서(A ~ F, 갑 ~ 정)대로 돌아가며 근무를 선다면, E와 병이 함께 근무를 서는 날은 언제인가? (단, 근무를 서지 않는 날은 없다고 가정한다.)

①　10일　　　　　　　　　　　　② 11일

③　12일　　　　　　　　　　　　④ 13일

2 다음 조건을 바탕으로 을순이의 사무실과 어제 갔던 식당이 위치한 곳을 올바르게 짝지은 것은?

> - 갑동, 을순, 병호는 각각 10동, 11동, 12동 중 한 곳에 사무실이 있으며 서로 같은 동에 사무실이 있지 않다.
> - 이들 세 명은 어제 각각 자신의 사무실이 있는 건물이 아닌 다른 동에 있는 식당에 갔었으며, 서로 같은 동의 식당에 가지 않았다.
> - 병호는 12동에서 근무하며, 갑동이와 을순이는 어제 11동 식당에 가지 않았다.
> - 을순이는 병호가 어제 갔던 식당이 있는 동에서 근무한다.

    사무실   식당
① 11동   10동
② 10동   11동
③ 12동   12동
④ 11동   12동

3 다음은 S기업 토론 면접상황이다. 다음 중 한 팀이 될 수 있는 사람들은 누구인가?

> - A, B, C, D, E, F의 여섯 명의 신입사원들이 있다.
> - 신입사원들은 모두 두 팀 중 한 팀에 속해야 한다.
> - 한 팀에 3명씩 두 팀으로 나눠야 한다.
> - A와 B는 한 팀이 될 수 없다.
> - E는 C 또는 F와 한 팀이 되어야 한다.

① A, B, C
② A, B, F
③ A, C, E
④ A, C, F

4   다음 제시문을 읽고 바르게 추론한 것을 〈보기〉에서 모두 고른 것은?

> A회사에서는 1,500명의 소속직원들이 마실 생수를 구입하기로 하였다. 모든 조건이 동일한 두 개의 생수회사가 최종 경쟁을 하게 되었다. 구입 담당자는 직원들에게 시음하게 하여 직원들이 가장 좋아하는 생수를 선정하고자 하였다. 다음과 같은 절차를 통하여 구입 담당자가 시음회를 주관하였다.
> • 직원들로부터 더 많이 선택 받은 생수회사를 최종적으로 선정한다.
> • 생수 시음회 참여를 원하는 직원을 대상으로 신청자를 접수하고 그 중 남자 15명과 여자 15명을 무작위로 선정하였다.
> • 두 개의 컵을 마련하여 하나는 1로 표기하고 다른 하나는 2로 표기하여 회사이름을 가렸다.
> • 참가직원들은 1번 컵의 생수를 마신 후 2번 컵의 생수를 마시고 둘 중 어느 쪽을 선호하는지 표시하였다.

───────────── 보기 ─────────────

> ㉠ 참가자들이 특정 번호를 선호할 가능성을 고려하지 못하였다.
> ㉡ 참가자가 무작위로 선정되었으므로 전체 직원에 대한 대표성이 확보되었다.
> ㉢ 참가자의 절반은 2번 컵을 먼저 마시고 1번 컵을 나중에 마시도록 했어야 한다.
> ㉣ 우리나라의 남녀 비율이 50대 50이므로 남자직원과 여자직원을 동수로 뽑은 것은 적절하였다.

① ㉠㉡   ② ㉠㉢
③ ㉡㉢   ④ ㉡㉣

5   다음으로부터 추론한 것으로 옳은 것은?

> 갑, 을, 병, 정이 문구점에서 산 학용품에 대해서 다음과 같은 사실이 있다.
> • 갑은 연필, 병은 지우개, 정은 샤프심을 샀다.
> • 을은 매직을 사지 않았다.
> • 갑이 산 학용품을 을도 샀다.
> • 갑과 병은 같은 학용품을 사지 않았다.
> • 갑, 을, 병은 각각 2종류의 학용품을 샀다.
> • 갑은 매직을 사지 않았다.
> • 갑, 을, 병, 정은 연필, 지우개, 샤프심, 매직 외의 학용품을 사지 않았다.

① 을은 연필을 사지 않았다.
② 을과 병이 공통으로 산 학용품이 있다.
③ 병은 사지 않았지만 정이 산 학용품이 있다.
④ 3명이 공통으로 산 학용품은 없다.

6 전월세전환율을 다음 〈보기〉와 같이 구한다고 할 때, A ~ D 지역 중에서 전월세전환율이 가장 높은 아파트는?

〈표〉 아파트의 전세 및 월세 현황

(단위 : 천 원)

아파트	전세금	월세보증금	월세
A	85,000	10,000	360
B	85,000	5,000	420
C	130,000	10,000	750
D	125,000	60,000	350

─── 보기 ───

• 전월세전환율은 보증금을 월세로 전환할 시 적용되는 비율로 임대인은 요구수익률, 임차인은 전월세 선택 및 월세 계약시 기회비용을 계산하는 지표로 활용한다.
• 전월세전환율은 [{월세 ÷ (전세금 − 월세보증금)} × 100]으로 산정된 월세이율을 연이율로 환산(월세이율 × 12)하여 산정하고, 단위는 %이다.

① A
② B
③ C
④ D

7 작업 A부터 작업 E까지 모두 완료해야 끝나는 업무에 대한 조건이 다음과 같을 때 옳지 않은 것은? (단, 모든 작업은 동일 작업장 내에서 행하여진다.)

㉠ 작업 A는 4명의 인원과 10일의 기간이 소요된다.
㉡ 작업 B는 2명의 인원과 20일의 기간이 소요되며, 작업 A가 끝난 후에 시작할 수 있다.
㉢ 작업 C는 4명의 인원과 50일의 기간이 소요된다.
㉣ 작업 D와 E는 각 작업 당 2명의 인원과 20일의 기간이 소요되며, 작업 E는 작업 D가 끝난 후에 시작할 수 있다.
㉤ 모든 인력은 작업 A ~ E까지 모두 동원될 수 있으며 생산력은 모두 같다.
㉥ 인건비는 1인당 1일 10만 원이다.
㉦ 작업장 사용료는 1일 50만 원이다.

① 업무를 가장 빨리 끝낼 수 있는 최단 기간은 50일이다.
② 최단 기간에 업무를 끝내기 위해 필요한 최소 인력은 10명이다.
③ 작업 가능한 인력이 4명뿐이라면 업무를 끝낼 수 있는 기간은 100일이다.
④ 모든 작업을 끝내는 데 드는 최소 비용은 6,100만 원이다.

Answer ☀ 4.② 5.③ 6.③ 7.②

8 다음은 글로벌 컴퓨터 회사 중 하나인 D사에 해외시장을 넓히기 위해 각종 광고매체수단과 함께 텔레마케터를 고용하여 현지 마케팅을 진행 중에 있다. 아래의 내용을 읽고 조건에 비추어 보았을 때 상담원 입장으로서는 고객으로부터 자사 제품에 대한 호기심 및 관심을 끌어내야 하는 어려운 상황에 처해 있다. 이때 C에 들어갈 말로 가장 적절한 항목을 고르면?

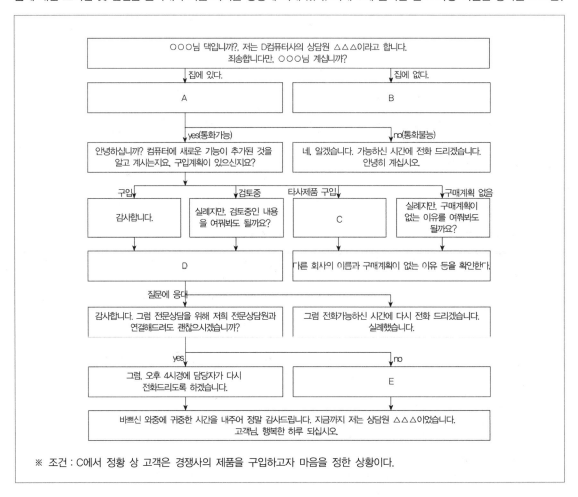

※ 조건 : C에서 정황 상 고객은 경쟁사의 제품을 구입하고자 마음을 정한 상황이다.

① 지금 고객님께서 부재중이시니 언제쯤 통화가 될 수 있는지 여쭤봐도 될까요? 저의 명함을 드리고 갈 테니 고객님께서 돌아오시면 제가 방문 드렸다고 메모 부탁드리겠습니다.

② 고객님께서 상당히 많이 바쁘신 것 같습니다. 추후에 고객님께서 통화가능하신 시간에 다시 전화 드리도록 하겠습니다.

③ 저는 D 컴퓨터사 상담원인데, 저희 회사에서 이번에 출시된 보급형 컴퓨터가 나왔는데 지금 통화 가능하신가요?

④ 그러면 고객님 실례지만 고객님께서 구매하고자 하는 컴퓨터는 어느 회사의 제품인지, 또한 그 제품을 선택하신 이유가 무엇인지 여쭤봐도 될까요?

9 다음은 특정 월의 3개 원자력발전소에서 생산된 전력을 각각 다른 세 곳으로 전송한 내역을 나타낸 표이다. 다음 표에 대한 〈보기〉의 설명 중, 적절한 것을 모두 고른 것은 어느 것인가?

(단위 : 천 Mwh)

발전소 \ 전송처	지역A	지역B	지역C
H발전소	150	120	180
G발전소	110	90	120
W발전소	140	170	70

보기

㉠ 생산 전력량은 H발전소가, 전송받은 전력량은 지역A가 가장 많다.

㉡ W발전소에서 지역A로 공급한 전력의 30%가 지역C로 전송되었더라면 전송받은 전력량의 지역별 순위는 바뀌게 된다.

㉢ H발전소에서 전송한 전력량을 세 지역 모두 10%씩 줄이게 되면 발전소별 생산 전력량 순위는 바뀌게 된다.

㉣ 발전소별 평균 전송한 전력량과 지역별 평균 전송받은 전력량 중, 100 ～ 150천 Mwh의 범위를 넘어서는 전력량은 없다.

① ㉡㉢㉣

② ㉠㉡㉣

③ ㉠㉢㉣

④ ㉠㉡㉢

10 다음은 특보의 종류 및 기준에 관한 자료이다. ㉠과 ㉡의 상황에 어울리는 특보를 올바르게 짝지은 것은?

〈특보의 종류 및 기준〉

종류	주의보	경보
강풍	육상에서 풍속 14m/s 이상 또는 순간풍속 20m/s 이상이 예상될 때. 다만, 산지는 풍속 17m/s 이상 또는 순간풍속 25m/s 이상이 예상될 때	육상에서 풍속 21m/s 이상 또는 순간풍속 26m/s 이상이 예상될 때. 다만, 산지는 풍속 24m/s 이상 또는 순간풍속 30m/s 이상이 예상될 때
호우	6시간 강우량이 70mm 이상 예상되거나 12시간 강우량이 110mm 이상 예상될 때	6시간 강우량이 110mm 이상 예상되거나 12시간 강우량이 180mm 이상 예상될 때
태풍	태풍으로 인하여 강풍, 풍랑, 호우 현상 등이 주의보 기준에 도달할 것으로 예상될 때	태풍으로 인하여 풍속이 17m/s 이상 또는 강우량이 100mm 이상 예상될 때. 다만, 예상되는 바람과 비의 정도에 따라 아래와 같이 세분한다. **표:** | | 3급 | 2급 | 1급 | | 바람(m/s) | 17 ~ 24 | 25 ~ 32 | 33이상 | | 비(mm) | 100 ~ 249 | 250 ~ 399 | 400이상 |
폭염	6 ~ 9월에 일최고기온이 33℃ 이상이고, 일최고열지수가 32℃ 이상인 상태가 2일 이상 지속될 것으로 예상될 때	6 ~ 9월에 일최고기온이 35℃ 이상이고, 일최고열지수가 41℃ 이상인 상태가 2일 이상 지속될 것으로 예상될 때

㉠ 태풍이 남해안에 상륙하여 울산지역에 270mm의 비와 함께 풍속 26m/s의 바람이 예상된다.
㉡ 지리산에 오후 3시에서 오후 9시 사이에 약 130mm의 강우와 함께 순간풍속 28m/s가 예상된다.

	㉠	㉡
①	태풍경보 1급	호우주의보
②	태풍경보 2급	호우경보 + 강풍주의보
③	태풍주의보	강풍주의보
④	태풍경보 2급	호우경보 + 강풍경보

11 다음 중 빈칸에 들어갈 용어는 무엇인가?

> 3C 분석이란 환경 분석 방법의 하나로 사업환경을 구성하고 있는 요소인 (㉠), (㉡), (㉢)을 분석하는 것이다.

	㉠	㉡	㉢
①	매출	수익	마케팅
②	자사	경쟁사	고객
③	타협	배제	존중
④	목표	주의	방법

12 다음에서 설명하고 있는 문제해결방법은?

> 이 방법은 어떤 원인에 의해 나타난 결과가 다시 원인에 작용해 그 결과를 줄이거나 늘리는 원리를 말한다.

① 퍼실리테이션
② 브레인스토밍
③ 피드백
④ 소프트 어프로칭

13 성원이는 전원주택을 지으려 한다. 1㎡당 80만 원 하는 토지 60평에 85㎡의 집을 1평당 99만 원의 건축비를 들여 짓기로 하고, 계약금으로 총액의 30%를 지불했다. 이 계약금은 얼마인가? (단, 1평은 3.3㎡로 한다.)

① 5,017만 원
② 5,117만 원
③ 5,317만 원
④ 5,517만 원

14 다음 중 내부강점과 외부기회 요인을 극대화하는 방법은?

		내부환경요인	
		강점	약점
외부환경요인	기회	① SO	② WO
	위협	③ ST	④ WT

15 다음 글을 읽고 '차등금리방식'을 〈보기〉에 적용한 내용으로 옳은 것은?

국채는 정부가 부족한 조세 수입을 보전하고 재정 수요를 충당하기 위해 발행하는 일종의 차용 증서이다. 이 중 국고채는 정부가 자금을 조달하는 주요한 수단이며, 채권 시장을 대표하는 상품이다. 만기일에 원금과 약속한 이자를 지급하는 국고채는 관련 법률에 따라 발행된다. 발행 주체인 정부는 이자 비용을 줄이기 위해 낮은 금리를 선호하며, 매입 주체인 투자자들은 높은 이자 수익을 기대하여 높은 금리를 선호한다. 국고채의 금리는 경쟁 입찰을 통해 결정되는데, 경쟁 입찰은 금리 결정 방법에 따라 크게 '복수금리결정방식'과 '단일금리결정방식'으로 나뉜다.

※ 발행 예정액 : 800억 원

투자자	제시한 금리와 금액	결정 방식	
		복수금리	단일금리
A	4.99% 200억 원	4.99%	모두 5.05%
B	5.00% 200억 원	5.00%	
C	5.01% 200억 원	5.01%	
D	5.03% 100억 원	5.03%	
E	5.05% 100억 원	5.05%	
F	5.07% 100억 원	미낙찰	미낙찰

복수금리결정방식은 각각의 투자자가 금리와 금액을 제시하면 최저 금리를 제시한 투자자부터 순차적으로 낙찰자를 결정하는 방식이다. 낙찰된 금액의 합계가 발행 예정액에 도달할 때까지 낙찰자를 결정하기 때문에 상대적으로 낮은 금리를 제시한 투자자부터 낙찰자로 결정된다. 이때 국고채의 금리는 각각의 투자자가 제시한 금리로 결정된다. 표와 같이 발행 예정액이 800억 원인 경쟁 입찰이 있다면, 가장 낮은 금리를 제시한 A부터 E까지 제시한 금액 합계가 800억 원이므로 이들이 순차적으로 낙찰자로 결정된다. 이때 국고채의 금리는 A에게는 4.99%, B에게는 5.00%, …, E에게는 5.05%로 각기 다르게 적용이 된다.

한편, 단일금리결정방식은 각 투자자들이 제시한 금리를 최저부터 순차적으로 나열하여 이들이 제시한 금액이 발행 예정액에 도달할 때까지 낙찰자를 결정한다는 점에서는 복수금리결정방식과 같다. 하지만 발행되는 국고채의 금리는 낙찰자들이 제시한 금리 중 가장 높은 금리로 단일하게 결정된다는 점이 다르다. 표와 같이 낙찰자는 A ~ E로 결정되지만 국고채의 금리는 A ~ E 모두에게 5.05%로 동일하게 적용되는 것이다. 따라서 단일금리결정방식은 복수금리결정방식에 비해 투자자에게 유리한 방식일 수 있다.

하지만 단일금리결정방식은 정부의 이자 부담을 가중시킬 수 있어, 복수금리결정방식과 단일금리결정방식을 혼합한 '차등금리결정방식'을 도입하기도 한다. 차등금리결정방식이란 단일금리결정방식과 같은 방법으로 낙찰자들을 결정하지만, 낙찰자들이 제시한 금리들 중 가장 높은 금리를 기준으로 삼아 금리들을 일정한 간격으로 그룹화한다는 점이 다르다. 각 그룹의 간격은 0.02%p ~ 0.03%p 정도로 정부가 결정하며, 이때 국고채의 금리는 투자자가 제시한 금리와 관계없이 정부가 각각의 그룹에 설정한 최고 금리로 결정된다. 이는 투자자가 제시한 금리를 그룹별로 차등화함으로써 적정 금리로 입찰하도록 유도하는 효과를 낸다.

㉠ 발행 예정액 : 700억 원
㉡ 그룹화 간격 : 0.03%p
㉢ 입찰 결과

투자자	제시한 금리와 금액
ⓐ	1.98% 100억 원
ⓑ	2.00% 100억 원
ⓒ	2.02% 200억 원
ⓓ	2.05% 100억 원
ⓔ	2.06% 200억 원
ⓕ	2.07% 200억 원

㉣ 그룹화 결과 : 2.06 ~ 2.04%, 2.03 ~ 2.01%, 2.00 ~ 1.98%(단, 입찰 단위는 0.01%p 단위로 제시한다.)

① ⓐ가 속한 그룹은 ⓐ가 제시한 금리로 낙찰 받는다.
② ⓑ와 ⓒ는 같은 금리로 낙찰 받는다.
③ ⓒ는 2.03%의 금리로 낙찰 받는다.
④ ⓓ와 ⓔ 모두 2.05%의 금리로 낙찰 받는다.

16 A회사의 건물에는 1층에서 4층 사이에 5개의 부서가 있다. 다음 조건에 일치하는 것은?

- 영업부와 기획부는 복사기를 같이 쓴다.
- 3층에는 경리부가 있다.
- 인사부는 홍보부의 바로 아래층에 있다.
- 홍보부는 영업부의 아래쪽에 있으며 2층의 복사기를 쓰고 있다.
- 경리부는 위층의 복사기를 쓰고 있다.

① 영업부는 기획부와 같은 층에 있다.
② 경리부는 4층의 복사기를 쓰고 있다.
③ 인사부는 2층의 복사기를 쓰고 있다.
④ 기획부는 4층에 있다.

Answer ☀ 15.③ 16.②

17 다음의 내용이 모두 참일 때, 결론이 타당하기 위해서 추가로 필요한 진술은?

> ㉠ 자동차는 1번 도로를 지나왔다면 이 자동차는 A마을에서 왔거나 B마을에서 왔다.
> ㉡ 자동차가 A마을에서 왔다면 자동차 밑바닥에 흙탕물이 튀었을 것이다.
> ㉢ 자동차가 A마을에서 왔다면 자동차의 모습을 담은 폐쇄회로 카메라가 적어도 하나가 있을 것이다.
> ㉣ 자동차가 B마을에서 왔다면 도로 정체를 만났을 것이고 적어도 한 곳의 검문소를 통과했을 것이다.
> ㉤ 자동차가 도로정체를 만났다면 자동차의 모습을 닮은 폐쇄회로 카메라가 적어도 하나가 있을 것이다.
> ㉥ 자동차가 적어도 검문소 한 곳을 통과했다면 자동차 밑바닥에 흙탕물이 튀었을 것이다.
> ∴ 따라서 자동차는 1번 도로를 지나오지 않았다.

① 자동차 밑바닥에 흙탕물이 튀었을 것이다.
② 자동차는 도로 정체를 만나지 않았을 것이다.
③ 자동차는 적어도 검문소 한 곳을 통과했을 것이다.
④ 자동차 모습을 담은 폐쇄회로 카메라는 하나도 없을 것이다.

18 에너지 신산업에 대한 다음과 같은 정의를 참고할 때, 다음 중 에너지 신산업 분야의 사업으로 보기에 가장 적절하지 않은 것은 어느 것인가?

> 세계 195개국은 프랑스 파리에서 UN 기후변화협약을 체결, 파리기후변화협약에 따른 신기후체제의 출범으로 온실가스 감축은 선택이 아닌 의무가 되었으며, 이에 맞춰 친환경 에너지시스템인 에너지 신산업이 대두되었다. 에너지 신산업은 기후변화 대응, 미래 에너지 개발, 에너지 안보, 수요 관리 등 에너지 분야의 주요 현안을 효과적으로 해결하기 위한 '문제 해결형 산업'이다. 에너지 신산업 정책으로는 전력 수요관리, 에너지관리 통합서비스, 독립형 마이크로그리드, 태양광 렌탈, 전기차 서비스 및 유료충전, 화력발전 온배수열 활용, 친환경에너지타운, 스마트그리드 확산사업 등이 있다.

① 에너지 프로슈머 시장의 적극 확대를 위한 기반 산업 보강
② 전기차 확대보급을 실시하기 위하여 전기차 충전소 미비 지역에 충전소 보급 사업
③ 신개념 건축물에 대한 관심도 제고를 위한 고효율 제로에너지 빌딩 확대 사업
④ 분산형 전원으로 에너지 자립 도시 건립을 위한 디젤 발전기 추가 보급 사업

19 K지점으로부터 은행, 목욕탕, 편의점, 미용실, 교회 건물이 각각 다음과 같은 조건에 맞게 위치해 있다. 모두 K지점으로부터 일직선상에 위치해 있다고 할 때, 다음 설명 중 올바른 것은 어느 것인가? (언급되지 않은 다른 건물은 없다고 가정한다.)

> • K지점으로부터 50m 이상 떨어져 있는 건물은 목욕탕, 미용실, 은행이다.
> • 목욕탕과 교회 건물 사이에는 편의점을 포함한 2개의 건물이 있다.
> • 5개의 건물은 각각 K지점에서 15m, 40m, 60m, 70m, 100m 떨어진 거리에 있다.

① 목욕탕과 편의점과의 거리는 40m이다.
② 연이은 두 건물 간의 거리가 가장 먼 것은 은행과 편의점이다.
③ 미용실과 편의점 사이에는 1개의 건물이 있다.
④ K지점에서 미용실이 가장 멀리 있다면 은행과 교회는 45m 거리에 있다.

20 다음은 주식회사 서원각의 팀별 성과급 지급 기준이다. Y팀의 성과평가결과가 다음과 같다면 지급되는 성과급의 1년 총액은?

> 〈성과급 지급 방법〉
> ㉠ 성과급 지급은 성과평가 결과와 연계함
> ㉡ 성과평가는 유용성, 안전성, 서비스 만족도의 총합으로 평가함. 단, 유용성, 안전성, 서비스 만족도의 가중치를 각각 0.4, 0.4, 0.2로 부여함
> ㉢ 성과평가 결과를 활용한 성과급 지급 기준

성과평가 점수	성과평가 등급	분기별 성과급 지급액	비고
9.0 이상	A	100만 원	성과평가 등급이 A이면 직전분기 차감액의 50%를 가산하여 지급
8.0 이상 9.0 미만	B	90만 원 (10만 원 차감)	
7.0 이상 8.0 미만	C	80만 원 (20만 원 차감)	
7.0 미만	D	40만 원 (60만 원 차감)	

구분	1/4 분기	2/4 분기	3/4 분기	4/4 분기
유용성	8	8	10	8
안전성	8	6	8	8
서비스 만족도	6	8	10	8

① 350만 원 ② 360만 원
③ 370만 원 ④ 380만 원

Answer ☀ 17.④ 18.④ 19.④ 20.②

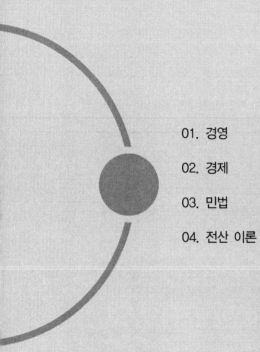

직무 전공 맛보기

경영

정답 문항수		/ 25문항	풀이시간		/ 20분

1 다음 유연생산시스템(FMS)에 대한 설명 중 바르지 않은 것은?

① 가공준비 및 대기시간의 최소화로 제조시간이 단축된다.
② 다양한 제품을 높은 생산성으로 유연하게 제조할 수 있다.
③ 초기 시스템 구축에 투자비가 많이 들어가게 된다.
④ 유연생산시스템 도입후 운영의 효과 발휘까지 시간이 많이 소요되지 않는다.

2 다음 중 경제직주문량(EOQ)의 가징으로 옳지 않은 것을 고르면?

① 주문량은 일시에 입고된다.
② 재고부족은 허용되지 않는다.
③ 1회 주문비용은 물량에 상관없이 일성하다.
④ 단위 구입가는 물량에 비례하여 일정하지 않다.

3 다음의 특성을 가지고 있는 집단의사결정 기법은?

첫　째, 문제가 제시되고 참가자들 간의 대화는 차단된다.
둘　째, 각 참가자들은 자기의 생각과 해결안을 가능한 한 많이 기록한다.
셋　째, 참가자들은 돌아가면서 자신의 해결안을 집단을 대상으로 설명하며 사회자는 칠판에 그 내용을 정리한다.
넷　째, 참가자들이 발표한 내용에 대해 보충설명 등이 추가된다.
다섯째, 발표가 끝나면 제시된 의견들의 우선순위를 묻는 비밀투표를 실시하여 최종적으로 해결안을 선택한다.

① 팀빌딩기법　　　　　　　　　② 브레인스토밍
③ 명목집단기법　　　　　　　　④ 델파이기법

4 가빈의 품질 8가지 개념의 설명으로 잘못된 것은?

① 성능 : 제품의 기본적인 특성
② 특징 : 제품이나 서비스의 기본 기능을 보완
③ 적합성 : 제품의 설계나 운영 특성이 설정된 표준에 부합하는 정도
④ 신뢰성 : 소비자가 주관적으로 받아들이는 제품에 대한 만족도

5 다음 중 총괄생산계획에서의 결정변수들로만 바르게 묶은 것은?

㉠ 원가의 조정	㉡ 유통채널의 조정
㉢ 고정비의 조정	㉣ 노동인력의 조정
㉤ 생산율의 조정	㉥ 재고의 수준

① ㉠㉡㉢
② ㉣㉤㉥
③ ㉡㉣㉤
④ ㉢㉤㉥

6 다음 중 MRP(Material Requirement Planning ; 자재소요계획)에 대한 내용으로 바르지 않은 것을 고르면?

발주방식	정량발주시스템	정기발주시스템
개요	재고가 발주점에 이르면 정량을 발주	정기적으로 부정량을 발주
발주시기	부정기	정기
발주량	정량(경제적 발주량)	부정량(최대 재고량 – 현재고)
재고조사방식	계속실사	정기실사
안전재고	조달기간 중 수요변화 대비량	조달기간 및 발주주기 중 수요변화 대비

① MRP는 자재소요계획은 자재소요의 양적, 시간적인 변화에 맞춰 기주문을 재계획함으로써 정확한 자재의 수요를 계산해 나가는 방식이다.
② MRP는 전산화된 정보시스템으로 많은 자료의 처리 등이 요구되는 방식이다.
③ MPR는 발주 및 일정계획을 다루기 위해 설계된 것이다.
④ MRP는 독립수요품목의 재고관리시스템이다.

Answer ☼ 1.④ 2.④ 3.③ 4.④ 5.② 6.④

7 포지셔닝이란 자사 제품의 큰 경쟁우위를 찾아내어 이를 선정된 목표시장의 소비자들이 마음속에 자사의 상품을 자리 잡게 하는 것을 뜻하는 데 다음 중 포지셔닝에 대한 아래의 각 사례를 연결한 것으로 가장 적절한 것은?

> ㉠ "파로돈탁스"는 잇몸질환 치료 치약입니다.
> ㉡ "Olympus 디지털카메라"의 경우, 당신의 디카는 비 앞에서 당당한가?
> ㉢ 하우젠 세탁기의 경우, "삶지 않아도 ~ 하우젠 드럼 세탁기"
> ㉣ 맥심 커피 "가슴이 따뜻한 사람과 만나고 싶다", "커피의 명작. 맥심"

① ㉠은 제품속성에 의한 포지셔닝을 설명한 사례이다.
② ㉡은 이미지 포지셔닝을 설명한 사례이다.
③ ㉢은 경쟁제품에 의한 포지셔닝을 설명한 것이다.
④ ㉣은 사용상황에 의한 포지셔닝을 설명한 것이다.

8 고객관계관리는 소비자들과 관련된 기업 조직의 내·외부 자료를 분석 및 통합하고 고객들의 특성에 기초한 마케팅 활동을 수립할 수 있도록 지원하는 시스템을 의미한다. 고객관계관리의 세부내용에 관한 다음 설명 중 옳은 것만을 모아 놓은 것은?

> ㉠ 최적고객획득을 위하여 가장 가치 있는 고객을 확인하며, 자사의 제품과 서비스에 대한 고객의 지갑에서 점유율을 계산한다.
> ㉡ 교차판매의 한 예로서, 은행이 여러 가지 금융상품을 판매하고 있는 경우, 기존의 적금상품고객이 새롭게 신규펀드를 추가로 구매토록 하는 것을 들 수 있으며 이를 적극 활용해야 한다.
> ㉢ 과거 구매 고객은 휴면고객으로 고객관계관리의 대상에서 제외된다.
> ㉣ 현재 및 미래의 고가치 고객을 확인하기 위해 고객 수익과 비용을 계산한다.
> ㉤ 경쟁사가 현재 제공하고 있는 제품 및 서비스 그리고 미래에 제공할 제품과 서비스가 무엇인지 조사하며 또한 자사가 제공해야 할 제품과 서비스가 무엇인지 파악한다.

① ㉠㉡㉢㉣
② ㉡㉢㉣㉤
③ ㉠㉡㉣㉤
④ ㉢㉣㉤

9 다음 내용은 관계마케팅에 대한 특징을 서술한 것으로 빈 칸에 들어갈 것은?

> 관계마케팅은 개별 고객과의 관계를 유지하고, 상호 간의 이익을 위한 네트워크를 지속적으로 강화시키는 것이다. 관계마케팅은 (㉠) 고객생애가치에 중점을 두고, 마케팅의 초점을 교환 주체인 (㉡)에 두며, 목표는 (㉢)이다.

	㉠	㉡	㉢
①	장기적인	서비스	고객과의 관계형성 및 유지
②	장기적인	고객	고객과의 관계형성 및 유지
③	장기적인	상품	거래의 성과
④	단기적인	서비스	거래의 성과

10 다음 경제적 가치에 대비한 가격 전략에 관한 설명 중 바르지 않은 것은?

① 고가격전략은 특정 제품에 대하여 대다수 잠재 구매자들이 지각하는 경제적 가치에 비해 가격을 높게 설정하는 것이다.

② 침투가격전략은 경제적 가치에 비하여 저가격을 설정함으로써 신속하게 시장에 침투하여 시장점유율 또는 판매량 증대를 통해 이익을 얻고자 하는 가격전략이다.

③ 고가격전략은 신제품 출시 초기에 높은 가격을 설정한다.

④ 균형가격전략의 문제점은 낡은 모델이나 기술에 집착할 가능성과 낮은 품질을 연상할 가능성이 있다.

11 다음 마케팅믹스에 관한 설명 중 바르지 않은 것은?

① 제품믹스의 일관성은 다양한 제품들이 최종 용도 등의 측면에서 제품계열들이 얼마나 밀접하게 관련되어 있는가 하는 정도이다.

② 소비자 행동분석의 결집을 의미한다.

③ 4P 요소는 'Product, Promotion, Price, People'이다.

④ 마케팅믹스 개발 시 고려할 사항으로는 지역별 특징에 따른 차이, 개인의 선호도, 창의성, 판단 등 마케팅활동에 투입되는 총금액이다.

Answer ☼ 7.① 8.③ 9.② 10.④ 11.③

12 다음의 그림을 참조하여 서술된 내용 중 가장 옳지 않은 것을 고르면?

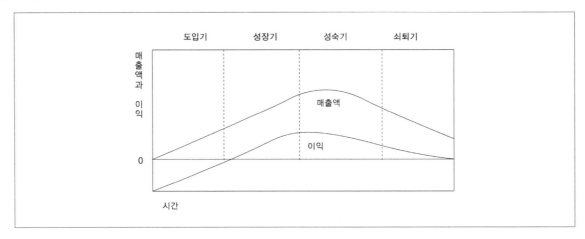

① 도입기의 경우에는 신제품이 개발된 상태이므로 소비자들의 해당 제품에 대한 인지도 및 수용도가 상당히 높은 단계이다.
② 성장기의 경우에는 실질적인 이윤이 발생하는 단계라 할 수 있다.
③ 성숙기에서는 대부분의 잠재소비자가 신제품을 사용하게 됨으로써 판매성장률은 둔화되기 시작한다.
④ 쇠퇴기에서는 제품이 개량품에 의해 대체되거나 제품라인으로부터 삭제되는 시기라 할 수 있다.

13 다음의 대응전략 모두와 밀접한 관련이 있는 서비스 특성은?

- 서비스 가격을 차별화한다.
- 비성수기 수요를 개발한다.
- 보완적 서비스를 제공한다.
- 예약시스템을 도입한다.

① 소멸성(Perishability)
② 동시성 / 비분리성(Simultaneity / Inseparability)
③ 이질성 / 변화성(Heterogeneity / Variability)
④ 무형성(Intangibility)

14 다음의 사례들이 공통적으로 의미하는 바를 정확하게 나타낸 것은?

> **[사례 1]**
>
> • 분유회사 중 네슬레는 광고에서 아기가 태어난 지 2 ~ 3개월까지는 모유를 먹이라고 권하면서 모유를 먹이기 힘든 상황에 직면해 있다면 엄마의 젖과 가장 비슷한 자사의 제품을 이용하는 것도 나쁘지 않다고 홍보하고 있다.
>
> **[사례 2]**
>
> • 지난 2002년 프랑스 맥도날드는 "어린이들은 1주일에 한 번만 맥도날드에 오세요"라는 광고를 내보냈다. 이러한 광고가 나간 후 일반 소비자뿐만 아니라 미국 맥도날드 본사까지도 황당함을 금치 못했다. 이에 프랑스 맥도날드는 '패스트푸드가 비만의 원인'이라는 사회적 비판이 높아지자 '우리는 다른 패스트푸드 업체와는 달리 소비자의 건강을 생각하는 회사'라는 긍정적인 이미지를 심기 위해 구매하지 말라는 광고를 제작하게 된 것이고 해당 광고 후 맥도날드의 방문횟수는 정반대로 늘어났다.
>
> **[사례 3]**
>
> • SK텔레콤은 2001년 신세기통신을 합병하면서 시장점유율이 57%로 확대되었다. 당시 정통부는 점유율을 50% 이하로 낮추는 조건으로 인수를 허용했다. 그로 인해 SK텔레콤은 이동전화 사업을 시작한 이래 처음 가입자를 받지 말아야 하는 상황에 이르게 되었다. 이때 등장한 광고가 그 유명한 '꼭 011이 아니어도 좋습니다' 입니다. 속사정을 모르는 일반 시청자들이 봤을 때는 역시 1위 사업자니까 저런 여유도 부리는구나 했겠지만 당시 SK텔레콤의 속은 타들어갔는데, 하지만 이를 통해 SK텔레콤의 이미지는 한결 산뜻해졌고, 불량가입자도 솎아내는 성과를 거둘 수 있었다.

① 터보 마케팅
② 노이즈 마케팅
③ 디마케팅
④ 애프터 마케팅

Answer ☼ 12.① 13.① 14.③

15 다음 그림과 관련한 설명으로 가장 거리가 먼 것은?

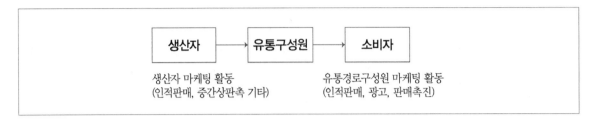

① 그림으로 보아 제조업자는 도매상에게 도매상은 소매상에게, 소매상은 소비자에게 제품을 판매하게 만드는 전략을 의미한다.

② 이러한 전략의 목적은 중간상들로 하여금 자사의 상품을 취급하도록 하고, 소비자들에게 적극 권유하도록 하는 데에 있다고 볼 수 있다.

③ 소비자들의 제품에 대한 브랜드 애호도가 낮다.

④ 이러한 전략의 경우 제품에 대한 브랜드 선택이 점포 방문 전에 미리 이루어진다.

16 다음 중 명목척도(Nominal Scale)에 대한 설명으로 바르지 않은 것은?

① 조사하고자 하는 대상을 분류시킬 목적으로 임의로 숫자를 부여하는 척도를 말한다.

② 평균 및 표준편차에 대한 의미가 없다.

③ 빈도수를 활용하는 계산의 경우에도 의미가 없다.

④ 상하의 관계는 없으며, 구분만 존재하는 척도이다.

17 다음 인적자원의 보상에 관한 설명 중 바르지 않은 것은?

① 판매가격 순응임률제는 기업 조직의 이윤 및 임금을 결부시키는 것으로, 기업의 이윤지수가 변할 때에는 그에 순응하여 임률을 변동 및 조정하도록 하는 제도를 의미한다.

② 집단자극제는 집단의 조화가 중요하므로, 서로 간 팀워크와 협동심이 높아진다.

③ 럭커플랜은 노사협력체제에 의해 달성된 생산성의 향상분을 해당 기업의 안정적 부가가치 분배율로 노사간 배분하는 방식이다.

④ 스캔론플랜은 구성원들의 참여의식을 독려하기 위해 구성원들의 참여 및 개선된 생산의 판매 가치를 기반으로 한 성과배분제이다.

18 임금관리 공정성에 대한 설명으로 옳은 것은?

① 내부공정성은 노동시장에서 지불되는 임금액에 대비한 구성원의 임금에 대한 공평성 지각을 의미한다.

② 외부공정성은 단일 조직 내에서 직무 또는 스킬의 상대적 가치에 임금수준이 비례하는 정도를 의미한다.

③ 직무급에서는 직무의 중요도와 난이도 평가, 역량급에서는 직무에 필요한 역량 기준에 따른 역량평가에 따라 임금수준이 결정된다.

④ 개인공정성은 다양한 직무 간 개인의 특질, 교육정도, 동료들과의 인화력, 업무몰입 수준 등과 같은 개인적 특성이 임금에 반영된 척도를 의미한다.

19 행위강화전략 중 소거(Extinction)에 해당하는 것은?

① 성적이 기준에 미달한 학생에게 장학금의 지급을 일시적으로 중지한다.

② 수형생활을 모범적으로 하는 죄수에게 감형이나 가석방의 기회를 부여한다.

③ 업무수행 실적이 계속해서 좋지 않은 직원을 징계한다.

④ 장난감을 잘 정리한 아이에게 사탕을 준다.

20 다음은 행위기준고과법(BARS)의 특징을 설명한 것이다. 이 중 가장 거리가 먼 것은?

① 올바른 행위에 대한 내용들을 구성원 개인에게 제시해 줄 수 있다.

② 다양하면서도 구체적인 직무에의 활용이 불가능하다.

③ 목표에 의한 관리의 일환으로 활용이 가능하다.

④ 척도를 실질적으로 활용하는 평가자가 개발과정에도 실제 적극적으로 참여하므로 평가자가 최종 결과에 대한 책임을 부담하는 경우가 있다.

Answer ☼ 15.④ 16.③ 17.① 18.③ 19.① 20.②

21 다음 법정 복리후생제도 중 구성원이 실업자가 된 경우에 생활에 필요한 급여를 제공함으로써 그들의 삶의 안정 및 구직활동을 돕는 매개체 역할을 하는 것은?

① 산업재해보험
② 국민건강보험
③ 국민연금보험
④ 고용보험

22 노동조합이 사용주와 체결하는 노동협약에 있어 종업원의 자격 및 조합원 자격의 관계를 규정한 조항을 삽입하여 노동조합의 유지 및 발전을 도모하려는 제도를 숍 시스템이라고 한다. 다음이 의미하는 숍 제도는 무엇인가?

> 노동조합에 대한 가입 및 탈퇴에 대한 부분은 종업원들의 각자 자유에 맡기고, 사용자는 비조합원들도 자유롭게 채용할 수 있기 때문에, 조합원들의 사용자에 대한 교섭권은 약화되어진다.

① Union Shop
② Preferential Shop
③ Maintenance Of - Membership Shop
④ Open Shop

23 다음 M&A 방어 전략에 관한 설명으로 바른 것은?

> 적대적 인수의 공격을 받을 때 경영진한테 우호적인 제3자에게 기업을 인수시킴으로써 적대적 인수를 방어하고 경영자의 지위를 유지하는 방법이다.

① 백기사
② 흑기사
③ 포이즌 필
④ 황금주

24 다음 포트폴리오이론에 관한 설명 중 바르지 않은 것은?

① 완전한 분산투자는 모든 위험을 제거한다.
② 시장포트폴리오가 성립하기 위해서는 무위험자산이 존재해야 한다.
③ 분산투자는 포트폴리오의 기대수익률에 영향을 미치지는 않는다.
④ 포트폴리오 분산투자는 비체계적 위험을 제거시켜 총위험을 감소시킨다.

25 다음 중 상장지수펀드(Exchange Traded Fund : ETF)에 대한 설명으로 바르지 않은 것은?

① ETF는 보다 많은 투자자금으로 분산투자가 가능하다.
② 단위투자신탁 및 펀드 등이 보유하는 포트폴리오에 따른 소유권을 표현하는 증권이다.
③ 펀드의 증권은 증권거래소에서 거래되게 되며, 더불어 펀드로 인한 수요가 변화되어짐에 따라 발행주식수가 변화되어지게 된다.
④ ETF에서 기관투자자는 물론이거니와 증권투자에 대한 경험이 거의 없는 개인투자자들도 용이하게 활용할 수 있다.

경제

정답 문항수		/ 25문항	풀이시간		/ 20분

1 콜라와 피자는 보완재이다. 피자의 가격이 상승할 때 콜라에 대한 수요와 가격의 변화로 옳은 것은?

① 수요 감소, 가격 상승
② 수요 감소, 가격 하락
③ 수요 증가, 가격 상승
④ 수요 증가, 가격 하락

2 다음과 같은 경제현상을 설명하는 데 가장 적합한 경제 개념은?

> 수도권의 주택 사정은 여전히 어렵다. 올해도 어김없이 수도권 아파트들의 전세가 및 매매가가 상당한 비율로 올라가고 있다. 상계동이나 목동과 같은 신시가지를 개발하고, 분당, 평촌, 일산 등 신도시 개발을 통해 꽤 많은 주택이 공급되었음에도 불구하고 여전히 자기 집을 갖지 못한 가구가 많아 이사철만 되면 어려움을 겪고 있다.

① 매점매석　　　　　　　　　　② 기회비용
③ 균형가격　　　　　　　　　　④ 초과수요

3 다음 중 합리적 소비자의 효용극대화조건은?

① 각 재화에 지출된 화폐의 한계효용이 같을 것
② 각 재화의 한계효용이 0일 것
③ 구입하는 각 재화로부터 얻어지는 총효용이 같을 것
④ 각 재화의 상품단위당 한계효용이 같을 것

4 X재와 Y재에 대한 공급곡선이 다음과 같을 때 옳지 않은 것은?

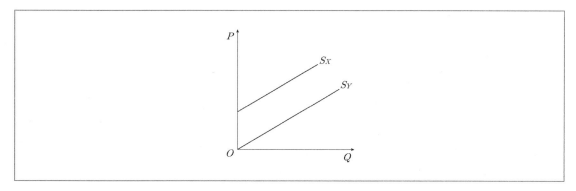

① 동일한 수량을 소비할 때 X재의 한계비용이 Y재의 한계비용보다 크다.

② X재의 시장가격은 Y재의 시장가격보다 높다.

③ 가격이 오를수록 X재와 Y재의 공급량이 늘어난다.

④ 동일한 한계비용을 가정할 때 X재의 공급량이 Y재의 공급량보다 작다.

5 한계생산력이 체감하는 일반적인 생산함수 Y = F(L, K)에서 평균생산물(AP)과 한계생산물(MP)의 관계를 옳게 설명한 것은? (Y는 산출량, L은 노동량, K는 자본량)

① AP가 MP보다 크면 AP는 계속 증가한다.

② 생산의 제2단계는 MP의 극대점부터 AP의 극대점까지의 구간이다.

③ MP < 0이더라도 AP > 0인 한, 기업은 생산을 계속한다.

④ 기업의 최적생산은 AP의 극대점부터 MP = 0인 구간에서 결정된다.

Answer ☀ 1.② 2.④ 3.① 4.② 5.④

6 어느 한 완전경쟁기업의 생산설비가 설치는 되었으나 가동은 되지 않는다고 할 때 발생하는 손실과 동일한 규모의 손실이 나타나는 상황은?

> ㉠ 가격 = 평균가변비용 = 한계비용
> ㉡ 가격 = 평균비용 = 한계비용
> ㉢ 가격 < 평균가변비용
> ㉣ 평균가변비용 < 시장가격 < 평균비용

① ㉠㉢
② ㉡㉢
③ ㉡㉣
④ ㉢㉣

7 노동시장이 완전경쟁시장으로부터 수요독점화 될 경우에 노동시장에 나타날 변화로 옳은 것은?

① 고용량은 감소하고 임금은 상승한다.
② 고용량은 감소하고 임금은 하락한다.
③ 고용량은 증가하고 임금은 상승한다.
④ 고용량은 증가하고 임금은 하락한다.

8 다음 중 시장 실패의 원인이라 할 수 없는 것은?

① 독점기업 출현
② 공공재의 무임승차자 문제
③ 외부효과
④ 편익 원칙

9 주인과 대리인(Principal - Agent) 간에 흔히 발생하는 문제로 도덕적 해이(Moral Hazard)가 있다. 이 문제를 줄이기 위한 방안으로 가장 적절한 것을 고른다면?

① 대리인의 노력 수준이 주인으로부터 받는 보수와 직결되도록 한다.
② 대리인이 더욱 많은 정보를 가질 수 있도록 한다.
③ 보수시스템을 월급제로 한다.
④ 도덕성을 강조함으로써 올바른 생활양식을 몸에 배게 한다.

10 한국에 투자하는 미국의 기업이 철수하면서 미국인과 한국인 노동자를 동시에 해고했을 경우 미국과 한국의 국민소득에 생길 변화에 대한 설명으로 옳은 것은?

① 양국의 GDP가 동시에 감소한다.
② 양국의 GNP가 동시에 감소한다.
③ 한국의 GNP만 감소한다.
④ 미국의 GDP만 감소한다.

11 프리드만의 항상소득가설에 대한 설명으로 옳지 않은 것은?

① 임시소비와 임시소득 사이에는 일정한 상관관계가 있다.
② 항상소비와 항상소득 사이에는 일정한 상관관계가 있다.
③ 항상소비와 임시소비 사이에는 아무런 상관관계가 없다.
④ 항상소득과 임시소득 사이에는 아무런 상관관계가 없다.

12 금융시스템에 대한 설명으로 옳지 못한 것은?

① 금융시스템은 각종 경제활동의 거래결과를 완결해주는 기능인 청산 및 지급결제기능을 수행한다.
② 금융시장은 개인을 통해 자금중개가 이루어지는 대출시장, 장단기 금융상품이 거래되는 전통적 의미의 금융시장, 외환시장, 파생금융상품시장으로 구성된다.
③ 최근에는 금융공학과 정보통신기술의 발전 등으로 파생금융상품의 종류가 더욱 다양화, 국제화되고 있으며 그 거래규모도 더욱 증대되는 추세이다.
④ 중앙은행의 금리정책은 금융시장에서 공개시장조작 등을 통해 실행되며 정책의 효과는 금융시스템을 거쳐 실물경제로 파급된다.

Answer ☼ 6.① 7.② 8.④ 9.① 10.② 11.① 12.②

13 한국은행에 대한 설명으로 옳지 않은 것은?

① 한국은행은 우리나라의 중앙은행으로 물가안정을 최우선 목표로 국민경제의 건전한 발전에 이바지하고 있다.

② 한국은행은 금융 기관이나 정부와 거래를 하고 민간인의 예금이나 대출은 직접 취급하지 않는다.

③ 한국은행의 조직은 정책 결정 기구인 금융통화위원회, 금융통화위원회에서 수립한 정책을 집행하는 총재, 업무를 감사하는 감사로 구성되어 있다.

④ 정책 금리(기준 금리)의 결정은 금융위원회에서 맡고 있으며, 한국은행은 조언과 감독을 맡는다.

14 다음 중 LM곡선의 설명으로 옳지 않은 것은?

① LM곡선이 수직인 것은 화폐수요의 이자율탄력도가 0이기 때문이다.

② LM곡선은 금융시장의 균형을 이루는 이자율과 소득의 조합을 연결한 선이다.

③ LM곡선이 우상향하는 것은 이자율이 오를 때 투기적 동기의 화폐수요가 감소하기 때문이다.

④ LM곡선이 우상향하는 것은 이자율이 오를 때 거래적 동기의 화폐수요가 증가하기 때문이다.

15 래퍼곡선(Laffer Curve)에 대한 설명으로 옳지 않은 것은?

① 누진소득세를 반대한다.

② 정부의 비개입주의를 의미한다.

③ 공급중시경제학을 뒷받침하고 있다.

④ 동일한 세수를 거둘 수 있는 세율은 언제나 2개가 있다.

16 인플레이션이 발생할 경우 나타나는 현상이 아닌 것은?

① 메뉴 비용
② 구두창 비용
③ 화폐 가치 감소
④ 부동산 등 실물자산 가치 감소

17 어느 경제의 총인구가 4,000만 명, 15세 미만의 인구가 1,500만 명, 비경제활동인구가 1,000만 명 그리고 실업자가 50만 명이다. 경제활동참가율(㉠)과 실업률(㉡)은 각각 얼마인가?

	㉠	㉡
①	60%	0.8%
②	60%	3.3%
③	75%	2%
④	75%	3.3%

18 경기종합지수 구성지표 중 동행지수가 아닌 것은?

① 제조업 재고율지수
② 생산자 출하지수
③ 제조업 가동률지수
④ 산업생산지수

19 외자도입의 효과로 옳지 않은 것은?

① 국제수지에서 자본수지를 개선시킨다.
② 단기적으로 국내저축을 위축시키는 효과가 있다.
③ 자본도입과 함께 외국의 선진생산기술 및 경영기법의 이전이 이루어진다.
④ 외국자본을 도입하여 자본의 규모가 상대적으로 커지면 자본생산성이 향상된다.

Answer ☀ 13.④ 14.④ 15.④ 16.④ 17.② 18.① 19.④

20 신용장에 대한 설명으로 틀린 것은?

① 신용장은 무역거래에 따르는 위험을 해소하기 위하여 국제기구가 수출자와 수입자 사이에 개입하여 무역거래에 수반하는 대금지불과 상품입수의 원활을 기하고자 도입된 제도이다.

② 신용장에는 신용장발행은행이 수입업자(신용장 개설의뢰인)를 대신해 일정한 조건하에 수출업자(수익자)에게 화환어음을 발행할 권한을 부여하고, 그 은행이 어음을 인수하고 대금을 지급하거나 타 은행에 어음의 인수, 지급하도록 되어 있다.

③ 국제상업회의소(ICC ; International Chamber of Commerce)가 제정하였다.

④ 현재 사용되고 있는 것은 제6차 신용장통일규칙(UCP 600)이다.

21 다음 그림에서 국제가격이 60원인 상품에 대하여 정부가 20원의 관세를 부과할 때 소비자가 부담하는 후생손실영역은?

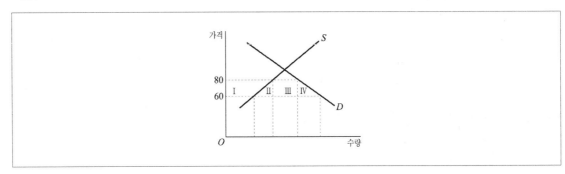

① Ⅰ

② Ⅱ + Ⅳ

③ Ⅱ + Ⅲ + Ⅳ

④ Ⅰ + Ⅱ + Ⅲ + Ⅳ

22 다음 보기가 가리키는 세계경제협력체는?

> 1994년 미국, 캐나다, 멕시코의 3개국으로 결성된 지역경제통합체이다. 미국의 자본과 기술, 캐나다의 풍부한 자원, 멕시코의 값싼 노동력 등 각 국가가 가진 효율적인 생산 요소의 결합을 통해 시너지효과 창출하고 있다.

① EU

② APEC

③ NAFTA

④ Cairns Group

23 환율 등락이 주는 영향으로 잘못된 것은?

① 환율이 오르면 수출에 있어 우리나라 제품의 가격경쟁력이 높아진다.
② 환율이 하락되면 수입 상품 가격 하락되어 수입이 증가한다.
③ 환율이 상승하면 수입 상품 가격 상승하여 수입이 증가한다.
④ 환율이 하락하면 국내 물가수준이 내려간다.

24 다음 중 국제수지 구성에 관한 설명으로 옳지 않은 것은?

① 자본수지는 금융계정과 준비자산으로 되어 있다.
② 경상수지는 상품수지와 서비스수지, 소득수지, 경상이전수지로 구성된다.
③ 상품수지는 수출과 수입으로 구성된다.
④ 서비스수지는 운수, 여행, 통신, 보험, 로열티, 기타 서비스 등을 포함한다.

25 BP곡선이란 국제수지균형을 나타내는 이자율과 소득 간의 조합을 나타내는 궤적이다. 다음 설명 중 옳지 않은 것은?

① BP곡선 아래쪽은 국제수지가 적자상태에 있음을 의미한다.
② 자본이동의 가능성이 클수록 BP곡선의 기울기는 작아진다.
③ 고정환율제도의 재정정책이 금융정책보다 효과적이다.
④ 자본이동이 불가능한 경우 BP곡선은 수평이다.

Answer ☼ 20.① 21.④ 22.③ 23.③ 24.① 25.④

민법

정답 문항수	/ 25문항	풀이시간	/ 20분

1 근대 민법의 3대 기본원리가 아닌 것은?

① 사유재산권 존중의 원칙

② 계약자유의 원칙

③ 과실 책임의 원칙

④ 공공복리의 원칙

2 민법의 효력에 관한 설명으로 옳지 않은 것은?

① 민법은 국내에 있는 대한민국 국민에게 그 효력이 미친다.

② 민법에서는 법률불소급의 원칙이 엄격하게 지켜지지 않는다.

③ 민법은 한반도와 그 부속도서라면 예외 없이 효력이 미친다.

④ 우리 민법은 국내에 있는 국제법상의 치외법권자에게는 그 효력이 미치지 아니한다.

3 신의성실의 원칙에 관한 다음 설명 중 가장 옳지 않은 것은?

① 민법상 신의성실의 원칙은 법률관계의 당사자가 상대방의 이익을 배려하여 형평에 어긋나거나 신뢰를 져버리는 내용 또는 방법으로 권리를 행사하거나 의무를 이행하여서는 아니 된다는 추상적인 규범이다.

② 신의성실의 원칙은 권리의 발생·변경·소멸의 기능을 갖는다.

③ 신의성실의 원칙의 위반 또는 권리남용은 당사자의 주장이 없더라도 직권으로 판단할 수 있다.

④ 신의성실의 원칙은 오직 권리행사와 의무이행에만 적용되는 것으로서 이에 기해 어떠한 의무가 도출되는 것은 아니다.

4 권리남용의 효과로 볼 수 없는 것은?

① 손해배상책임의 발생

② 권리의 박탈

③ 위험부담의 전환

④ 법률효과의 불발생

5 제한능력자의 상대방을 보호하기 위한 제도의 설명으로 옳지 않은 것은? (다툼이 있는 경우 판례에 의함)

① 제한능력자의 상대방은 제한능력자가 능력자가 된 후에 그에게 1개월 이상의 기간을 정하여 그 취소할 수 있는 행위를 추인할 것인지 여부의 확답을 촉구할 수 있다.

② 제한능력자가 맺은 계약은 추인이 있을 때까지 상대방이 그 의사표시를 철회할 수 있다. 다만, 상대방이 계약 당시에 제한능력자임을 알았을 경우에는 그러하지 아니하다.

③ 상대방은 제한능력자에게나 법정대리인에게 추인 여부의 확답을 최고할 수 있다.

④ 미성년자가 속임수로써 법정대리인의 동의가 있는 것으로 믿게 한 경우에는 미성년자나 친권자는 취소할 수 없다.

Answer ☼ 1.④ 2.④ 3.④ 4.③ 5.③

6 실종선고에 관한 설명 중 가장 옳지 않은 것은?

① 실종선고를 받은 사람은 실종기간이 만료한 때에 사망한 것으로 간주한다.

② 실종선고가 취소되더라도 실종선고 후 취소 전에 선의로 한 행위의 효력에는 영향을 미치지 아니한다.

③ 실종선고가 있은 후 실종자의 생존이 확인되면 선고의 효과가 번복된다.

④ 서울에 주소를 둔 甲이 실종선고를 받았으나 대전에 주소를 두고 컴퓨터 매매계약을 체결했다면 그 계약은 유효하다.

7 법인의 불법행위에 관한 다음 설명 중 가장 옳지 않은 것은?

① 법인의 불법행위가 성립하는 경우 가해행위를 한 대표기관 개인은 책임을 지지 않는다.

② 법인실재설에 의하면 법인은 당연히 불법행위능력을 가지므로 불법행위책임을 진다.

③ 법인의 불법행위가 성립하려면 대표기관의 행위가 불법행위의 일반적 요건을 갖추어야 한다.

④ 법인의 불법행위가 성립하지 않는 경우에도 그 사항의 의결에 찬성하거나 그 의결을 집행한 사원, 이사 기타 대표자는 연대하여 배상하여야 한다.

8 재단법인 설립에 관한 설명 중 옳지 않은 것은?

① 생전처분으로 재단법인을 설립하는 때는 증여에 관한 규정을 준용한다.

② 유언으로 재단법인을 설립하는 때는 유언의 방식에 따라야 한다.

③ 재단법인 설립행위는 불요식 행위이다.

④ 유언으로 재단법인을 설립하는 때는 출연재산은 유언의 효력이 발생한 때로부터 법인에 귀속한 것으로 본다.

9 법인의 감독에 관한 설명 중 옳은 것은?

① 업무감독은 설립허가를 준 주무관청이, 해산과 청산은 법원이 각각 담당한다.

② 업무감독뿐만 아니라 해산과 청산 모두 주무관청이 담당한다.

③ 업무감독은 설립허가를 준 주무관청이 하고, 해산과 청산은 따로 감독하지 않는다.

④ 업무감독뿐만 아니라 해산과 청산 모두 감독법원이 담당한다.

10 다음 중 과실에 관한 설명으로 옳지 않은 것은?

① 과실이라 함은 원물로부터 수취한 경제적 산출물이다.
② 천연과실은 물건의 용법에 의하여 수취하는 산출물이다.
③ 법정과실은 물건의 사용대가로 받는 금전, 기타의 물건이다.
④ 천연과실은 언제나 그 원물로부터 분리하는 때의 소유권자에게 귀속한다.

11 현행법상 동산과 부동산의 법률상 취급에 있어 차이가 나타나는 경우가 아닌 것은?

① 물권변동의 공시방법
② 인정할 수 있는 제한물권의 종류
③ 소멸시효
④ 무주물 선점·부합의 법률효과

12 주물과 종물에 관한 설명으로 옳은 것은?

① 주유소의 주유기는 주유소 건물의 종물이라는 것이 판례이다.
② 종물은 주물의 처분에 따라야 하고 당사자 간의 반대특약은 무효이다.
③ 일시적으로 어떤 물건의 효용을 돕는 물건도 종물이다.
④ 종물은 동산이어야 하고, 부동산은 될 수 없다.

13 다음 중 법정과실에 해당하는 것은?

① 지연이자
② 이익배당금
③ 차임
④ 근로자의 임금

Answer ☼ 6.③ 7.① 8.③ 9.① 10.④ 11.③ 12.① 13.③

14 다음 중 법률행위의 효력발생요건이 아닌 것은?

① 당사자가 권리능력을 가질 것
② 당사자가 존재할 것
③ 법률행위의 목적이 가능할 것
④ 사회적 타당성이 있을 것

15 다음 중 강행규정의 내용이라고 볼 수 없는 것은?

① 가족관계의 질서유지에 관한 규정
② 거래안전을 위한 규정
③ 경제적 약자의 보호를 위한 규정
④ 신의성실의 원칙에 관한 규정

16 강박에 의한 의사표시에 관한 설명 중 옳지 않은 것은?

① 판례에 의하면, 의사결정의 자유가 박탈된 상태에서 한 의사표시는 무효이다.
② 판례·통설에 의하면 고소하겠다고 위협하는 것은 부정한 이익의 취득을 목적으로 하는 때에만 위법하다.
③ 강박수단이 법질서에 위배된 경우 중에는 위법성이 없는 때도 있다.
④ 강박에 의한 의사표시의 취소도 선의의 제3자에게 대항하지 못한다.

17 의사표시의 효력발생에 관한 설명 중 옳지 않은 것은?

① 도달주의 원칙을 취하므로 의사표시는 본래의 의사표시가 도달하기 전까지는 이를 철회할 수 있다.
② 의사표시가 도달하고 있는 한, 발신 후 표의자가 사망하였거나 행위능력을 상실하여도 그 의사표시는 효력이 발생한다.
③ 공시송달에 의한 의사표시는 게시된 날로부터 2주일이 지난 때에 도달된 것으로 간주된다.
④ 의사표시의 상대방이 이를 받은 때에 제한능력자인 경우에도 그 의사표시로써 대항할 수 있다.

18 임의대리와 법정대리를 구별하는 표준에 관한 설명 중 옳지 않은 것은?

① 대리권이 본인의 의사에 기인하여 수여되는 것이 임의대리이고 법률의 규정으로 수여되는 것이 법정대리이다.

② 대리권의 범위가 수권행위에 의하여 정하여지는 것이 임의대리이고 법률로서 정하여지는 것이 법정대리이다.

③ 대리인을 두는 것이 임의적인 것은 임의대리이고 법률에 의하여 두는 것은 법정대리이다.

④ 대리인이 마음대로 복대리인을 선임할 수 있는 것이 임의대리이고 복대리인을 마음대로 선임할 수 없는 것이 법정대리이다.

19 법률행위에 따라 무효원인도 되고 취소원인도 되는 것은?

① 불법조건이 붙은 법률행위 ② 상대방이 알 수 있는 비진의 표시

③ 의사무능력자의 행위 ④ 강행법규 위반행위

20 법률행위의 취소에 관한 다음 설명 중 가장 옳지 않은 것은? (다툼이 있는 경우 판례에 의함)

① 하나의 법률행위의 일부분에만 취소사유가 있다고 하더라도 그 법률행위가 가분적이거나 그 목적물의 일부가 특정될 수 있다면, 그 나머지 부분이라도 이를 유지하려는 당사자의 가정적 의사가 인정되는 경우 그 일부만의 취소도 가능하고, 그 일부의 취소는 법률행위의 일부에 관하여 효력이 생긴다.

② 동기의 착오가 법률행위의 내용의 중요부분의 착오에 해당함을 이유로 표의자가 법률행위를 취소하려면 그 동기를 당해 의사표시의 내용으로 삼을 것을 상대방에게 표시하고 의사표시의 해석상 법률행위의 내용으로 되어 있다는 것으로는 부족하고 당사자들 사이에 그 동기를 의사표시의 내용으로 삼기로 하는 합의가 이루어져야 한다.

③ 미성년자의 행위임을 이유로 법률행위를 취소하는 경우 미성년자는 그 행위로 인하여 받은 이익이 현존하는 한도에서 상환할 책임이 있다.

④ 민법 제146조 전단은 '취소권은 추인할 수 있는 날로부터 3년 내에 행사하여야 한다'고 규정하고 있는바, 위 조항의 '추인할 수 있는 날'이란 취소의 원인이 종료되어 취소권행사에 관한 장애가 없어져서 취소권자가 취소의 대상인 법률행위를 추인할 수도 있고 취소할 수도 있는 상태가 된 때를 가리킨다.

Answer ☀ 14.② 15.④ 16.③ 17.④ 18.④ 19.③ 20.②

21 조건과 기한에 관한 설명 중 옳지 않은 것은? (판례에 의함)

① 부관이 붙은 법률행위에 있어서 부관에 표시된 사실이 발생하지 아니하면 채무를 이행하지 아니하여도 된다고 보는 것이 상당한 경우에는 조건으로 보아야 하고, 표시된 사실이 발생한 때에는 물론이고 반대로 발생하지 아니하는 것이 확정된 때에도 그 채무를 이행하여야 한다고 보는 것이 상당한 경우에는 표시된 사실의 발생 여부가 확정되는 것을 불확정기한으로 정한 것으로 보아야 한다.

② 이미 부담하고 있는 채무의 변제에 관하여 일정한 사실이 부관으로 붙여진 경우에는 특별한 사정이 없는 한 그것은 변제기를 유예한 것으로서 그 사실이 발생한 때 또는 발생하지 아니하는 것으로 확정된 때에 기한이 도래한다.

③ 조건의 성취로 인하여 불이익을 받을 당사자가 신의성실에 반하여 조건의 성취를 방해한 때에는 상대방은 그 조건이 성취한 것으로 주장할 수 있는데, 이때 조건이 성취된 것으로 의제되는 시기는 신의성실에 반하는 행위가 있었던 시점이다.

④ 계약당사자 사이에 일정한 사유가 발생하면 채무자는 기한의 이익을 잃고 채권자의 별도의 의사표시가 없더라도 바로 이행기가 도래한 것과 같은 효과를 발생케 하는 이른바 정지조건부 기한이익상실의 특약을 한 경우에는 그 특약에 성한 기한이익의 상실사유가 발생함과 동시에 기한의 이익을 상실케 하는 채권자의 의사표시가 없더라도 이행기도래의 효과가 발생하고, 채무자는 특별한 사정이 없는 한 그때부터 이행지체의 상태에 놓이게 된다.

22 조건과 기한을 비교한 설명 중 옳지 않은 것은?

① 양자 모두 법률행위의 부관이다.
② 조건이 되는 사실이나 기한이 되는 사실 모두 장래의 사실이다.
③ 기한은 도래함이 확실하고, 조건은 그 성부가 불확실하다.
④ 어음(수표)행위는 조건에는 친하나, 기한에는 친하지 않다.

23 다음 중 기간에 관한 설명으로 옳지 않은 것은?

① 내일(1월 1일)부터 5일간이라 하면 1월 5일까지이다.
② 기간이 오전 0시로부터 시작하는 경우에는 초일을 산입한다.
③ 오늘(5월 3일)부터 1개월이라 하면 6월 3일까지이다.
④ 오는 4월 6일부터 1주일이라 하면 4월 13일까지이다.

24 소멸시효의 기산점에 관한 설명으로 가장 옳은 것은?

① 기한의 정함이 없는 채권 – 기한이 객관적으로 도래한 때
② 부작위 채권 – 채무자가 위반행위를 한 때
③ 불확정 기한부 채권 – 채무자가 기한의 도래를 안 때
④ 동시이행의 항변권이 붙어 있는 채권 – 그 항변권이 소멸된 때

25 다음 중 표현대리의 논거로서 부당한 것은?

① 외관주의
② 의사책임
③ 형식주의
④ 금반언의 원칙

Answer ☀ 21.③ 22.④ 23.④ 24.② 25.③

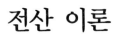

전산 이론

정답 문항수	/ 25문항	풀이시간	/ 20분

1 다음 중 데이터베이스를 구성하는 데이터의 개체, 이들의 속성, 이들 간에 존재하는 관계, 데이터 조작 시 이들 데이터 값들이 갖는 제약 조건에 관한 정의 등을 총칭한 것으로 옳은 것은?

① 투플(tuple)

② 스키마(schema)

③ 데이터베이스(database)

④ 데이터(data)

⑤ 속성(attribute)

2 다음은 데이터베이스의 후보키(Candidate key)에 대한 설명이다. ㉠와 ㉡에 들어갈 말로 옳은 것은?

> 데이터베이스에서 후보키(Candidate key)는 각 릴레이션 투플들의 키 값은 모두 다르고 유일하다는 (㉠)과 키를 구성하고 있는 여러 속성 중에서 하나라도 없으면 투플을 유일하게 구별할 수 없는, 각 투플을 유일하게 식별하는 데 꼭 필요한 최소한의 속성으로만 구성되어야 한다는 (㉡)을 만족해야 한다.

	㉠	㉡
①	최소성	무결성
②	유일성	최소성
③	무결성	최소성
④	최소성	종속성
⑤	독립성	최소성

3 다음 중 문법적으로 옳은 SQL 문장은?

① SELECT 학번, 성명 FROM 학생 WHERE 학년(1, 2)
② SELECT 성명 FROM 학생 WHERE 연락처 = '%2535';
③ SELECT 학번 FROM 학생 WHERE 연락처 = NULL;
④ SELECT 주문제품, SUM(수량) AS 총주문수량 FROM 주문 GROUP 주문제품;
⑤ SELECT 주문고객, 주문제품, 수량, 주문일자 FROM 주문 WHERE 수량 > = 10 ORDER BY 주문제품 ASC, 수량 DESC;

4 다음 중 오류를 검출하여 교정할 수 있는 에러검출코드로 옳은 것은?

① Bcd Code
② 패리티검사 코드
③ 해밍코드
④ Ascii Code
⑤ 그레이 코드

5 다음 중 플립플롭이 가지고 있는 기능은 무엇인가?

① 증폭 기능
② 전원 기능
③ Gate 기능
④ 곱셈 기능
⑤ 기억 기능

Answer ☼ 1.② 2.② 3.⑤ 4.③ 5.⑤

6 다음 설명으로 옳은 것은?

> 정상적인 프로그램 수행 도중 어떤 예기치 않은 일이 발생했을 때 이에 대응할 수 있도록 미리 정의된 기억장치의 주소로 프로그램이 자동적으로 분기된 후 슈퍼바이저 내의 처리루틴이 상황을 처리한 후 본래의 프로그램을 이어서 수행한다.

① 인터럽트　　　　　　　　　　② 명령레지스터
③ 부호기　　　　　　　　　　　④ 해독기
⑤ 명령어 파이프라이닝

7 다음 중 하나의 프로그램 내에서 동일한 어셈블리어 명령들이 반복되는 경우, 이를 피하기 위해서 사용하는 것으로 중앙처리 장치 내에 저장하여 매크로논리부 시스템에 의해 변환되어지는 기본 명령어들의 집합으로 옳은 것은?

① 어셈블러　　　　　　　　　　② 로더
③ 인터프리터　　　　　　　　　④ 고급언어
⑤ 매크로 프로세서

8 다음 중 운영체제의 평가기준으로 옳지 않은 것은?

① 처리능력　　　　　　　　　　② 저장시간
③ 사용가능도　　　　　　　　　④ 신뢰도
⑤ 응답시간

9 다음 설명으로 옳은 것은?

> 하나의 CPU를 이용하여 여러 개의 프로그램을 실행시킴으로써 짧은 시간에 많은 작업을 수행할 수 있게 하여 시스템의 효율을 높여 주는 방식의 시스템이다.

① 실시간 시스템　　　　　　　　② 다중 처리 시스템
③ 분산처리 시스템　　　　　　　④ 시분할 처리 시스템
⑤ 다중 프로그래밍 시스템

10 다음 중 프로세스 제어 블록을 갖고 있으며, 현재 실행 중이거나 곧 실행 가능하며, CPU를 할당받을 수 있는 프로그램으로 옳은 것은?

① 태스크
② 세그먼테이션
③ 스레드
④ 프로세스
⑤ 페이징

11 다음 중 읽기/쓰기 헤드가 원하는 데이터가 있는 트랙까지 이동하는 데 걸리는 시간을 의미하는 것으로 옳은 것은?

① 탐색시간
② 회전지연시간
③ 접근시간
④ 반환시간
⑤ 전송시간

12 다음 중 유닉스 시스템의 파일구조로 옳지 않은 것은?

① 부트 블록
② 슈퍼 블록
③ inode 블록
④ 커널 블록
⑤ 데이터 블록

13 LOC 기법에 의하여 예측된 총 라인수가 50,000라인이고, 프로그래머가 10명이다. 그리고 각 프로그래머가 1인당 월 평균 500라인을 코딩한다면 개발 기간은 얼마나 걸리겠는가?

① 1개월
② 10개월
③ 20개월
④ 30개월
⑤ 50개월

Answer ☼ 6.① 7.⑤ 8.② 9.⑤ 10.④ 11.① 12.④ 13.②

14 소프트웨어 개발의 계획 단계에서 사용되는 방법을 모두 고른 것은?

㉠ 애자일 방법	㉡ 기능 점수
㉢ CPM	㉣ 간트 차트

① ㉠   ② ㉡㉢

③ ㉠㉢㉣   ④ ㉡㉢㉣

⑤ ㉠㉡㉢㉣

15 다음은 무엇에 대한 설명인가?

개발 일정이 지연된다고 해서 말기에 새로운 인원을 투입하면 일정이 더욱 지연된다는 법칙

① 무어의 법칙   ② 요르돈의 법칙

③ 길더의 법칙   ④ 리드의 법칙

⑤ 브룩스의 법칙

16 다음 설명으로 옳은 것은?

프로그램의 내부구조나 알고리즘을 보지 않고, 요구사항 명세서에 기술되어 있는 소프트웨어 기능을 토대로 실시하는 테스트이다.

① 블랙박스 테스트   ② 구조 테스트

③ 화이트박스 테스트   ④ 통합 테스트

⑤ 단위 테스트

17 다음 중 아날로그 데이터를 디지털 신호로 변환하는 과정에 포함되지 않는 것을 고르면?

① 부호화   ② 양자화

③ 분산화   ④ 표본화

⑤ 복호화

18 다음 중 설명으로 옳은 것은?

> 컴퓨터와 단말기 사이에서 효율적이고 신뢰성 있는 정보를 주고받기 위해 송수신 측 사이에 정해둔 통신규약

① 프로토콜   ② 인터페이스

③ 세그먼트   ④ 모뎀

⑤ 라우팅

19 다음 중 전달하려는 기밀 정보를 이미지 파일이나 MP3파일 등에 암호화하여 숨기는 암호 기술로 옳은 것은?

① 시저암호   ② 스키테일

③ 스테가노그래피   ④ 에니그마

⑤ 비즈네르 암호화

Answer ☼ 14.④ 15.⑤ 16.① 17.③ 18.① 19.③

20 다음 중 로봇 프로그램과 사람을 구분하는 방법의 하나로 사람이 인식할 수 있는 문자나 그림을 활용하여 자동회원 가입 및 게시글 포스팅을 방지하는 데 사용하는 방법으로 옳은 것은?

① 인증 ② 캡차

③ 정보보안 ④ 피싱

⑤ 해시함수

21 다음 중 버퍼에 입력되는 정보에 대해 한계 체크가 실행되지 않을 경우 데이터의 긴 문자열이 받아들여질 수 있는데, 이로 인해 입력된 데이터가 할당된 메모리 버퍼보다 크다면 데이터는 또 다른 메모리 세그먼트로 흘러넘치게 된다. 이를 통하여 프로그램의 복귀주소를 조작, 궁극적으로 해커가 원하는 코드가 실행하게 하는 공격방법으로 옳은 것은?

① 루트킷 ② 스미싱

③ 책임추적성 ④ 버퍼 오버플로우

⑤ 피싱

22 전자서명의 조건에 관한 내용으로 가장 거리가 먼 것을 고르면?

① 서명자의 신원확인이 가능하다.

② 서명된 전자문서는 변경될 수 없다.

③ 어느 누구라도 검증할 수는 없다.

④ 타 전자문서의 서명으로 활용되어서는 안 된다.

⑤ 서명자는 서명 이후에 서명을 부인할 수 없다.

23 다음 중 선형리스트 중 가장 일반적인 것으로 스택과 큐를 혼합한 형태로 리스트의 양쪽에서 삽입과 삭제가 모두 이루어지는 것은?

① 데크
② 연결리스트
③ 순서리스트
④ 트리
⑤ 그래프

24 다음 설명으로 옳은 것은?

> 사람이 인식할 수 있는 언어로서 사용자의 입장에서는 사용이 편하지만 기계로 처리하려면 기계가 인식할 수 있는 언어로 번역하여야 한다.

① 고급 언어
② 저급 언어
③ 기계어
④ 질의어
⑤ 객체지향 언어

25 객체지향 언어가 아닌 것은?

① 자바
② 파이썬
③ C++
④ C#
⑤ LISP

Answer ☀ 20.② 21.④ 22.③ 23.① 24.① 25.⑤

PART

04.

금융 · 디지털 상식

금융·경제

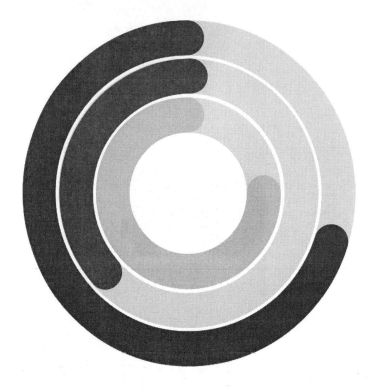

● 정답률　● 난이도　● 출제비중

✿ 금융 · 경제 필기시험 분석

이것만은 알고가자	SWOT분석, 맥킨지매트릭스, 유동성 함정, 예금자보호제도, M&A, 빅맥지수, 외부 효과, 간접세, 한계소비성향, 골디락스 경제, 지속가능 경영, 파운드리, 모라토리엄
출제경향	필기과목 중 단연 중요한 과목으로, 출제범위 역시 매우 광범위하다. 용어에 대한 확실한 이해 및 활용까지 요구되며, 대부분의 은행·금융권에서 수요·공급탄력성과 GDP에 관한 문제는 거의 매년 출제되고 있다.
출제경향 예상리포트	작년에는 주식 관련 용어에 주목했다면 올해는 경제 상황과 소비행태에 주목하도록 하자! 매년 출제되는 SWOT와 맥킨지모형은 놓치지 않도록 한다.

1 ■■■
파운드리

반도체를 전담하여 제조하는 생산 전문 기업

반도체 산업 기업은 크게 IDM, 팹리스, 파운드리, OSAT 네 가지로 구분할 수 있다. IDM은 설계부터 최종 완제품까지 자체적으로 수행하는 기업이며 팹리스는 반도체 설계만을 전담한다. OSAT는 파운드리가 생산한 반도체의 패키징 및 검사를 수행한다. IDM 중 일부는 자사 외에 다른 기업의 반도체를 생산하는 파운드리 기능을 함께 수행하기도 하는데, 우리나라에서는 삼성전자, SK하이닉스 등이 IDM이면서 파운드리 기능을 수행하고 있다.

2 ■■■
인앱 결제

구글이나 애플이 자체 개발한 내부결제 시스템

웹이 아닌 자사 앱에서 유료 앱이나 콘텐츠를 결제하는 방식이다. 수단에는 상관없으나 결제 시스템은 자사 시스템을 사용하도록 되어 있다. 게임 회사에만 해당되다가 모든 디지털 콘텐츠 결제에 해당 시스템을 확대 적용하겠다고 밝혔으며, 최대 30%의 수수료 지불 및 공정거래 위반 등으로 인한 논란이 일었다. 구글의 인앱결제 강제를 금지하는 「전기통신사업법 개정안」이 2021년 9월 국회를 통과했으며 2022년 3월 8일에는 일부 개정령안을 의결하였다. 시행령 개정안은 지난 2021년 9월 세계 최초로 앱 마켓사업자의 의무를 명확히 규정한 「전기통신사업법」 개정에 따른 후속조치로, 앱 마켓사업자의 이용자 보호의무, 앱 마켓 운영 실태조사, 신설 금지행위의 유형·기준 및 과징금 부과 기준 등을 구체화하여 이른바 인앱결제 강제금지법은 3월 15일부터 시행되었다.

3 ■■■
SWOT 분석
Tobin's Tax

기업 환경분석을 통해 마케팅 전략을 수립하는 기법

내부환경을 분석하여 강점과 약점을 파악하고 외부환경을 분석하여 기회와 위협을 판단하여 이를 토대로 경영 및 마케팅 전략을 수립한다.

		내부환경	
		강점(Strengths)	약점(Weakness)
외부환경	기회 (Opportunities)	SO 강점을 살려 외부의 기회를 살리는 전략	WO 약점을 보완하여 외부의 기회를 살리는 전략
	위협 (Threats)	ST 강점을 살려 위협으로부터 보호하는 전략	WT 약점을 보완하여 외부의 위협을 회피·최소화하는 전략

BCG 매트릭스보다 발전된 기법

시장 매력도(외부요인)와 사업단위의 시장 경쟁력(내부요인) 측면에서 평가한다. BCG 매트릭스가 높고, 낮음 두 가지로 구분했다면, 맥킨지 매트릭스는 높음, 중간, 낮음 세 가지 척도로 구분한다. 시장 매력도(외부요인)는 시장 규모 및 성장률, 수익성, 기술의 안정성, 자본규모, 경쟁도 등을 고려하여 측정하며 기업마다 가중치는 다르지만 가중치의 합은 1이 되어야 한다. 시장경쟁력(내부요인)은 시장점유율, 가격경쟁력, 제품과 서비스 품질, 생산성 등을 고려하여 측정한다.

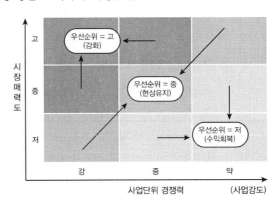

단기성 외환거래에 부과하는 세금

노벨경제학상 수상자인 제임스 토빈이 주장한 개념이다. 국제 투기자본의 급격한 자금 유·출입으로 인해 외환시장이 불안해짐에 따라 경제위기가 발생하는 것을 방지하기 위해 단기성 외환거래에 부과하는 세금이다.

콜옵션을 미리 매도하여 주가지수가 하락할 때 이익을 얻는 전략

특정한 주식을 보유한 상태에서 콜옵션을 비싼 가격에 매도하여 안정적으로 위험을 피하는 전략이다. 주식만 보유하고 있는 상태에서 주가가 하락할 경우 투자자의 손실은 커지지만 콜옵션을 매도하는 경우 손실을 줄일 수 있으며 주가가 상승할 경우에는 콜옵션에서 손해를 입더라도 보유 주식이 상승하므로 손실이 적다.

시장에 현금이 넘치나, 기업의 생산이나 투자 및 가계의 소비가 늘지 않아 경제가 함정에 빠진 것과 같은 현상

미국 경제학자 존 메이나드 케인스가 붙인 이름으로, 금리를 낮추고 화폐를 유통시켜도 경제주체들이 시장에 자금을 내놓지 않아 경기가 회복되지 못하는 현상을 유동성 함정이라고 한다. 경제주체들이 미래 경기 전망이 불투명하여 소비와 투자를 줄이기 때문에 화폐가 순환하지 못하는 상황이 발생하게 되면 이를 위해 중앙은행은 기준금리를 내리게 되고, 제로금리까지 이르게 된다.

일반 시중은행에서 금에 관련된 상품을 사고 팔 수 있는 제도

고객들이 은행을 통하여 금에 투자하는 방식 중 하나로, 2003년에 도입된 제도이다. 금을 직접 사고파는 방식과 금을 직접 주고받지 않아도 거래한 후 투자의 이익과 원금을 현금으로 지급하는 방식이 있다.

정부 부문의 지출

국가나 지방자치단체, 공공단체 등 정부 관련 기관이 직무를 수행하는 데 지출하는 경비를 일컫는다. 이는 공공지출이라고도 한다. 크게 의무지출과 재량지출로 나눌 수 있는데, 의무지출은 법령에 근거하여 결정되는 지출 규모로 교부금, 법정부담금, 이자지출 등 기준이 정해져 축소가 어려운 지출을 말한다. 재량지출은 정부의 정책 의지에 따라 대상과 규모를 조정할 수 있다.

채무불이행자의 신용회복 및 과다채무 부담 완화 기금

2013년에 기존 신용회복기금을 전환하여 출범한 사업으로 금융 소외자가 경제적 회생을 할 수 있도록 연체채권 채무조정, 바꿔드림론(고금리 대출의 저금리 전환대출), 자활프로그램 제공 및 복지지원을 위한 종합 신용회복 지원기관이다.

11 ■■■
한계소비성향
MPC :
Marginal Propensity
to Consume

추가 소득 중 저축되지 않는 금액의 비율

새로 발생한 소득 가운데 소비되는 금액의 비율로, 저소득층일수록 높은 경향을 띤다. 소득의 증가분을 Y, 소비의 증가분을 C라고 할 때 다음과 같이 나타낼 수 있다.

$$\text{MPC} = \frac{\text{소비의증가분}}{\text{소득의증가분}} = \frac{\triangle C}{\triangle Y} = 1 - \text{한계저축성향}$$

12 ■■■
한계저축성향
MPS :
Marginal Propensity
to Save

추가 소득 중 이루어지는 저축 금액의 비율

새로 발생한 소득 가운데 저축되는 금액의 비율로, 일반적으로 소득이 많은 계층일수록 높다. 저축증가분을 S, 소득증가분은 Y라고 할 때 다음과 같이 나타낼 수 있다.

$$\text{MPS} = \frac{\text{저축의증가분}}{\text{소득의증가분}} = \frac{\triangle S}{\triangle Y}$$

13 ■■■
스토킹 호스
Stalking Horse

회생기업과 인수기업이 가계약을 한 후 공개입찰을 맺는 방식

위장을 의미하는 용어로 회생기업이 인수하려는 기업을 미리 확보한 상태에서 공개입찰을 맺는 방식이다.

14 ■■■
기대
인플레이션
Expected Inflation

경기주체들이 예상하는 미래 물가 상승률

물가가 장기간 상승하는 인플레이션이 지속되면 경제주체들은 앞으로도 물가가 계속 상승할 것이라는 예상을 하게 된다. 이와 같이 경제주체들이 예상하고 있는 미래의 인플레이션을 기대 인플레이션이라 한다. 기대 인플레이션이 높다는 것은 사람들이 앞으로도 물가가 오를 것으로 내다보고 있다는 것이다. 기대 인플레이션은 경제주체들의 의사결정에 상당한 영향을 주고 있다.

15 ■■■■
요구불예금
Demand Deposit

예금주가 원하면 언제든지 지급되는 예금

다른 조건 없이 예금주가 지급을 원하면 지급하는 예금이다. 현금과 유사한 유동성을 가지고 있으며 예금인출이 자유로워 금융기관이 조달자금으로 운용이 불안정하다. 때문에 저축성예금에 비해 이자가 거의 없거나 매우 낮다. 요구불예금에는 보통예금, 당좌예금, 어린이예금 등이 있다.

16 ■■■■
헥셔-오린의 정리
Heckscher-Ohlin Theorem

비교우위 원인을 각국의 생산요소 부존량의 차이로 설명하는 이론

양국이 갖는 재화의 생산 함수가 동일하지만 요소집약도가 상이하여 양국의 요소부존비율도 상이한 경우, 각국은 타국에 비하여 상대적으로 풍부하게 갖고 있는 생산요소를 집약적으로 사용하는 재화의 생산에 비교우위성을 갖게 된다는 이론이다.

17 ■■■■
시뇨리지
Seigniorage

중앙은행이나 국가가 화폐발행을 통하여 얻는 이익

화폐의 액면가에서 제조비용을 뺀 이익으로 예를 들어 1만 원짜리 지폐를 한 장 만드는 데 1천 원의 비용이 발생한다고 하면 9,000원이 화폐주조차익, 즉 시뇨리지가 된다. 최근에는 중앙은행의 재무적 독립의 중요성이 강조되면서 통화정책 운영에 필요한 재원이라는 인식이 확산되고 있다.

18 ■■■■
무차별 곡선
Indifference Curve

소비자에게 동일한 만족을 주는 재화 묶음을 연결한 곡선

총효용을 일정하게 했을 때 재화의 조합을 나타내는 것으로 무차별 곡선상의 어떤 조합을 선택하더라도 총효용은 일정하다. 무차별 곡선상의 한 점에서 기울기는 그 점에서 소비자가 만족수준을 일정하게 유지하면서 한 재화를 다른 재화로 대체할 경우 교환되는 두 재화의 비율을 나타낸다.

> **상식PLUS** 무차별 곡선 가정
> ㉠ 완전성 : 선호는 완전하며 소비자는 선택 가능한 재화 바스켓을 서로 비교하며 순위를 매길 수 없다.
> ㉡ 전이성 : 선호는 전이성을 가진다. 즉, 만약 A재화를 B재화보다 선호하고 B재화를 C재화보다 선호한다면 이는 소비자가 A보다 C를 더 선호한다는 것을 의미한다.
> ㉢ 불포화성 : 아무리 소비를 증가시켜도 한계효용은 마이너스 값을 갖지 않는다.

19 ■▨▨
가격규제
Price Control

기업이 생산하는 제품의 가격이나 서비스의 요금을 정부가 직접적으로 규제하는 제도

기업이 생산하는 제품이나 상품의 가격뿐만 아니라 공공요금, 협정요금, 임대료, 사용료, 입장료, 임금, 이자 등 생산요소의 가격을 정부가 직접적으로 규제하는 것을 말한다. 특정 재화나 서비스의 가격이 일정 수준 이상으로 오르지 못하도록 통제하는 것을 최고가격제(가격상한제)라고 하며 지나친 가격 상승으로 인한 피해로부터 소비자를 보호하기 위한 조치이다. 이때, 상한선은 시장 가격보다 낮아야 한다. 특정 재화나 서비스의 가격이 일정 수준 이하로 내려가지 못하도록 통제하는 것을 최저가격제(가격하한제)라고 하는데, 가격 하락으로 인한 피해로부터 생산자들을 보호하기 위한 조치이다. 이때, 하한선은 시장 가격보다 높아야 한다.

20 ■▨▨
환 포지션
Exchange Position

외화채권의 재고량

환율에 의하여 매매거래를 한 뒤 파악하는 외화채권의 재고량을 말한다. 외화채권 합계액에서 외화채무액을 감한 것으로 기업이나 은행의 환위험관리에 중요한 기준이 된다.

21 ■▨▨
독점적
경쟁시장
獨占的競爭市場

불완전 경쟁시장의 한 형태로 독점적 경쟁이 이루어지는 시장

완전 경쟁시장과 독과점시장의 성격을 함께 지니고 있어서 다수의 기업이 존재하고, 시장 진입과 퇴출이 자유롭다는 점에서는 경쟁은 필연적이지만, 생산하는 재화가 질적으로 차별화되어 있으므로 저마다 제한된 범위의 시장을 독점한다. 차별화된 상품을 공급하기 때문에 시장 지배력을 가진다. 단기적으로는 초과이윤을 얻을 수 있지만, 장기적으로는 새로운 기업이 진입하여 유사 제품을 공급하게 됨으로써 초과이윤은 사라진다.

22 ■▨▨
내쉬균형
Nash Equilibrium

상대의 전략을 예상할 수 있을 때 자신의 이익을 최대화하는 전략을 선택하여 형성된 균형 상태

각자가 상대방의 대응에 따라 최선의 선택을 하고, 자신의 선택을 바꾸지 않는 균형 상태를 말한다. 이는 상대방이 현재 전략을 유지한다는 전제하에 자신도 현재 전략을 바꿀 유인이 존재하지 않는 상태를 말하는 것이다.

23 ■■■

홀로그램
Hologram

은행권 위조방지를 위한 장치 중 하나

두 개의 레이저광이 서로 만나 일으키는 빛의 간섭을 통하여 화상이나 색상의 변화를 보여주는데, 이는 복사할 경우 그 효과가 나타나지 않아 은행권의 위조 방지에 활용되고 있다.

> **상식PLUS** 우리나라 은행권 홀로그램
>
> ㉠ 오만 원권(띠형 홀로그램) : 보는 각도에 따라 세 곳에서 우리나라 지도, 태극, 4괘 무늬가 같은 위치에 번갈아 나타나며 숫자 "50000"이 세로로 쓰여 있다.
> ㉡ 만 원·오천 원권(패치형 홀로그램) : 만 원 권에는 사각형 모양의 홀로그램, 오천 원 권에는 원형의 홀로그램이 부착되어 있는데 보는 각도에 따라 우리나라지도, 액면숫자와 태극, 4괘 무늬가 같은 위치에 번갈아 나타난다.

24 ■■■

10분위 분배율
Deciles Distribution Ratio

저소득에서 고소득 순으로 10등분한 지표

최하위 40%(1 ~ 4분위) 계층의 최상위 20%(9, 10분위)의 소득점유율로 나눈 것으로 국가 전체 가구를 소득의 크기에 따라 저소득에서 고소득 순으로 10등분한 지표이다. 10분위 분배율의 최솟값은 0이 되고, 최댓값은 2가 된다. 2에 가까울수록 소득이 평등하게 분배되는 것이다.

$$10분위\ 분배율 = \frac{최하위 40\%의\ 소득점유율}{최상위 20\%의\ 소득점유율} = 0 \sim 2$$

25 ■■■

M커브
M – Curve

여성의 경제활동 참가율을 나타내는 곡선

20 ~ 30대 여성들이 육아부담으로 경제활동을 포기하고 가정에 머물러야 하는 상황을 단적으로 보여주는 곡선이다. 여성인력선진국은 U를 뒤집어 놓은 형태를 보이고 있는 반면에 우리나라는 M자 형태를 보이며 심각한 여성경력단절 현실을 나타내고 있다.

26 ■■■■
디플레이션
Deflation

물가가 지속적으로 하락하는 현상

생산물의 과잉 공급, 자산거품의 붕괴, 과도한 통화 긴축 정책 등으로 발생하는데, 궁극적으로는 유통되는 통화의 양이 재화 및 서비스의 양보다 적기 때문에 화폐가치는 상승하고 물가는 하락하게 된다. 실질임금 상승에 따른 고용 및 생산 감소, 경제활동 위축, 디플레이션 악순환 가능성 등의 문제를 야기한다.

27 ■■■■
국민총소득
GNI :
Gross National Income

한 국가의 국민이 일정 기간 동안 생산 활동에 참여한 대가로 벌어들인 소득의 합

국외에 거주하는 국민이 벌어들인 소득은 포함하나, 국내에 거주하는 외국인이 벌어들인 소득은 제외한다. 그러므로 국민총소득(GNI)은 국민을 기준으로 국내에서든 해외에서든 그 나라 국민이 발생 시킨 소득을 알 수 있다. 명목국민총소득은 물가변동을 반영해 실질적인 경제규모를 나타내는데 비해, 실질국민총소득은 생산 활동을 통해 벌어들인 명목국민총소득으로 구매할 수 있는 실질구매력의 척도다. 국민총소득은 국민소득의 세 가지 측면 중 지출측면을 강조한 것으로, 국민총생산(GNP)이 국내총생산(GDP)에다 해외로부터의 순요소소득을 합산한 것이라면, 국민총소득(GNI)은 불변 가격기준 국내총생산(GDP)에다 교역조건변동에 따른 무역손익을 더한 후, 실질 대외 순수취요소소득을 합한 것이다.

28 ■■■■
예금자보호제도
預金者保護制度

금융시장의 안정을 유지하고자 도입된 제도

금융기관이 경영부실로 영업정지 혹은 파산하고 예금자에게 예금을 지급하지 못하면 뱅크 런(Bank Run)이 일어나는데 이런 경우를 막고자 예금보험공사가 해당 금융기관을 대신하여 예금자에게 원리금의 전부 또는 일부를 지급한다.

29 ■■□□
코즈의 정리
Coase's Theorem

미국 경제학자 로널드 코즈의 정부 개입 반대 주장

재산권이 확립되어 있는 경우에는 거래 비용 없이도 협상이 가능하다면 외부 효과로 인해 발생할 수 있는 비효율성은 시장에서 스스로 해결할 수 있다는 이론이다. 정부 개입을 반대하는 입장으로 소유권이 확립되어 있다면 거래를 통하여 효율적인 해결책을 찾을 수 있으므로 환경오염 등 외부성이 야기하는 문제 등을 바로잡기 위해 정부가 나설 필요가 없다. 그러나 코즈의 정리가 가진 약점은 바로 실현 가능성이다.

장기채권 수익률이 단기채권보다 낮은 보기 드문 현상

장단기 금리란 보통 10년 만기 국채 금리와 2년(혹은 3개월 만기) 국채 금리 차이를 말한다. 장단기 금리 역전 현상은 보통 경기침체의 전조로 해석하는데, 2019년 8월, 12년 만에 처음으로 미국 채권시장에서 장단기 금리 역전현상이 나타나더니 그 횟수가 반복되고 있다.

워런 버핏이 주장한 부유세

워런 버핏은 뉴욕 타임스의 칼럼을 통해 연소득 100만 달러 이상을 버는 고소득자들이 낮은 세율로 세금을 내고 있다며 부자 증세를 통해 그 세금을 복지 분야에 사용하여 부의 재분배를 추구하자고 주장하였다. 우리나라 역시 2011년 12월 31일 소득세 최고 과세표준 구간(3억 원 초과)을 신설해 최고 세율을 35%에서 38%로 높이는 한국판 버핏세 안을 통과시켰고 2014년 고소득자 과세 범위 확대를 위해 3억 원 초과에서 1억 5천만 원으로 하향 조정하는 세법을 개정하였다.

독점적 권한을 통해 공급한 통화

통화는 일차적으로 중앙은행의 창구를 통하여 공급되는데, 이를 통화량의 원천이 되는 통화라 하여 본원통화라고 한다. 즉, 중앙은행인 한국은행이 지폐와 동전 등 화폐 발행의 독점적 권한을 통해 공급한 통화를 말한다.

선물가격과 현물가격의 차이

선물가격은 선물의 인수도가 현물상품보다 늦게 이루어지므로 해당 기간 동안의 보관료, 보험료, 투자금액의 이자 등이 반영되어 현물가격보다 높은 것이 일반적이다. 하지만 일시적인 공급물량부족 등으로 인해 수급불균형이 발생하여 현물가격이 선물가격 보다 높게 형성되는 현상이 발생하는 경우도 있다. 정상적인 시장에서는 현물가격이 선물가격보다 낮게 형성되므로 베이시스는 양(+)의 값을 갖게 된다. 또한 동종 상품에 대한 근월물 또는 원월물 간의 가격 차이를 베이시스로 나타내기도 한다.

34

회사채
Corporate Bond

일반 주식회사에서 발행하는 채권

일반 주식회사가 자금을 조달하기 위하여 발행하는 채권으로 사채라고도 하며, 대부분 국채보다 금리가 높다. 보증사채, 무보증사채, 전환사채, 신주인수권부사채, 교환사채, 이익참가사채로 분류된다. 기업 사정에 따라 원리금 상환능력에 차이가 있으며 이를 표시하는 것이 회사채 신용등급이다. 기업이 회사채나 기업어음(CP)을 발행할 때 발행 금리에 영향을 미치는 중요한 요인으로 작용한다.

P2P대출
Peer to Peer
Lending

금융회사의 중개 없이 온라인에서의 자금중개

대출자가 플랫폼 업체에 대출을 신청하면 플랫폼 업체는 온라인에서 투자자들을 모아 대출하는 방식이다. 초기에는 개인 사이의 대출 중개에 집중하였으나 최근에는 기업과 다른 금융 서비스 제공까지 확장하고 있다. 온라인으로 모든 과정을 자동화하여 지점운영비용이나 인건비, 대출영업 비용 등의 경비 지출을 최소화하고 그 수익으로 대출지에게는 낮은 금리를, 투자자에게는 높은 수익을 제공한다.

36

직접 금융
Direct Financing

자금 수요자가 직접 자급을 조달하는 방식

자금 공급자와 수요자 사이에 금융기관이 개입하는 방식의 간접금융과는 반대로 주식, 채권 발행같이 자금 수요자가 금융기관을 통하지 않고 금융시장에서 직접 필요자금을 조달하는 방식이다.

한계비용
MC :
Marginal Cost

필요한 총비용 증가분

총비용 증가분의 생산량 증가분에 대한 비율로 표시하며 한계생산비라고도 한다. 한계비용함수는 U자형을 취하며, 생산량 0에서 출발하여 생산량이 증가함에 따라 한계비용이 점차 감소하다가 어느 생산량을 지나면 점차 증가하기 시작하는데, 이는 한계생산물의 감소와 증가를 반영하는 것이다.

38 ■■■ 비교우위론
比較優位理論

다른 나라에 비해 더 작은 기회비용으로 재화를 생산할 수 있는 능력

영국의 경제학자 데이비드 리카도가 주장한 이론으로, 한 나라에서 어떤 재화를 생산하기 위해 포기하는 재화의 양이 다른 나라보다 적다면 비교우위에 있다는 것을 의미한다. 비교우위는 경제적 능력이 서로 다른 국가 간에 무역이 이루어질 수 있게 해주는 원리이다. 각 나라의 경제 여건의 차이는 비교우위를 결정하는 요인이 된다.

39 ■■■ 세계은행
World Bank

국제부흥개발은행(IBRD)의 약칭으로, 1944년 7월 조인된 브레튼우즈협정에 기초하여 설립된 국제협력기구

1945년 12월 미국 워싱턴에 본부를 두고 있으며, 장기개발자금의 공여를 통해 제2차 세계대전 후 전재 복구를 도모하고 개발도상국의 경제개발을 지원하는 것을 목적으로 한다. 개발도상 가맹국에 대한 개발자금 지원과 개발정책 수립 및 집행에 관한 기술지원, 개도국으로의 재원 및 기술이전에 관한 조정역할, 경제개발 담당자에 대한 연수 실시 등이 주요 업무다. 1960년 개도국 경제개발 원조를 목적으로 설립된 국제개발협회(IDA), 개도국의민간기업에 대한 투자를 목적으로 1956년 설립된 국제금융공사(IFC)를 비롯하여 다자간투자보증기구(MIGA), 국제투자분쟁해결본부(ICSID) 등의 기관은 세계은행의 업무와 보완적 성격을 지니며, 이들을 통칭해 세계은행 그룹이라 한다.

40 ■■■ 공매도
空賣渡

소유하지 않았거나 차입한 증권을 매도하는 것

채권이나 주식을 소유하지 않은 상태에서 매도주문을 내는 것이다. 향후 주가가 하락할 것을 예상하고, 한국예탁결제원 등에서 주식을 빌려서 팔고, 주가가 하락하면 같은 종목을 싼값에 사서 갚는 대차거래를 말한다. 예상대로 주가가 떨어지면 시세차익을 얻을 수 있지만, 반대로 주가가 올라가면 손해를 볼 수도 있다. 공매도에는 금융위원회는 주가가 급락하는 것을 막기 위해 금지 시한은 정하지 않고 증시 상황에 맞춰 탄력적으로 공매도 금지를 적용하기로 했다.

> **상식PLUS⁺ 공매도 구분**
>
> 공매도는 제3자로부터 주식을 빌려 매도하는 커버드쇼트셀링(Covered Short Selling)과 주식을 전혀 갖고 있지 않은 상태에서 매도 주문을 내는 네이키드쇼트셀링(Naked Short Selling)으로 구분되는데, 우리나라에서는 커버드쇼트셀링만 허용된다. 이와 함께 빌린 주식을 되갚기 위해 해당 종목을 재매수하는 것을 쇼트커버링(Short Covering)이라고 부르는데, 쇼트커버링은 하락장이 일단락되고, 반등장이 예상될 때 차익실현이나 손절매 전략으로도 활용된다.

41 ■■■
서킷 브레이커
Circuit Breakers

주식거래 시 주가가 급격하게 하락할 때 매매를 일시적으로 중단하는 제도

주가가 폭락하는 경우 거래를 정지시켜 시장을 진정시키는 목적으로 주가지수가 전일종가 대비 10% 이상 하락한 상태로 1분 이상 지속될 경우 발동된다. 서킷 브레이커가 발동되면 처음 20분 동안 모든 종목의 호가 접수 및 매매거래가 정지되며, 향후 10분 동안 새로 동시호가만 접수된다. 하루 한 번만 발동할 수 있으며, 장 종료 40분 전에는 발동할 수 없다.

42 ■■■
엥겔지수
Engel's Coefficient

총가계지출액 중에서 식료품비가 차지하는 비율

일반적으로 식료품은 소득의 높고 낮음에 관계없이 반드시 얼마만큼 소비해야 하며 동시에 어느 수준 이상은 소비할 필요가 없는 재화이다. 그러므로 저소득 가계라도 반드시 일정한 금액의 식료품비 지출은 부담하여야 하며, 소득이 증가하더라도 식료품비는 크게 증가하지 않는다. 이러한 까닭에 식료품비가 가계의 총 지출액에서 차지하는 비율은 소득 수준이 높아짐에 따라 점차 감소하는 경향이 있다. 1857년 독일의 통계학자 엥겔이 가계지출을 조사하여 확인한 결과 이러한 경향을 확인하였으며, 그의 이름을 따서 '엥겔의 법칙', 식료품비가 가계지출액에서 차지하는 비중을 '엥겔지수'라고 부르게 되었다

43 ■■■■
도덕적 해이
Moral Hazard

이해당사자들이 상대를 배려하지 않는 태도

보험시장에서 처음 사용되었던 용어이며, 모럴 해저드라고도 불린다. 정보를 가진 측과 정보를 가지지 못하여 정보의 불균형 상황이 되었을 때, 정보를 가진 쪽이 불투명하여 행동을 예측할 수 없을 때 도덕적 해이가 발생한다.

44 ■■■■
그림자 금융
Shadow Banking
System

일반적인 은행 시스템 밖에서 이루어지는 금융기관 거래

구조화 채권과 같은 고수익, 고위험 채권을 매매하는 과정에서 새로운 유동성이 창출되는 시스템을 말하는 것으로, 손익이 투명하게 드러나지 않는다는 점에서 그림자라는 말이 붙었다. 그림자 금융의 개념은 서브프라임 모기지 위기가 수면 위로 드러나면서 영국의 「이코노미스트지」를 통해 유행하기 시작했다.

45 ■■■■
공개시장 조작
Open Market
Operation

중앙은행이 공개시장(단기금융시장, 채권시장 등)에서 금융기관을 상대로 국공채 등 증권을 매매하는 정책

금융기관의 자금사정을 변화시키고 이를 통해 통화나 금리를 조절하는 중앙은행의 가장 기본적인 금융정책 수단이다.

46 ■■■■
국가신인도
國家信認度

한 국가의 신용도를 측정한 지표

한 국가의 국가위험도, 국가신용도, 국가경쟁력, 국가부패지수, 경제자유도, 정치권리자유도 등을 평가한 지표이다. 무디스, 스탠다드앤푸어스(S&P), 피치 등 국제신용 평가기관들은 특정 국가의신인도를 주기적으로 측정 및 발표하고 있다. 국가 신용 등급은 해외 차입, 외국인 투자 등 국제금융 거래에 큰 영향을 미친다. 국가 신용등급에 따라 국제 금융시장에서 외자 조달 금리가 영향을 받기 때문이다. 투자 부적격 평가를 받는 경우, 고금리로도 돈을 빌릴 수가 없게 된다. 따라서 국가신용등급은 투자자들에게 중요한 투자 기준인 동시에 투자대상국에게는 대외적 신인도를 나타낸다. 국가신용등급이 악화되면 기존 채무의 조기상환 요구, 만기 축소, 만기연장 거부 등의 압력을 받게 된다.

47 ■■■■
통화안정증권
通貨安定證券

유동성 조절을 목적으로 발행되는 유가증권

한국은행법 및 한국은행통화 안정증권법에 따라 유동성 조절을 목적으로 발행되는 유가 증권으로, 공개시장 조작 수단 중 하나이다. 공개시장에서 통화안정증권을 매입·매각하는 방법으로 시중의 화폐 유통을 감소시키거나 증가시키면서 통화량을 안정시키려고 하는 것이며 통화안전증권을 발행할 수 있는 권리는 한국은행만 가지고 있다.

48 ■■■■
교부금
交付金

국가 또는 지방자치단체가 특정한 목적을 위하여 교부하는 금전

교부세(交付稅)라고도 한다. 교부금은 국가가 지방자치단체의 재정을 지원하기 위한 것, 국가 또는 지방자치단체가 그 사무의 일부를 위임하고 이에 소요되는 비용을 충당해 주기 위한 것, 국가 등이 특정한 행정목적을 위해 지급하는 것 등으로 구분할 수 있다. 지방교부세는 국가가 지방교부세법의 규정에 의하여 지방자치단체의 행정 운영에 필요한 재정지원을 위하여 지급하는 교부금으로서 지방교부금이라고도 한다.

49 ■■■■
간접세
Indirect Tax

납세자와 담세자가 구분되는 조세

간접세는 조세를 부담하는 사람과 납세하는 사람이 구분되는 조세를 말한다. 상품에 조세를 추가로 징수하는 경우가 많으며, 상품의 단위당 과세하기 때문에 비례세율이 적용된다. 소비자 입장에서 상품 가격이 증가하므로 물가 상승으로 이어진다. 간접세는 조세 저항이 약하고 규모와 대상이 확실하다는 장점이 있지만, 소비규모에 따른 제세이므로 저소득자일수록 소득 대비 세금 부담이 상대적으로 높아지고 조세의 목적 중 하나인 소득 재분배가 적절하게 이루어지지 않는다는 단점이 있다. 간접세의 종류에는 부가가치세, 개별소비세, 주세, 인지세, 증권거래세 등이 있다.

50 ■■■■
경제성장률
經濟成長率

일정 기간 중 한 국가의 경제규모(국민소득 규모)가 늘어난 정도를 백분율로 표시한 것

경제성장률을 계산하는 데 가장 일반적으로 쓰이는 국민소득은 각 경제활동부문에서 창출해낸 실질국내총생산(실질GDP)이다. 따라서 경제성장은 대부분의 경우 실질GDP 증가율을 의미한다.

51 ■■■■
우선주
Preferred Stock

보통주보다 이익이나 이자배당, 잔여재산의 분배 등에 있어서 우선적 지위가 인정된 주식

대주주가 경영권을 침해받지 않고 기업자금을 조달하기 위해 의결권을 주지 않는 대신 배당을 우선적으로 부여하는 주식이다. 우선주는 우선권의 내용에 따라 우선권의 존속기간이 한정되어 있는 것이 있고, 우선배당의 참가방법에 따라 소정비율의 우선배당을 받고도 이익이 남는 경우에 우선주주가 다시 보통주주와 함께 배당에 참가할 수 있는 참가적 우선주와 소정비율의 우선배당을 받는 데 그치는 비참가적 우선주, 당해 영업연도에 소정비율의 우선배당을 받지 못한 경우에 그 미지급배당액을 다음 영업연도 이후에도 우선하여 보충 배당받는 누적적 우선주(보증주), 그리고 당해 영업연도에 우선배당을 받지 못하고, 그 미지급 배당액을 다음 영업연도에도 보충 배당받지 못하는 비누적적 우선주 등이 있다. 우리나라에서의 우선주는 배당에 우선권을 주는 대신 경영참가 수단인 의결권을 제한하는 무의결권 주식이 대부분이다.

52

경제심리지수
Economic
Sentiment Index

기업과 소비자 모두를 포함해 민간이 경제 상황에 대해 어떻게 생각하는지를 종합적으로 파악하는 지표

기업경기실사지수(BSI)와 소비자동향지수(CSI)를 합성한 종합심리지수로 100을 기준으로 하는 상대 지수이다. 100보다 높으면 소비자와 기업이 경제 상황을 이전보다 나아졌다고, 낮으면 그렇지 않다고 여긴다는 뜻이다. 2019년 평균 경제심리지수는 91.70로 관측이래 최저치를 기록했다. 2018년(95.92)보다 4.22 낮아졌다. 이는 미중 무역전쟁, 일본과의 무역 갈등 등 대내외 이슈로 하락한 코스피 지수와 강도 높은 부동산 규제 정책, 크게 두 가지에 경제심리에 기인한 것으로 보인다.

스캘퍼
Scalper

빈번히 주식을 매매하는 초단기 투자자

포지션 보유 기간이 1 ~ 2분에 불과하여 주식시장에서 초박리를 취하는 사람들로도 불린다. 기관투자자들은 그들이 포지션을 보유하고 있는 시간의 길이에 따라 스캘퍼, 일일거래자, 포지션거래자로 나눈다. 스캘퍼가 포지션을 보유한 이후 수분 동안 자기가 예상한 방향으로 가격이 움직이지 않으면 그는 포지션을 정리하고 새로운 포지션 기회를 찾는다. 스캘퍼는 많은 양의 거래를 함으로써 시장의 유동성을 제공하며 그들의 거래활동은 다른 시장 참여자들의 매매를 용이하게 해준다.

54

트리핀의
딜레마
Triffin's Dilemma

신뢰도를 유지하기 위해 긴축정책을 시행하는 경우 경기침체를 야기해 기축통화에 대한 신뢰도는 떨어질 수밖에 없는 딜레마에 빠지게 되는 이론

1950년대 미국에서 수년간 경상수지 적자가 이어지자 이 상태가 얼마나 지속될지, 또 미국이 경상흑자로 돌아서면 누가 국제 유동성을 공급할지에 대한 문제가 대두되었는데, 당시 예일대 교수였던 로버트 트리핀은 이에 대해 "미국이 경상적자를 허용하지 않고 국제 유동성 공급을 중단하면 세계 경제는 크게 위축될 것이나, 적자상태가 지속돼 미 달러화가 과잉 공급되면 달러화 가치가 하락해 준비자산으로서 신뢰도가 저하되고 고정환율제도 붕괴될 것"이라 했다. 즉, 기축통화 발행국은 기축통화의 국제 유동성을 유지하기위해 국제수지(경상수지) 적자를 지속해야 하는데 이는 기축통화에 대한 신뢰도 하락으로 연결될 수밖에 없다.

55 ■■■■ 그린메일
Green Mail

경영권을 담보로 보유주식을 비싸게 파는 행위

M&A 용어로, 보유주식을 팔기 위한 목적으로 대주주에게 편지를 보낼 때 초록색인 달러화를 요구한다는 의미에서 그린메일이라는 이름이 붙여졌다. 그린메일은 경영권을 위협하는 수준까지 특정 회사의 주식을 대량으로 매집해놓고 기존 대주주에게 M&A를 포기하는 조건으로 일정한 프리미엄을 얻어 주식을 매입하도록 요구하는 행위를 말한다. 경영권 탈취를 목적보다는 주식의 시세차익을 노리는 것이 보통이며, 그린메일이 성사되고 나면, 일정 기간 동안 적대적 M&A를 시도하지 않겠다는 약정을 맺을 수 있는데, 이를 불가침 협정이라고 한다.

56 ■■■■ SWIFT
Society for Worldwide
Interbank Financial
Telecommunication

안전한 금융거래를 위한 유럽의 금융통신망

금융거래 관련 메시지를 안전하고 효율적으로 주고받기 위하여 유럽 지역의 은행들이 설립한 금융통신망이다. 1973년에 실립되어 금융기관 간 자금이체, 신용장 개실 및 통지, 외환거래, 추심, 신디케이트 등에 관한 메시지 송수신에 주로 이용되며, 일부 국가의 중앙은행 거액결제 시스템 통신망으로도 활용되고 있다. 우리나라는 약 115개 기관이 이용 중이다.

57 ■■■■ 재무상태표
貸借對照表

일정 시점에서 기업의 재정상태를 알기 위해 작성하는 표

기업의 재정상태란 자산의 정도, 부채·자본의 규모는 어떠한가를 말하는 것이다. 이러한 항목을 정리한 것이 대차대조표로서 차변(왼편)에는 모든 자산을 기재하고 대변(오른편)에는 모든 부채와 자본을 기재한다. 대차대조표는 복식부기로서 모든 거래행위는 대차 양변에 기록되므로 언제나 양변의 합계는 일치한다. 즉, '자산 = 부채 + (자기)자본'이다. 흔히 신문 등에서 볼 수 있었던 주총 결산 공고가 바로 대차조표이다. 현재는 2011년 본격적으로 시행된 한국채택 국제회계기준(K-IFRS)의 도입으로 기존의 '대차대조표'는 '재무상태표'로 명칭이 변경되었다.

58 ■■■■ 후순위채권
Subordinated Debt

채무 변제 순위가 일반 채권보다 나중되는 채권

발행기관이 파산할 경우 다른 채권자들의 부채가 청산된 다음 상환 받을 수 있는 채권이다. 대신 일반 채권보다는 금리가 높아 발행기관이 파산하지 않으면 장기간 동안 고금리 혜택을 누릴 수 있다.

59 ■■■
M&A
Merger&Acquisition

기업의 인수와 합병

두 개 이상의 회사가 계약에 의하여 청산절차를 거치지 않고 하나로 합병하는 것을 말한다. 기업합병과 경영권을 획득하는 기업인수가 결합된 개념이다. 기업의 자산과 부채를 포함한 모든 권리와 의무가 합병법인에게 이전되고 대가로 합병법인은 주주들에게 합병법인의 주식과 합병교부금을 지급한다. 기업분할은 회사가 독립된 사업부문의 자산과 부채를 포괄적으로 이전하여 한 개 이상의 회사를 설립함으로써 한 개 회사가 두 개 이상의 회사로 나누어지는 것을 의미하는데, 자산과 부채를 포괄적으로 이전하는 회사를 분할회사, 자산과 부채를 이전받는 회사를 분할신설회사라 한다. M&A의 방법으로는 주식인수와 기업합병, 기업분할, 영업양수도 등이 있다.

60 ■■□□
그레셤의 법칙
Gresham's Law

영국의 재정가 그레셤이 발표한 화폐유통에 관한 법칙

영국의 재정가 그레셤이 "악화(惡貨)가 양화(良貨)를 구축(驅逐)한다."고 표현하여 그레셤의 법칙이라고 한다. 나쁜 돈이 좋은 돈을 몰아낸다는 뜻인데, 그레셤의 법칙은 소재의 가치가 서로 다른 화폐가 동일한 명목 가치를 가진 화폐로 통용되면 소재 가치가 높은 화폐(양화)는 유통시장에서 사라지고 소재 가치가 낮은 화폐(악화)만 유통되는 것을 뜻한다.

61 ■■□□
J커브 효과
J-Curve

일정 기간이 지난 후 경상수지 개선으로 나타나는 현상

환율이 오르면 경상수지가 개선되고, 환율이 내리면 경상수지도 악화되는데, 실질경제에서는 환율상승이 금방 경상수지 개선으로 나타나지 않고 오히려 경상수지가 악화되는 경우가 발생한다. J커브 효과가 나타나는 이유는 두 가지로 들 수 있는데, 하나는 시간차이 때문으로 환율이 오르더라도 오르기 전 가격으로 체결된 계약이 남아 있기 때문에 시장에 즉각 반영되지 않으며, 또 하나는 소비자의 반응속도로 환율상승으로 인한 가격 변화가 소비습관을 바꾸는 데는 시간이 걸리기 때문이다.

62 ■■■■
피셔 효과
Fisher Effect

시중금리와 인플레이션 기대 심리와의 관계를 말해주는 이론

시중의 명목금리는 실질금리와 예상 인플레이션율의 합계와 같다고 표현한다. 통화긴축을 할 경우 유동성 부족으로 금리가 상승하는 유동성 효과는 단기에 그치고 중장기적으로 물가 하락을 가져와 명목금리도 하락하기 때문이다.

63 ■■■■
BIS
자기자본비율
BIS Capital
Adequacy Ratio

국제결제은행이 정한 은행위험자산(부실채권) 대비 자기자본비율

1988년 7월 은행의 건전성과 안정성 확보를 위해 최소 자기자본비율에 대한 국제적 기준이 마련되었다. 이 기준에 따라 적용대상 은행은 위험자산에 대하여 최소 8% 이상의 자기자본을 유지하게 함으로써, 은행이 거래기업의 도산으로 부실채권이 갑자기 늘어나 경영위험에 빠져들게 될 경우 최소 8% 정도의 자기자본을 가지고 있어야 위기상황에 대처할 수 있다는 것이다. 따라서 BIS비율을 높이려면 위험자산을 줄이거나 자기자본을 늘려야 하는데, 위험자산을 갑자기 줄이는 것은 불가능하므로 자기자본을 늘려 BIS비율을 맞추는 것이 보통이다. BIS비율이 낮아지면 은행의 신인도가 떨어져 고객 이탈이 우려될 뿐만 아니라 은행 간의 합병에서도 불리한 입장에 처할 가능성이 크기 때문에 은행들은 BIS비율 유지에 사활을 걸고 있다.

64 ■■■■
국민고통지수
Misery Index

일반 국민들이 느끼는 경제 체감도

실업률과 물가상승률을 합산한 다음 소득증가율을 뺀 수치로, 여기에 실질 국내총생산(GDP)증가율을 빼기도 한다. 국민들의 삶의 고통을 계량화할 수 있는 유일한 지표로 국제적으로 자주 활용되고 있다. 특히 피부로 느끼는 경제적인 삶의 질을 중시하게 되면서 최근 들어 그 사용이 늘어나는 추세에 있다. 이 용어는 미국의 브루킹스연구소의 경제학자 아서오쿤이 고안한 경제지표로 미국 기상대가 개발한 불쾌지수를 경제학에서 빌려 만들었으며, 고통지수는 인플레이션률, 실업률, 국민소득증가율 등으로 일반 국민이 느끼는 경제적 체감도를 나타낸다. 한 나라의 1년간 경제성과를 가늠하는 척도로 활용되고 있다.

65 ■■■■
CLS은행
Continuous Linked
Settlement Bank

주요 국제 상업 은행들이 세계 외환거래의 동시결제를 구현할 목적으로 설립한 국제외환 결제전문은행

외환결제리스크 감축에 관한 BIS의 권고에 따라 설립된 결제전문은행으로, CLS그룹 지주회사의 자회사로서 1999년 미국 뉴욕에 설립되었다. 주요 국가 간 외환거래 등에 대해 결제서비스를 제공하고 있으며 CLS 시스템을 이용하여 외환거래를 결제할 경우에 각 통화별 중앙은행에 개설된 CLS은행 계좌를 통해 양 거래통화의 동시결제(PVP)가 이루어진다. 때문에 원금 리스크를 줄일 수 있으며 다자간상계에 따른 결제유동성 절감효과도 거둘 수 있다.

필립스 곡선
Phillips Curve

물가상승률과 실업률 사이에 있는 역의 상관관계를 나타낸 곡선

영국의 경제학자인 윌리엄 필립스가 1860년대부터 1950년대 사이 영국 실업률과 명목 상승률 통계자료를 분석하여 실업률과 명목임금 상승률 사이에 역의 관계가 존재한다는 것을 발견하였다. 정부가 물가상승률을 감소시키면 실업률은 증가하고, 실업률을 감소시킬 경우 물가가 상승한다. 때문에 물가안정과 완전고용이라는 두 가지 경제정책 목표는 동시에 달성될 수 없으며, 정부가 실업을 해결하기 위해서는 어느 정도의 인플레이션을 감수해야 하고, 물가를 안정시키기 위해서는 실업률 상승을 받아들여야 한다.

경기 동행지수
CCL :
Coincident Composite
Index

현재의 경기 상태, 동향을 파악하고 예측하는 경기종합지수의 하나

산업생산지수, 제조업가동률지수, 생산자출하지수, 도소매판매액지수, 비내구소비재 출하지수, 수입액, 시멘트소비량, 노동투입량, 전력사용량, 수출액 등의 구성지표로 되어 있다. 동행지수는 경제성장에 따라 증가하는 움직임과 경기의 상승 및 하강 움직임을 동시에 나타내고 있다. 동행지수는 이러한 움직임을 포함한 변동이므로 경기의 국면이나 전환점을 명확하게 파악하기가 어렵다. 따라서 이런 움직임을 제거하여 편리하고 명확하게 파악하기 위한 순환변동치를 이용한다.

특수은행
Special Banks

은행법에 따라 설립하여 업무를 영위하는 일반은행과 대비되는 개념

특수은행은 은행법의 적용을 받지 않으며 개별 특수은행법에 의거하여 설립·운영한다. 특수은행은 일반은행이 재원, 채산성 또는 전문성 등의 제약으로 인하여 필요한 자금을 충분히 공급하지 못하는 특정 부문에 대하여 자금을 원활히 공급함으로써 일반 상업금융의 취약점을 보완하고 이를 통하여 국민경제의 균형적 발전을 도모하기 위한 목적으로 설립되었다. 따라서 특수은행은 자금운용 면에서 상업금융의 취약점을 보완하는 금융기관으로서 기능과, 특정부문에 대한 전문 금융기관으로 기능을 담당하도록 되어 있다. 이런 특성 때문에 재원조달 면에서도 민간으로부터의 예금 수입에 주로 의존하는 일반은행과 달리 재정자금과 채권 발행에 많은 부분을 의존했다. 현재 영업 중인 특수은행으로는 한국산업은행, 한국수출입은행, 중소기업은행, 농업협동조합중앙회와 수산업협동조합중앙회의 신용사업부문이 있다.

파생금융상품
Derivatives

채권, 금리, 외환, 주식 등의 금융자산을 기초로 가격이나, 가치의 움직임에 따라 값어치가 결정되는 금융상품이나 계약

시장경제 아래에서는 환율이나 금리, 주가 등의 변동으로 자산의 가치가 떨어질 위험이 상존하고 있으나, 파생금융상품을 이용하면 미래 거래금의 단 몇 퍼센트에 불과한 위탁 증거금만으로 이러한 미래의 가격변동 위험을 피하거나 줄일 수 있다. 파생금융상품은 미래에 대한 위험에 적절히 대처하는 데 그 목적이 있으나 고위험이 수반된다. 따라서 본래 내포된 미래의 가격변동 예상과 작은 비용으로 대규모 거래가 가능하지만, 단기 고수익을 노리는 투기성 거래를 양산하고 있다.

풋옵션
Put Option

시장가격에 관계없이 상품을 정해진 가격에 매도할 수 있는 권리

풋옵션에서 정한 가격이 시장가격보다 낮을 경우 권리를 포기할 수 있고, 옵션가격이 시장가격보다 높을 때는 권리를 행사하여 차익만큼의 이득을 얻을 수 있다. 옵션가격은 매입 당시 시장가치에 프리미엄을 덧붙인 가격으로 결정되고, 풋옵션의 본질적 가치는 풋옵션을 실현했을 때 받을 수 있는 금액이며, 시간가치는 만기일까지 가격변동 가능성이라는 위험부담을 현재가치로 환산한 것이다.

콜옵션
Call Option

특정 대상물을 사전에 약속한 날에 일정한 가격으로 살 수 있는 권리를 매매하는 것

특정 기본자산을 당사자들이 미리 정한 가격(행사가격)으로 미래의 특정 시점 또는 이전에 살 수 있는 권리를 매매하는 계약이다. 콜옵션 매수자는 콜옵션 매도자에게 프리미엄을 대가로 지급하며 그 대신 매도자는 기본자산을 사전에 정한 가격에 팔아야 할 의무를 진다.

지니계수
Gini's Coefficient

소득분배가 균등하게 분배되는가를 나타내는 지수

소득분배의 불균형수치를 나타내며, 주로 빈부의 격차를 설명할 때 인용한다. 지니계수는 0 ~ 1사이의 숫자로 표시되는데, 분배가 완벽하게 균등 할 때를 0, 분배가 완전히 불균등 할 때를 1로 표현한다. 숫자가 0에 가까울수록 소득분배가 잘 이루어진 것이고, 1에 가까울수록 소득 불균형이 심하다고 보면 되며, 보통 0.4가 넘으면 소득분배의 불평등 정도가 심한 것으로 보면 된다. 또한 지니계수는 근로소득이나 사업소득 등 소득분배상황과 부동산과 금융자산 등 자산분배상황도 알 수 있다.

추가경정예산
追加更正豫算

예산이 성립된 후에 국회를 통과하여 그 내용을 변경하는 것

사용할 용도가 정해진 국가예산이 이미 정해진 상황에서 예산 부족이나 특별한 사유로 인해 부득이하게 필요하다고 판단되는 경우 정부가 본예산을 변경해 다시 정한 예산을 국회에 제출하여 의결을 거친 후 집행하는 예산으로 줄여서 추경예산이라고도 한다. 우리나라의 경우 헌법 제56조에 따라 예산에 변경을 가할 필요가 있을 때 정부가 추가경정예산안을 편성해 국회에 제출하도록 하고 있으며, 예산안이 국회에서 의결되기 전에 그 내용을 변경하는 수정예산과 차이가 있다.

정부실패
Government Failure

정부의 개입이 의도와 다른 결과가 발생한 때

시장실패가 일어나면 정부의 개입이 필요한 경우가 있는데, 정부 역시 시장에 대한 불완전 정보와 능력의 한계 등으로 의도와 다른 결과를 유발한 때에 정부실패라고 한다.

출구전략
Exit Strategy

경기회복의 조짐이 있는 경제상황에서 침체기간 동안 시중에 풀린 과도한 유동성을 부작용이 생기기 전에 회수하려는 전략

서브프라임 사태 이후 미국을 비롯한 전 세계 대부분의 국가들이 이자율을 낮추고 유동성 공급을 확대해 왔으나, 경기회복에 대한 기대감이 커지면서 원자재가격이 급등하는 등 인플레이션에 대한 우려가 커지고 있다. 이러한 과잉 유동성의 부작용을 견제하기 위해 이자율 인상, 채권매입 축소 등이 출구전략으로 논의되고 있으며, 2009년 4월 미국의 워싱턴에서 열린 G20 재무장관·중앙은행총재회의에서 세계금융위기 이후의 중요 대책으로 제시되었다.

> **상식PLUS⁺ 서브프라임 모기지론**
> 미국에서 저소득층 또는 신용등급이 낮거나 대출금액이 많은 사람들에게 주택마련 자금을 고금리로 빌려주는 비우량 주택담보대출이다. 신용평가회사인 FICO에서 대출 신청자의 과거 대출실적과 대출잔액, 거래기간, 신용대출실적과 신용 조회수, 적정수준 대출유지 여부 등 5개 부문을 기준으로 점수를 매겨 신용등급을 나눈다. 서브프라임 모기지론은 신용등급이 가장 낮은 서브프라임에게 빌려주는 주택담보대출상품이며, 대출상품의 연체율 상승이 글로벌 금융위기의 원인이 되었다.

76 ■■▨
제로금리정책
Zero Interest Rate

물가상승률을 차감한 실질 또는 명목금리가 0%대인 것

초저금리는 고비용 구조를 해소하고 국가경쟁력을 높이며 소비촉진을 통해 경기침체 가능성을 줄여준다는 이점이 있는 반면에, 노년층 등 이자소득자들의 장래가 불안해짐에 따라 중장년을 중심으로 소비가 위축될 수 있고 부동산투기, 주택가격 폭등 등 자산버블이 우려되며, 근로의욕을 저하시킬 수도 있다. 대표적인 국가로 일본을 들 수 있는데, 내수자극을 통한 경기회복, 엔화 강세 저지, 기업의 채무 부담경감, 금융회사들의 부실채권 부담 완화 등의 효과를 겨냥하여 제로금리정책을 시행하였다.

77 ■■▨▨
일물일가의 법칙
Law of Indifference

동일한 시점일 경우, 완전경쟁이 행해지는 시장에서 판매하는 동일 상품에 대해서는 하나의 가격만 성립하는 법칙

무차별의 법칙으로, 어떤 한 곳이 다른 곳보다 가격이 비싼 경우, 해당 상품을 싼 곳에서 사고, 비싼 곳에서 판매하는 사람들이 생겨나 가격은 결국 동일해지는 것을 말한다.

78 ■■▨▨
교환사채
EB :
Exchangeable Bonds

사채권자의 의사에 따라 다른 유가증권으로 교환할 수 있는 사채

투자자가 보유한 채권을 일정시일 경과 후 발행회사가 보유 중인 다른 회사 주식으로 교환할 수 있는 권리가 붙은 사채로 주식전환이 가능한 채권이라는 점에서 전환사채와 유사하나 전환대상 주식이 발행사가 아닌 다른 회사의 주식이라는 점에서 차이가 있다. 주식 교환권을 부여해 장래에 주식 가격 상승에 따른 투자수익을 기대할 수 있으나 통상적으로 이자율은 낮다. 교환사채를 발행할 수 있는 법인은 상장회사로 발행이율, 이자지급조건, 상환기한 및 전환기간 등은 자율화되어 있다. 교환가격은 교환대상 주식 기준주가의 90% 이상이며, 교환비율은 100% 이내로 제한된다. 교환대상 상장주식을 신탁회사 등에 예탁한 후 교환사채를 발행해야 한다. 1995년 정부가 해외에서 주식을 쉽게 발행할 수 있게 허용한 해외증권발행 방법으로, 기업이 투자하고 싶은 곳은 많지만 국내이자율이 높아 국내에서 조달하기 힘들 때 유리한 자금동원 방법이라 할수 있고, 발행회사는 자기회사 지분율이 변하는 위험을 없애면서 보유주식을 보다 비싼 값에 팔 수 있는 이점이 있으나 교환대상주식을 발행한 기업이 동의해야만 교환사채를 발행할 수 있다.

죄수의 딜레마
Prisoners Dilemma

게임 이론 사례로, 자신의 이익만 고려하다가 자신과 상대방이 불리해진다는 이론

서로 믿고 협력하면 모두에게 이득이지만, 자신의 이익을 최대화하려 동료를 배신하면 모두에게 불행한 결과를 가져올 수 있음을 죄수의 상황에 적용하면서 '죄수의 딜레마'라는 이름을 붙였다. 두 공범자가 협력해 범죄사실을 숨기면 증거불충분으로 형량이 낮아지지만 범죄사실을 먼저 자백하면 다른 한쪽보다 가벼운 처벌을 받게 해준다는 수사관의 유혹에 빠져 어느 한쪽이 범죄사실을 털어놓으면 결국 공범자 모두 더 큰 처벌을 받는다는 이론으로 자신만의 이익을 위한 선택이 자신과 상대 모두에게 불리한 결과를 낳는 상황을 의미한다.

닥터 코퍼
Dr. Copper

구리 가격으로 경제 상황을 예측하는 것

구리 가격이 경기를 예측하는 특성이 있음을 지칭하는 표현이다. 구리는 원유나 금보다 지정학적·정치적인 영향을 덜 받으며 자동차, 건설, 해운 등 제조업 전반에 재료로 사용되므로 경기 선행지표로 활용된다.

정크본드
Junk Bond

리스크가 상대적으로 큰 기업들이 자금 조달을 목적으로 발행한 고수익·고위험 채권

신용도가 낮은 회사가 발행한 채권으로, 원리금 상환 불이행 위험이 크기 때문에 일반 채권금리에 가산금리를 더한 이자를 지급한다. 미국의 경우 회사채는 만기 10~30년의 장기채 발행이 대부분을 차지하고 있는데, 신용등급이 높은 우량기업 발행채권이 대부분을 차지한다. 우리나라의 정크본드 시장은 자산유동화증권(ABS)과 관련이 있는데, ABS 설계 시 위험요소가 경감될 수 있도록 원리금 지급 우선순위에서 선순위와 후순위로 차등을 둔다.

외부 효과
External Effect

경제활동과 관련하여 타인에게 의도치 않은 효과를 발생 시키는 현상

시장 가격과 별개로 다른 소비자에게 의도하지 않은 혜택이나 손해를 입히는 경우를 말한다. 이때, 이익을 주는 긍정적 외부 효과를 외부경제라고 하며 손해를 끼치는 부정적 외부 효과를 외부불경제라고 한다.

스왑
Swap

금융자산이나 부채에서 파생되는 미래의 가치를 교환하는 것

스왑은 크게 통화스왑과 금리스왑이 있다. 통화스왑은 엔화를 저렴하게 빌릴 수 있으나 달러가 필요하고 달러를 저렴하게 빌릴 수 있으나 엔화가 필요한 두 회사가 있을 경우, 서로의 장점을 살려 돈을 빌린 다음 상대방의 원리금을 갚아주면 서로 이득이 된다. 이를 통화스왑이라고 하며, 금리스왑의 경우는 대출금의 금리상환 조건을 맞바꾸는 것으로 고정금리로 대출받은 기업과 변동금리로 대출받은 기업이 서로 유리한 방향으로 대출금을 상환해 주는 방법이다.

인터넷 전문 은행
Internet 專門銀行

모바일과 인터넷으로만 영업하는 은행

보조적으로 활용하는 오프라인 은행의 인터넷 뱅킹과는 다르다. 오프라인 지점이 없을 뿐 시중은행과 똑같이 예·적금, 대출, 외국환, 신용카드, 수납 및 지급대행 등 모든 은행 업무를 제공한다. 오프라인 지점이 없어 비용을 줄인 만큼 더 높은 예금금리와 보다 저렴한 대출금리를 적용할 수 있다. 현재 우리나라에는 케이뱅크와 카카오뱅크가 인터넷 전문은행으로 인가를 받아 영업을 하고 있다.

지속가능 경영
CSM :
Corporation Sustainability
Management

인류의 지속성을 확보하기 위한 보존과 발전이 어우러진 친환경적 성장을 추구하는 것

기업은 경제적 이익 창출만으로는 더 이상 지속적으로 발전할 수 없음을 전제하고, 기업의 사회적 책임이행과 환경보전 활동, 합리적인 수익추구활동을 통해 경영리스크를 최소화하고, 기업 가치를 지속적으로 증대시키기 위한 경영활동을 한다. 환경적 측면에서는 글로벌 환경규제의 강화, 교토의정서 발효 등 기업의 환경보호 역할이 강조되고 있으며, 환경보호를 위한 모니터링 및 내부 환경 경영체제의 구축을 요구하고 경제적 측면에서는 금융기관들의 사회책임 투자 증가, 이해관계자들의 지속 가능 경영정보 요구 증대로 지속 가능 경영정보의 외부 커뮤니케이션을 위한 지속 가능성 보고서의 제작 및 검증이 주요과제로 대두되고 있다.

일일 거래자
Day Trader

위험을 회피하기 위하여 당일 개장시간 동안에만 보유하는 거래자

포지션을 익일까지 보유함으로써 부담하는 위험을 회피한다. 스캘퍼보다는 포지션을 장시간 보유하며 일중 가격변동을 이용하여 매매차익을 실현하고자 하는 투기 거래자이다.

87 ■□□
햇살론
Sunshine Loan

대부업 등 사금융에서 30 ~ 40%대 고금리를 부담하는 저신용 · 저소득 서민에게 10%대의 저금리로 대출해주는 보증부 서민대출 제도

정부와 지자체뿐만 아니라 농협, 수협, 신협, 새마을금고, 저축은행 등 서민금융이 출자한 자금을 바탕으로 지역신용보증재단이 보증을 서는 방식으로 신용등급이 낮은 사람들이 저금리로 대출받을 수 있도록 한다.

88 ■■□
공유경제
Sharing Economy

집이나 자동차 등 자산은 물론 지식이나 경험을 공유하며 합리적 소비 · 새로운 가치 창출을 구현하는 신개념 경제

개인 소유를 기본 개념으로 하는 전통 경제와 대비되는 개념으로 공유경제는 소유자들이 많이 이용하지 않는 물건으로부터 수익을 창출할 수 있으며, 대여하는 사람은 물건을 직접 구매하거나 전통적인 서비스업체를 이용할 때보다 적은 비용으로 서비스를 이용할 수 있다는 장점이 있다. 그러나 공유 서비스를 이용하다가 사고가 났을 경우, 보험을 비롯한 법적 책임에 대한 규정이 명확하지 않는 등 이를 규제할 수 있는 법안이나 제도가 마땅치 않다는 문제점을 가진다.

89 ■■□
베블런 효과
Veblen Effect

가격이 오름에도 불구하고 일부 계층의 과시욕이나 허영심으로 인해 수요가 증가하는 현상

미국의 경제학자 소스타인 베블런이 그의 저서 유한계급론에서 처음 사용했다. 가격이 비싼 물건을 소유하면 남들보다 돋보일 것이라고 생각하는 인간의 심리를 의미하기도 한다. 베블런 효과는 보유한 재산의 정도에 따라 성공을 판단하는 물질 만능주의 사회를 비판하면서 자신의 성공을 과시하고, 허영심을 만족시키기 위해 사치하는 상류계층의 소비와 이를 모방하기 위해 무리한 소비를 행하는 하위계층의 소비현상을 표현한 것이다.

90 ■□□
예대율
預貸率

총예금에 대한 총대출 비율

예대율이 1보다 작다는 것은 자체 예금 자원을 바탕으로 은행이 대출을 할 수 있음을 의미하고, 예대율이 1보다 클 때는 대출을 위해은행이 추가적인 대출을 하고 있음을 의미한다. 따라서 예대율은 은행의 건전성을 나타내는 지표로 활용되며 은행 건전성과 반비례한다. 우리나라의 경우 경제성장에 따른 필요자금의 대부분을 은행 융자에 의존하고 있기 때문에 시중은행의 예대율이 높은 편이다.

장발장 은행
Jeanvaljean Bank

취약계층을 돕기 위해 설립된 은행

벌금형을 선고받았지만 생활고로 벌금을 낼 수 없는 형편의 취약계층을 돕기 위해 설립된 은행이다. 장발장 은행은 신용조회 없이 무담보 무이자로 벌금을 빌려준다. 대상자는 소년소녀가장, 미성년자, 기초생활보장법상 수급권자와 차상위계층이 우선 대상이며 개인과 단체의 기부로 운영되고 있다.

역외펀드
Offshore Fund

세금이나 규제를 피해 자유롭게 각 국의 주식, 채권 등 유가증권에 투자하기 위해 세율이 비교적 낮은 세금피난지에서 운용되는 펀드

국내에서 조성된 투자금과 해외의 금융기관에서 차입한 투자금으로 전 세계 금융시장을 상대로 파생금융상품에 투자하는데, 증권사의 업무영역을 해외로 확대하려는 의도에서 만들어진 펀드이다. 펀드 내에서는 환헤지가 불가능하여 선물환 계약을 체결하여 환율변동에 따른 위험을 분산시키며, 국내법에 따라 설정된 역외펀드의 경우에는 주식매매 차익으로 얻은 수익에 대해서는 세금이 부과되지 않지만 외국법에 의해 설정된 역외펀드는 과세된다.

캐리 트레이드
Carry Trade

처음에는 보유한 주식을 담보로 자금을 차입하고 이를 보다 수익성이 높은 주식에 투자하여 차입비용의 상환은 물론 추가수익을 실현하는 투자행위

최근에는 저금리로 조달된 자금을 다른 국가의 특정 유가증권 혹은 상품에 투자하여 그 차액을 노려 수익을 얻으려는 거래를 지칭한다. 즉, 이자가 낮은 국가에서 빌린 돈으로 수익이 높은 다른 국가에 투자하는 방식으로 고수익을 노리는 것이다. 자본이 부족한 신흥국들에 투자자금을 제공하는 긍정적 측면이 있으나 단기간에 국가를 오가는 투자방식에 불과하기 때문에 투자자금의 큰 변동성에 따라 해당 국가 경제의 불안정성을 높이는 요인이 되기도 한다.

상식PLUS⁺ 화폐별 캐리 트레이드

㉠ 달러 : 스미스 부인
㉡ 유로 : 소피아 부인
㉢ 엔화 : 와타나베 부인

---

94 ■■■
워크아웃
Workout

부도위기에 처한 기업 가운데 회생가치가 있는 기업을 지원하는 제도

회생가치가 있는 부실기업에 대해 채권금융기관들과 채무기업 간 협상과 조정을 거쳐 부채 상환 유예 및 감면 등을 통해 회생시켜주는 재무구조 개선 제도이다. 워크아웃 종류에는 기업 워크아웃과 많은 빚과 저신용으로 경제활동이 어려운 개인의 신용을 회복시켜주는 개인워크아웃, 기업이 도산하기 전에 미리 지원해주는 프리워크아웃이 있다.

95 ■■■
자산유동화증권
ABS :
Asset Backed
Securities

자산을 기반으로 발행하는 증권

기업이나 은행이 보유하고 있는 유·무형의 유동화 자산인 부동산, 매출채권, 유가증권 등을 기반으로 발행된 증권이다. 유동성이 떨어지지만 재산가치가 있는 자산을 담보를 증권으로 발행하여 유통시키는 것이 자산유동화이다. 자금 조달하는 다양하게 제공하고 조달비용을 낮춰주는 등으로 활용이 가능하다. 특수목적회사(SPC)가 발행한다.

96 ■■■
프로슈머
Prosumer

제품 개발에 소비자가 참여하는 방식

1980년 앨빈 토플러가 「제3의 물결」에서 사용한 신조어이다. 제품개발과정에 소비자를 직접 또는 간접적으로 참여시킴으로서 소비자의 요구를 정확하게 반영할 수 있기 때문에 기업이 마케팅 수단으로 활용하고 있다. 프로슈머는 기존의 소비자와는 달리 생산 활동 일부에 직접 참여하며, 이는 각종 셀프 서비스나 DIY(Do It Yourself)등을 통해서 나타나고 있다. 또한 이들은 인터넷의 여러 사이트에서 자신이 새로 구매한 물건의 장단점, 구매가격 등을 다른 사람들과 비교·비판함으로써 제품개발과 유통과정에 직·간접적으로 참여할 수 있다. 프로슈머의 등장을 촉진한 요소는 전체적 소득 및 여가시간 증대와 인터넷 등의 통신매체의 발달로 정보를 획득하기 용이하며, 전기·전자기술의 발달로 인하여 각종 장비가격의 하락과 전문가만이 사용할 수 있는 제품들의 보급 등을 들 수 있다. 초기의 프로슈머들은 제품평가를 통해 생산과정에 의견을 반영하거나 간접적이고 제한적인 영향력만을 행사해 왔지만, 최근 인터넷의 보급과 함께 이들은 보다 직접적이고 폭 넓은 영향력을 행사하며, 때로는 불매운동이나 사이버 시위 등의 과격한 방법으로 자신들의 의견을 반영한다. 프로슈머는 소비자의 의견을 생산자에게 반영한다는 점에서 긍정적이지만, 인터넷 매체 등을 이용해 허위사실을 유포하거나, 무조건적인 안티문화를 형성한다는 비판을 받는다.

역선택
逆選擇

정보비대칭으로 인해 정보가 부족한 집단이 불리한 선택을 하는 상황

정보의 불균형으로 정보가 부족한 집단이 불리한 의사결정을 하는 상황을 말한다. 정보의 격차가 존재하는 시장에서 정보력을 가진 집단이 정보력을 갖지 못한 집단에게 정보의 왜곡 혹은 오류로 인한 손실을 입게 한다. 보험이나 노동, 금융시장 등에서 주로 발생하는데 특히 보험시장에 더욱 자주 발생한다.

연방준비제도
FRS :
Federal Reserve
System

국가 통화금융정책을 수행하는 미국의 중앙은행제도

1913년 12월에 도입되었다. 미국 내 통화정책의 관장, 은행·금융기관에 대한 감독과 규제, 금융체계의 안정성 유지, 미정부와 대중, 금융 기관 등에 대한 금융 서비스 제공 등을 목적으로 한다. 특히 재할인율(중앙은행 – 시중은행 간 여신 금리) 등의 금리 결정, 재무부 채권의 매입과 발행(공개시장 조작), 지급준비율 결정 등을 통해 통화정책을 중점적으로 수행한다.

골디락스 경제
Goldilocks Economy

경제가 높은 성장을 이루고 있더라도 물가상승이 없는 상태

골디락스는 영국 전래 동화 「골디락스와 곰 세 마리」에 나오는 여자 소녀 이름이다. 금발머리 소녀 골디락스는 어느 날 숲속에서 곰이 끓여 놓고 나간 '뜨거운 수프, 차가운 수프, 적당한 수프' 중 '적당한 온도의 수프'로 배를 채우고 기뻐한다. 골디락스 경제는 바로 이 말에서 유래되어 뜨겁지도 않고 차갑지도 않고 건실하게 성장하고 있는 이상적 경제상황을 말한다. 경제학자 슐먼은 인플레이션을 우려할 만큼 과열되지도 않고, 경기 침체를 우려할 만큼 냉각되지도 않은 경제 상태를 골디락스에 비유했다.

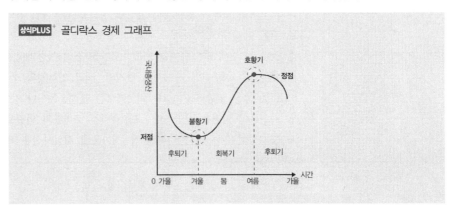

상식PLUS⁺ 골디락스 경제 그래프

아시아 인프라 투자은행
AIIB :
Asian Development
Bank

미국과 일본이 주도하는 세계은행과 아시아개발은행(ADB)등에 대항하기 위해 중국의 주도로 설립된 은행

아시아·태평양지역 개발도상국의 인프라 구축을 목표로 한다. AIIB는 2016년 1월 한국을 포함하여 중국, 러시아, 인도, 독일, 영국 등 57개의 회원국으로 공식 출범하였고, 2017년 5월 칠레, 그리스, 루마니아, 볼리비아, 키프로스, 바레인, 사모아 등 7개국의 회원가입을 승인함에 따라 회원국은 77개국으로 늘어났다.

그린본드
Green Bond

발행자금을 녹색산업과 관련해서만 사용하도록 제한한 채권

친환경 및 신재생 에너지 관련 프로젝트에 투자할 자금을 마련하기 위해 발행하는 채권을 말하며 신재생 에너지, 에너지 효율, 청정운송 등이 포함된다. 친주로 세계은행 등 국제금융기관의 주도로 발행이 되었지만 최근에는 민간기업 및 지방공공단체 등 발행주체가 다양해지고 있다. 2016년에는 애플이 15억 달러 규모의 그린본드를 발행하여 이슈가 되었다. 한국 기업의 그린본드 발행은 한국수출입은행이 2013년 해외에서 찍은 5억 달러가 최초이며 이후 2018년 산업은행이 국내에서 처음으로 3,000억 원 규모의 그린본드를 발행하였다. 이어 2018년 8월에 신한은행도 국내에서 2,000억 원짜리 그린본드를 발행하였다.

좀비 경제
Zombie Economy

무력화된 경제를 회복하기 위해 금리인하 및 각종 정책을 동원했음에도 불구하고 경제주체들이 거의 반응하지 않고 침체가 계속되는 현상

일본의 경제상황을 빗대어 국제 금융 전문가들이 붙인 용어이다. 일본은 1990년대 버블 붕괴 과정에서 20년 이상 계속된 경기 침체를 극복하기 위해 추진하였던 모든 정책이 무력화되어 죽은 시체와 같아, 좀비경제라고 불렸다. 2003년 초부터 금리가 거의 제로수준에 이르렀고 금융기관들의 부실채권 또한 줄어들지 않고 있는 실정이다. 이 때문에 외국 자본과 기업들은 일본 시장을 외면하고 있다. 더 나아가 리사 데스자딘스와 릭 에머슨의 저서 「좀비경제학」에서는 좀비 경제를 '당신의 안정성과 미래를 위태롭게 만드는 모든 경제적 상황'이라고 설명하고 있다.

103 ■■■▨
규모의 경제
Economy of Scale

생산요소 투입량의 증대(생산규모의 확대)에 따른 생산비 절약 또는 수익향상의 이익

대량 생산에 의하여 1단위당 비용을 줄이고 이익을 늘리는 방법이 일반적인데, 최근에는 설비의 증강으로써 생산비를 낮추고 있다. 생산 조직이나 생산의 규모가 커질수록 생산과 판매를 위한 비용이 줄어드는 경우, 이를 규모의 경제라고 한다. 규모의 경제는 생산규모와 관련된 것으로 경제규모가 커진다고 해서 반드시 규모의 경제가 발생하는 것은 아니다.

104 ■■■▨
3면 등가의 법칙
三面等價原則

국민소득의 세 가지 측면은 이론적으로 모두 동액이라는 이론

국가경제는 경제주체들이 재화와 서비스를 생산하고, 소득으로 얻고, 소비하는 과정을 반복하는 순환을 이루는데, 이러한 순환에서 국민소득을 생산 · 지출 · 분배의 세 가지 측면에서 피악할 때 결과적으로 총액이 같아진다는 이론을 국민소득 3면 등가의 원칙이라고 한다.

105 ■■■▨
코리보
KORIBOR :
Korea Inter Bank
Offered Rate

은행 간에 돈을 빌릴 때 적용하는 호가금리

외국계 은행 세 곳을 포함한 국내 15개 은행이 금리 수준을 제시하면 상 · 하위 세 개를 제외한 9개를 산술 평균하여 매일 11시에 발표한다. 그러나 실거래가가 아닌 은행 간 거래를 할 때 지급할 의향이 있는 '호가'에 불과하다는 점에서 지표금리로는 부적절하다는 의견이 지배적이다.

106 ■■■■
환율조작국
Currency Manipulator

정부나 중앙은행이 외환시장에 개입하여 환율을 조작하는 국가

자국의 수출을 늘리고 가격경쟁력을 확보하기 위해 정부나 중앙은행이 인위적으로 외환시장에 개입하여 환율을 조작하는 국가를 말한다. '심층 분석 대상국'이라고도 하며, 미국이 매년 경제 및 환율정책 보고서를 통해 발표한다. 환율조작국은 각국의 대미 무역수지 흑자가 200억 달러 이상, 경상수지 흑자가 GDP의 3% 이상, 환율 시장에 의한 방향 개입 여부 이상 등 3개 요건에 해당하면 지정된다. 또한 환율조작국으로 지정되면 미국기업 투자 시 금융지원 금지, 미 연방정부 조달시장 진입 금지, IMF를 통한 환율 압박 등이 가해진다.

페이퍼 컴퍼니
Paper Company

서류상으로만 존재하는 기업

물리적 형태로는 존재하지 않고 서류 형태로만 존재하면서 회사기능을 수행하는 회사를 말한다. 사업유지를 위해 소요되는 세금 및 전반적인 경비를 절감하기 위해 설립되고 있다. 회사의 존속기단은 기관에 따라 달라지는데, 금융기관인 경우에는 지속적으로 운용되는 경우가 많지만 증권회사나 항공사 관련 페이퍼 컴퍼니는 해당 프로젝트가 완료되면 자동으로 해체된다. 법적으로 엄연한 자격을 갖추고 있으므로 유령회사와는 다르다.

선물거래
先物去來

장래 일정 시점에 미리 정한 가격으로 매매하는 행위

현재 시점에서 약정하는 거래로, 미래의 가치를 사고파는 것이다. 선물의 가치가 현물시장에서 운용되는 기초자산(채권, 외환, 주식 등)의 가격 변동에 의해 파생적으로 결정되는 파생상품 거래의 일종이다. 미리 정한 가격으로 매매를 약속한 것이기 때문에 가격변동 위험의 회피가 가능하다는 특징이 있다. 위험회피를 목적으로 출발하였으나, 고도의 첨단금융기법을 이용, 위험을 능동적으로 받아들임으로써 오히려 고수익·고위험 투자 상품으로 발전했다. 우리나라도 1996년 5월 주가지수 선물시장을 개설한 데 이어 1999년 4월 23일 선물거래소가 부산에서 개장되었다.

평가절하
Devaluation

통화 대외가치가 하락하는 것

국가의 대외적 통화가치가 하락하는 것을 말한다. 이는 곧 환율의상승과 달러가치의 상승을 의미한다. 따라서 평가절하가 되면 수출은 증가하고 수입품의 가격도 증가하면서 인플레이션 상태를 야기할 수 있다. 한편 환율이 하락하여 대외가치가 상승하게 되는 경우를 평가절상이라고 한다.

무상증자
無償增資

주식대금을 받지 않고 기존의 주식을 보유한 주주에게 지급하는 것

새로 발행한 주식을 주주들에게 무상으로 지급하는 방식으로 자본의 구성과 발행 주식수만 변경하는 형식적인 증자이다. 발행 주식수가 늘어나고 그만큼 자본금이 늘어나지만 자산이 증가하는 것은 아니다.

세 가지 정책 목표 간에 상충관계가 존재하여 이들을 동시에 개선할 수 없는 상황

거시경제학에서 '물가안정', '경기부양', '국제수지 개선' 세 가지 간에 존재하는 상충관계가 대표적이다.

중앙은행이 통화를 시중에 직접 공급해 경기를 부양하는 통화정책

기준금리가 제로(0)에 근접하여 기준금리 인하만으로는 경기부양이 한계에 봉착했을 경우 주로 시행하며, 시중에 있는 채권이나 증권을 직접 사들이기 때문에 기준금리 조절을 통해 간접적으로 유동성을 조절하는 기존 방식과는 차이가 있다. 양적완화를 시행하게 되면 통화량 자체가 증가하기 때문에 기축통화의 유동성이 상승하고 이에 따라 부동산 경기회복, 실업률 하락, 소비지출 증가 등 경제회복의 효과가 있다. 즉, 자국의 통화가치를 하락시켜 수출경쟁력을 높이는 것이 주목적이라고 할 수 있다. 하지만 양적완화로 인해 통화의 가치 하락이 발생하면 전 세계적으로 인플레이션이 유발될 수 있으며 달러 약세로 인한 세계적인 환율전쟁의 위험도 안고 있다.

> **상식PLUS** 테이퍼링(Tapering)
> 양적완화정책을 점진적으로 축소하는 것을 말한다.

각국의 통화가치 적정성을 맥도널드 빅맥 햄버거 현지 통화가격을 달러로 환산한 지수

전 세계에 점포를 둔 맥도날드의 빅맥 가격으로 각국 통화의 구매력과 환율 수준을 비교 · 평가하여 버거노믹스(버거 경제학)라고 이름 붙인 빅맥지수를 매년 발표하고 있다. 환율은 두 나라에서 동일한 상품과 서비스의 가격이 비슷해질 때까지 움직인다는 이론을 근거로 적정 환율을 산출하는 데 활용된다. 일반적으로 빅맥지수가 낮을수록 달러화에 비해 해당 통화가 상대적으로 저평가되는 것으로 해석된다. 그러나 나라마다 임금 등의 차이를 무시하거나, 단순히 비교역재인 버거를 일물일가의 법칙으로 설명하려는 등은 한계로 지적되고 있다. 한편 이 밖에도 스타벅스의 카페라테 가격을 기준으로 살펴보는 스타벅스지수, 애플사의 아이팟 판매가를 기준으로 산출한 아이팟지수 등이 있다.

경기변동에서 재정이 어떤 영향을 미치는지 분석하기 위한 지표

국제통화기금(IMF)이 1970년대 중반에 개발하여 현재 미국과 독일 등에서 정책판단자료로 활용하고 있다. 정부의 재량적 재정운용에 따라 발생하는 재정수지의 변동분이 국민총생산(GNP)에서 차지하는 비중이 얼마나 되는가의 계산으로, 재정팽창지수가 플러스이면 팽창재정, 마이너스이면 긴축재정, 0이면 재정이 경기에 중립적임을 나타낸다.

선물시장이 급변할 경우 현물시장에 대한 영향을 최소화하여 시장 안정을 꾀하기 위해 도입한 프로그램 매매호가 관리제도

사이드 카는 마치 경찰의 오토바이인 사이드 카가 길을 안내하듯이 과속하는 가격이 교통사고를 내지 않도록 유도한다는 의미에서 붙여진 이름으로 주가가 급격하게 오르거나 떨어질 때 일시적으로 프로그램 매매를 중단시킴으로써 시장을 진정시키고자 하는 데 그 목적이 있다. 사이드 카가 발동되면 주식시장의 프로그램 매매호가가 5분 동안 효력이 정지되는 선물시장 급등락 시 취하는 비상조치이다. 우리나라에서는 주가지수 선물시장을 개설하면서 도입됐으며, 선물가격이 전일 종가 대비 5%(코스닥은 6%) 이상 상승 또는 하락한 상태가 1분간 지속되면 주식시장 프로그램 매매호가의 효력이 5분간 정지된다. 그러나 사이드 카는 발생 5분이 지나면 자동적으로 해제되며 1일 1회에 한해서만 발동되고, 주식시장 매매거래종료 40분 전(오후 2시 20분) 이후에는 발동되지 않는다.

금융기관들이 일시적인 자금 과부족을 조절하기 위하여 초단기로 자금을 차입하거나 대여하는 시장

금융기관은 고객을 상대로 예금을 받고 대출을 하는 과정에서 수시로 자금이 남기도 하고 부족하기도 하는데, 이러한 자금 과부족을 콜 시장에서 금융기관 간 자금거래를 통하여 조절한다. 콜금리를 통해 장단기 시장금리, 예금 및 대출금리, 궁극적으로는 실물경제 활동에 파급되기 때문에 콜 시장은 통화정책 수행에 있어서도 매우 중요한 위치를 차지하고 있다.

오퍼레이션 트위스트
Operation Twist

중앙은행이 장기채권을 매입하고 단기채권을 매도하여 경제를 활성화 시키려는 통화정책

채권매매를 통해 장기금리를 끌어내리고 단기금리는 올리는 통화량을 조절하는 통화정책인 공개시장운영의 일종이다. 미국이 2008년 글로벌 금융위기를 극복하는 과정에서 이 정책을 활용하면서 널리 알려졌다. 오퍼레이션 트위스트는 장기 채권을 매입하는 동시에 단기 채권을 팔기 때문에 연방준비제도의 보유채권의 구성만 변화시키면서 유동성 확보가 가능하다. 오퍼레이션 트위스트를 시행하면, 중앙은행이 장기 국채를 매입해 장기 금리가 하락하게 되고, 이는 기업의 투자를 촉진시키고 가계는 주택 매입에 적극성으로 내수가 활성화 되는 효과가 발생한다. 단기 국채 매도는 동시에 이루어지는 장기 국채 매입으로 인한 증가 통화량에 대해 억제 효과를 가지게 된다.

데드 크로스 현상
Dead Cross

주가의 단기 이동 평균선이 장기 이동 평균선 아래로 하향하는 현상

일반적으로 데드 크로스는 주식시장의 약세를 시사한다. 주식시장이 상승추세를 보일 경우 이동 평균선(일정 기간 동안의 주가를 산술 평균한 값인 주가 이동평균을 차례로 연결한 선)들은 장기 이동 평균선 위에 위치하는(골든 크로스) 반면에, 데드 크로스는 장기 이동 평균선을 하향 돌파하게 된다. 하지만 데드 크로스가 발생하는 시점을 전후하여 일시적인 상승세가 나타나는 경우도 있다.

차등의결권
差等議決權

적대적 M&A로부터의 경영권 방어수단 가운데 하나

일반 주식이 가지는 의결권보다 몇 배 더 높은 주식을 말하며 차등의결권주식, 복수의결권(주식)이라고도 부른다. 예를 들자면, 최대주주 소유의 보통주가 주당 1표의 의결권을 갖는 대신 일반인에게 2등급 주식을 발행하여 배당을 늘려주어 10주당 의결권 1표를 갖게 하는 것이다. 따라서 대주주의 지배권을 강화하고 안정적으로 경영권을 행사할 수 있어 적대적 인수합병의 경영권 방어수단으로 이용하는 것이다. 우리나라는 1주당 1의결권을 갖는 것이 원칙이며 차등의결권 제도 자체가 없다. 시행 중인 나라는 미국, 유럽 등에서 도입하고 있다. 차등의결권은 적은 지분으로 적대적 인수합병으로부터 경영권을 방어하는 효과를 가지지만, 무능한 경영자가 있을 경우 교체하기가 어렵고 경영진의 소수 지분의 의사 결정이 다수의 의사인 것처럼 왜곡될 수 있다. 또한, 소수의 경영진들이 개인 이익만을 쫓을 수 있는 단점을 가진다.

120 ■■■■
앵커링 효과
Anchoring Effect

처음에 인상 깊었던 것이 기준이 되어 향후 판단에 왜곡된 영향을 미치는 현상

배가 닻(Anchor)을 내리면 연결한 밧줄 범위 내에서만 움직일 수 있듯이 각인된 기억이 기준이 되어 향후 내리는 결정에 편파적이고 왜곡된 영향을 미치는 현상을 말한다. 정박 효과라고도 하며 비즈니스, 쇼핑, 주식, 등 매우 광범위하게 일어난다.

121 ■■■■
민스키 모멘트
Minsky Moment

부채의 확대에 기대어 경기호황이 이어지다 호황이 끝나면서 금융위기가 도래하는 시점

경기호황이 끝난 후, 은행 채무자의 부채 상환 능력이 악화되어 채무자가 결국 건전한 자산마저 팔게 되는 금융위기 시점이다. 금융시장이 호황기에 있으면 투자자들은 고 위험 상품에 투자하고 이에 금융시장은 탄력을 받아 규모가 확대된다. 그러나 투자자들이 원하는 만큼의 수익을 얻지 못하면 부채 상환에 대한 불안이 커지면서 금융시장은 위축되고 금융위기가 도래하게 된다.

122 ■■■■
죄악세
罪惡稅

주류, 담배, 도박 등 사회에 부정적인 영향을 끼치는 것들로 소비를 억제할 필요가 있는 품목에 과세하는 세금

죄악세의 목적은 담배, 주류 등이 소비되면서 발생하는 여러 문제들(담배 소비로 인한 간접흡연, 주류 소비로 인한 음주운전, 음주폭력 등)을 처리하는 과정에서 사회적 비용을 줄이고, 국민의 복지와 건강을 증진시키기 위함이다. 죄악세의 대표적인 항목은 담배, 주류로 소비자 지불 금액 중 세금이 60 ~ 70% 차지한다. 특히, 담배는 교육세, 소비세, 국민건강증진기금, 부가가치세, 폐기물부담금 여러 가지 부담금을 포함한다. 죄악세는 모든 국민이 적용되며, 소득 여부에 관계없이 일괄적으로 부과된다. 정부는 이렇게 발생되는 수입을 특수 사업 또는 정부예산을 보충하게 된다.

123 ■■■■
포이즌 필
Poison Pill

독약을 삼킨다는 의미의 적대적 M&A의 방어수단

기존의 주주들이 시가보다 저렴하게 주식을 살 수 있는 권리를 주거나, 회사에 주식을 비싼 값에 팔 수 있는 권리를 줌으로서, 적대적 M&A에 나선 기업이 부담을 갖게 되어 M&A를 방어할 수 있다.

기업공개
IPO :
Initial Public Offering

기업의 주식 및 경영내용을 공개하는 행위

비상장기업이 유가증권시장이나 코스닥에 상장하기 위해 자사의 주식과 경영 내용을 공개하는 것이다. 기업공개는 주식회사 체제를 갖추는 것으로 상장을 목적으로 하며 50인 이상의 여러 사람들을 대상으로 주식을 파는 행위이다. 대주주 개인이나 가족들이 가지고 있던 주식을 법정 절차와 방법에 따라 균일한 조건으로 일반인들에게 매출, 모집 후 증권거래소에 상장시키면서 회사 재산상태와 영업활동의 결과 및 주요 계약 등을 이해관계자에게 공시한다. 따라서 기업 공개는 기업의 주식 및 경영내용을 공개함과 동시에 상장법인이 된다. 원칙적으로는 기업공개와 상장은 같은 개념이 아니지만 기업의 공개를 원활하게 하기 위한 수단으로 상장을 사용한 것이다.

레몬마켓
Lemon Market

질적인 측면에서 문제가 있는 저급의 재화나 서비스가 거래되는 시장

레몬은 미국 속어로 불량품을 의미하여 경제 분야에서는 쓸모있는 재화나 서비스가 거래되는 시장을 레몬마켓이라 이르게 되었다. 또한 구매자와 판매자 간 거래대상 제품에 대한 정보가 비대칭적으로 주어진 상황에서 거래가 이루어지면서 우량품은 자취를 감추고 불량품만 남아도는 시장을 말한다. 이는 불량품이 넘치게 되면서 결과적으로 소비자도 외면하게 되는 시장이 된다.

네 마녀의 날
Quadruple Witching
Day

네 가지 파생상품(주가지수 선물과 옵션, 개별 주식 선물과 옵션)의 만기일이 겹치는 날

3 · 6 · 9 · 12월 둘째 목요일에 발생한다. 네 마녀가 돌아다녀 혼란스러운 것처럼 이날은 주식시장의 변동 폭이 넓어지고 예측이 힘들다는 사실을 바탕으로 이와 같이 부르는 것이다. 네 마녀의 날에는 파생상품 관련 숨어있던 현물 주식 매매가 정리매물로 시장에 쏟아져 나오면서 예상하기 힘든 주가 움직임이 발생한다. 이는 파생상품 거래에서 이익 실현을 위해 주식을 팔거나 사는 물량이 급격하게 늘어나거나 줄어드는 것으로 주가의 이상폭등, 이상폭락의 가능성을 보여준다. 따라서 주식투자들은 이를 기회로 삼아 투자전략을 마련하기도 한다. 미국에서 처음 시작된 이 용어는 트리플 위칭데이(주가지수선물, 주가지수옵션, 개별주식옵션)라 불렸으나 개별주식선물이 도입된 2002년 12월부터 '쿼드러플 위칭데이'로 변경되었다. 우리나라도 2008년 4월까지는 트리플 위칭데이였으나, 2008년 5월 개별주식선물이 도입되어 2008년 6월 12일 첫 번째 쿼드러플 위칭데이를 맞았다.

긱 이코노미
Gig Economy

기업들이 계약직 혹은 임시직으로 사람을 고용하는 경제형태

1920년대 미국 재즈 공연장에서 필요에 따라 연주자를 단기 섭외하던 방식을 의미하는 'Gig'에서 유래하여, 필요할 때마다 임시직을 섭외하여 일을 맡기는 경제형태를 말한다. 노동자 입장에서는 어딘가에 고용돼 있지 않고 필요할 때 일시적으로 일을 하는 임시직 경제를 의미한다. 모바일 시대에 접어들면서 이런 형태의 임시직이 급증하고 있다.

매파와 비둘기파
Hawkish & Dovish

물가안정과 경제성장을 둘러싼 입장

베트남 전쟁 당시 처음 사용되었던 용어이다. 정치적인 의미로는 평화적이고 온건한 입장을 평화를 상징하는 비둘기에 빗대어 비둘기파, 강경한 세력을 매섭게 공격하는 매에 빗대어 매파라고 하는데, 금융 용어에서는 다른 성격을 띤다. 매파는 물가안정을 위해 긴축정책과 금리 인상을 주장하는 세력을 의미한다. 경기 과열을 막고, 인플레이션을 억제하자는 입장이다. 인플레이션은 통화량 확대와 꾸준한 물가상승 그리고 화폐가치의 하락을 의미하기 때문에 긴축정책을 통해 금리를 올려 시중의 통화량을 줄이고 지출보다 저축의 비중이 높여 화폐의 가치를 올리자는 것이다. 비둘기파는 경제성장을 위해 양적완화와 금리인하를 주장하는 세력을 의미한다. 경제성장을 위하여 적절한 인플레이션이 필요하다는 입장이다. 금리를 인하하면 대출 및 투자와 소비가 증가하여 시장경제가 활성화되기 때문에 경제활동을 촉진하기 위해 적절한 인플레이션이 필요하다고 주장하는 것이다. 다만, 물가가 지속적으로 상승할 경우 물가 불안정을 초래하므로 적절한 인플레이션이 중요하다. 한편 매파와 비둘기파 사이의 중립파는 올빼미파라고 한다. 미국 연방준비제도(FED)는 달러의 발행과 금리결정권을 가지고 있어서 우리나라 경제에도 큰 영향을 미친다. 연준 의장은 임기 동안 매년 8번의 연방공개시장위원회(FOMC)를 진행하며 의장과 위원들의 성향에 따라 경제흐름이 달라진다.

상식PLUS⁺ 매파와 비둘기파 비교

구분	내용
매파(Hawkish)	• 진보성향 • 물가안정(인플레이션 억제) • 긴축정책과 금리 인상 주장 → 경제성장 둔화 및 가계부채 야기
비둘기파(Dovish)	• 보수성향 • 경제성장 • 양적완화와 금리인하 주장 → 심각한 인플레이션 및 파산 야기

129 ■■■
퍼스트 펭귄
The First Penguin

불확실성을 감수하고 용감하게 도전하는 선구자

먹이 사냥을 위해 바다로 뛰어드는 것이 두렵지만, 펭귄 한 마리가 먼저 용기를 내어 뛰어들면 나머지 펭귄들도 이를 따른다는 데에서 유래하였다. 이는 불확실하고 위험한 상황에서 용감하게 먼저 도전함으로써 다른 이들에게도 참여의 동기를 유발하는 선구자를 의미한다.

130 ■■■
갭 투자
Gap 投資

시세차익을 목적으로 주택 매매가격과 전세금 간의 차액이 적은 집을 전세를 끼고 매입하는 투자 방식

갭(Gap)은 주택의 매매가와 전세보증금과의 차이를 말하는 것으로 매매가격과 전세가격의 차이가 작은 주택을 전세를 끼고 매입한 뒤 시세차익을 노리는 투자를 말한다. 다시 말해 매매가격에서 보증금을 뺀 만큼의 금액만 있으면 주택을 살 수 있는 것이다. 예를 들어 아파트 가격이 3억인데 전세보증금이 2억 5,000만 원이라면 5,000만 원을 투자하여 집을 사는 것이다. 아파드 가격과 진세보증금이 상승하면 투자금액 대비 수익이 크지만 아파트 가격이 하락하면 크게 손실을 볼 수도 있기에 위험도 매우 큰 투자 방법이다.

131 ■■■
매스클루시버티
Massclusivity

자신만을 위한 차별화된 상품이나 서비스를 원하는 형상

매스티지(Masstige)란 비교적 가격이 저렴하고 대량생산이 가능한 고급 제품, 즉 브랜드 이미지를 갖추며 가치에 합리적인 가격으로 유통되는 것을 말한다. 매시티지가 확산되면서 대중화된 제품에 싫증을 느낀 일부 소비자들은 차별화되고 자신을 위한 특별한 제품이나 서비스를 원하게 되는데 이러한 형상을 매스클루시버티라고 한다. VVIP 대상으로 1대1 고객 상담을 통하여 주문제작하는 방식으로 극소수의 구매층을 공략한다. 고가이기는 하나, 자신만의 니즈를 반영한 개성 있는 생산제품으로 주목받고 있는데 이는 패션에만 국한되는 것이 아니라 다른 산업으로까지 확대되고 있다. 고객이 원하는 가치를 중점으로 전자제품, 여행상품 등 다양한 산업분야에서도 활용되고 있다.

132 ■■■
빅 배스
Big Bath

부실자산을 한 회계연도에 모두 반영하여 위험요인을 제거하는 회계 기법

통상적으로 경영진 교체 시기 또는 마지막 분기에 많이 이루어진다. 낚시 용어가 아닌 회계와 관련한 용어로써 전임자가 쌓아놓은 손실 등 부실 요소를 새로운 경영자가 털어버리는 것을 말한다.

133 리디노미네이션
Redenomination

화폐 단위를 하향 조정하는 것

화폐의 가치 변동 없이 모든 은행권 및 지폐의 액면을 동일한 비율의 낮은 숫자로 조정하거나, 이와 함께 새로운 통화단위로 화폐의 호칭을 변경하는 것이다. 예를 들면 1,000원을 1원으로 하는 것으로 6,000원짜리 커피가 6원이 되고 1억짜리 자동차가 10만원이 되는 것으로, 물가나 임금, 채권채무 등 경제수량 간의 관계에는 변화가 없다. 우리나라에서는 1953년의 제1차 통화조치에 따라 100원(圓)이 1환(圜)으로, 1962년의 제2차 통화조치에 따라 10환(圜)이 1원(圓)으로 변경된 사례가 있다.

134 어닝 서프라이즈
Earning Surprise

영업 실적이 예상보다 높은 경우에 주가가 큰 폭으로 상승하는 현상

기업이 실적 발표 시 시장에서 예상했던 실적과 다른 발표를 하는 것을 말한다. 우리나라에서는 깜짝 실적이라고도 한다. 시장의 예상치보다 실적이 저조하면 기업이 아무리 좋은 실적을 발표해도 주가가 떨어지기도 하고 반대로 저조한 실적을 발표해도 예상치보다 높거나 낮은 두 가지 경우 모두를 나타낼 수 있지만, 통상 서프라이즈의 의미가 좋은 것을 나타내는 의미로 사용되기 때문에 실적이 예상치보다 높은 경우에 해당한다.

135 포트폴리오 투자
Portfolio Investment

소액의 주식, 채권 및 기타 다른 유가증권 등을 여러 종류에 분할해 투자하는 방법

국제자본의 이동형태는 크게 직접투자와 포트폴리오 투자로 구분할 수 있다. 기업의 경영권을 획득할 목적으로 투자하는 것이 직접투자인데 반해, 경영참가에는 관심이 없이 투자수익획득을 위하여 각종 유가증권 등에 투자하는 것을 포트폴리오 투자라고 한다.

> **상식PLUS⁺ 포트폴리오 투자의 특징**
> 투자대상자산의 수익성에 직접적으로 영향을 미치는 투자 대상국통화의 환율, 금리, 세율 등의 추이뿐만 아니라 투자자의 수익 – 위험(Riskreturn)에 대한 선호도에 따른 포트폴리오 조정으로 크게 좌우된다.

136 코요테 모멘트
Coyote Moment

두렵고 피하고 싶었던 상황에 처해 있다는 것을 갑자기 깨닫게 되는 순간

증권시장에서는 증시의 갑작스러운 붕괴나, 지난 2008년 세계 금융위기가 초래한 부동산 거품 붕괴 등을 일컫는다. 최근에는 코로나19 쇼크를 코요테 모멘트로 지목하며 경기 침체를 예고하기도 했다.

137 ■■▨
로렌츠 곡선
Lorenz Curve

소득분포의 불평등도(不平等度)를 측정하는 방법

미국의 경제학자 로렌츠가 소득분포의 상태를 나타내기 위하여 작성한 도표로, 소득이 사회계층에 어떤 비율로 분배되는가를 알아볼 수 있다. 가로축에 저소득인구로부터 소득 인구를 누적하여 그 백분율을 표시한 결과 45°선의 균등분포선과는 다른 소득불평등곡 선이 나타났다.

138 ■■■
어닝 쇼크
Earning Shock

기업이 시장에서 예상했던 것보다 저조한 실적을 발표하여 주가에 영향을 미치는 현상

주식시장에서 어닝(Earning)은 기업의 실적을 뜻하며, 분기 또는 반기별로 기업들이 집 중적으로 그동안의 영업 실적을 발표하는 시기를 어닝 시즌(Earning Season)이라 한다. 영업실적은 해당 기업의 주가와 직결되기 때문에 투자자들은 이에 민감할 수밖에 없는데, 어닝 쇼크란 이처럼 어닝 시즌에 기업이 발표한 영업 실적이 시장의 예상치보다 훨씬 저 조하여 주가에 충격을 준다는 의미에서 붙여진 용어이다. 영업 실적이 시장의 예상치보다 저조한 경우에는 주가 하락으로 이어지는 경우가 일반적이며, 영업 실적이 좋더라도 예상 했던 것보다 저조하면 주가가 하락하기도 한다

139 ■■■
파생결합증권
DLS :
Derivatives
Linked Securities

유가증권과 파생금융이 결합된 새로운 증권으로 파생상품을 기초자산으로 정해진 조건이 충족되면 약정한 수익률을 지급하는 상품

기초자산으로는 장내 또는 장외파생상품, 환율, 원유, 광물, 원유 등의 일반상품, 이자율, 신용 등 확장된 것으로 기초자산의 가격 움직임에 따라 수익률이 결정되는 상품이며, 옵 션의 종류 및 투자 기간 등에 따라 매우 다양한 구조를 만들 수 있어 시장상황 혹은 투자 자의 투자성향에 따라 탄력적인 상품구성이 가능하다는 특징을 지닌다.

140 ■■▨
폰지 사기
Ponzi Scheme

금융 다단계 수법

아무런 사업도 하지 않으면서 신규 투자자의 돈으로 기존 투자자에게 원금과 이자를 갚 아나가는 금융 다단계 사기 수법이다.

리쇼어링
Reshoring

해외에 나가 있는 자국기업들을 각종 세제 혜택과 규제 완화 등으로 다시 불러들이는 정책

생산비와 인건비 절감 등을 이유로 생산시설을 해외로 옮긴 기업들이 보호무역주의의 확산과 기술적인 측면에서 스마트 팩토리(Smart Factory)의 확산으로 다시 자국으로 돌아오는 현상이다. 인쇼어링, 온쇼어링, 백쇼어링도 비슷하며 오프쇼어링과는 반대되는 개념이다.

당좌예금
當座預金

수표나 어음을 발행하여 자유롭게 찾을 수 있는 예금

예금주가 예금 잔액 범위 내 혹은 당좌대출 한도 내에서 수표나 어음을 발행하여 언제든 자유롭게 찾을 수 있는 예금이다. 은행의 요구불예금의 하나로 발행된 수표는 현금과 같은 기능을 가진다. 그러나 당좌예금은 은행의 자금조달로서의 기여도가 미미하여 이에 대한 이자를 지급하지 않는다.

투자심리선
Psychological Line

일정 기간 동안 투자 심리의 변화를 파악하여 주식 시장의 상태를 진단하는 기준이 되는 수치

최근 12일 동안에 나타난 전일 대비 상승일수를 누계하고 이를 12로 나누어 백분율로 나타내는데, 이 수치가 75% 이상이면 과열 상태로 보고 25% 이하이면 침체 상태로 본다. 투자심리선은 단기적으로 심리가 과열한 상태인지 아니면 침체상태인지를 판단하여 과열상태일 때는 매수보다는 매도의 전략을 취하고 침체상태일 때는 매도보다 매수의 전략을 취하여 장세 대응을 객관적으로 하려는 데 있다.

낙수 효과
落水效果

선도 부분의 성과가 후발 부문으로 유입되는 효과

윌 로저스라는 유머 작가가 미국 제31대 허버트 후버 대통령의 대공황 극복을 위한 경제정책을 비꼬던 말로, 고소득층의 소득 증대가 소비 및 투자 확대로 이어져 궁극적으로 저소득층의 소득도 증가하게 되는 효과를 가리키는 말이다. 정부가 투자 증대를 통해 대기업과 부유층의 부(富)를 늘려주면 경기가 부양되어 결국 중소기업과 저소득층에게 혜택이 돌아감은 물론, 경제발전과 국민복지가 향상된다는 이론이다.

기업어음
CP :
Commercial Paper

기업이 자금조달을 위해 발행하는 융통어음

자금조달을 위해 기업이 발행하는 융통어음으로, 기업어음을 발행하면 은행, 종금사, 증권사 등이 선이자를 뗀 후 매입하거나, 중개수수료를 받고, 개인 또는 기관투자자에게 매출한다. 보통 무보증 거래이나 중개금융기관이 지급보증하기도 한다. CP를 발행하려면 신용평가기관으로부터 B급 이상의 신용등급을 얻어야 한다. 그러나 시장에서는 A급 이상의 우량기업어음만 거래되며 발행기일은 1일부터 365일까지 있지만 보통 30일, 90일, 180일 등인 경우가 많다.

> **상식PLUS⁺ 포이즌 필 방식**
> ㉠ 플립 인 필(Flip in Pill) : 적대적 M&A의 목표기업 주식을 일정비율 이상 취득하는 경우 해당 기업의 주주들에게 콜옵션(주식을 낮은 가격에 매수할 권리)을 부여한다.
> ㉡ 플립 오버 필(Flip over Pill) : 적대적 M&A의 목표기업을 인수한 다음 이를 합병할 때 해당기업 주주들에게 합병 후 존속회사의 주식을 콜옵션 배당형태로 부여한다.
> ㉢ 백 엔드 필(Back and Pill) : 적대적M&A의 목표기업 주식을 일정비율 이상 취득하면 해당기업 주주들이 보유주식을 우선주로 전환하여 청구하거나 현금으로 상한 또는 교환해줄 것을 청구한다.

모라토리엄
Moratorium

한 국가가 경제 · 정치적인 이유로 외국에서 빌려온 차관에 대해 일시적으로 상환을 연기하는 것

모라토리엄은 상환할 의사가 있다는 점에서 지급거절과는 다르며, 외채를 유예 받지만 국제적으로 신용이 하락하여 대외거래에 여러가지 장애가 뒤따른다. 또한 환율이 급등하고 신용경색으로 물가가 급등하여 전반적으로 심각한 경제적 혼란을 겪게 된다. 모라토리엄을 선언하면 채권국은 채무국과 채무조정 작업을 하게 된다. 만기를 연장하거나, 여러 형태의 구조조정작업을 통해 신뢰도를 높이고, 모라토리엄 선언 이전에 상환연기나 금리 재협상, 원리금을 추가 대출금으로 돌리는 재융자, 원금삭감 등의 방법을 협상하기도 한다.

좀비기업
Zombie Company

회생할 가능성이 없음에도 정부의 지원으로 간신히 파산을 면하고 있는 부실기업

정부의 지원 정책에 편승하여 간신히 연명하고 있는 기업을 말한다. 정작 지원받아야 할 기업은 그만큼 지원자금이 줄어들어 경제 전반에 걸쳐 악영향을 미치게 된다.

블라인드 펀드
Blind Fund

투자대상을 정하지 않고 투자자금을 모집한 후 투자처를 물색해 투자하는 펀드

일반적으로 펀드상품들은 대부분 투자대상이 정해져 있어서 펀드상품 설명서를 보면 주식의 투자비중이 얼마이고, 어떤 종목을 주로 투자하는지에 대한 자세한 설명이 나와 있다. 반면에, 블라인드 펀드는 투자자에게 미리 일정한 규모의 투자금을 모았다가 우량물건이 나오면 투자해서 수익을 올리는 방식으로, 투자자금의 기본적인 운용계획은 짜여 있지만, 구체적으로 어떤 상품에 투자하는지는 고객은 물론 운용사도 사전에 알 수 없다.

잠재적 실업
潛在的失業

표면상으로는 실업이 아니지만 원하는 직업에 종사하지 못해 조건이 낮은 다른 직종에 종사하는 상태

실업은 크게 본인의 의사가 반영되었는지 여부에 따라 자발적실업과 비자발적 실업으로 나누는데, 자발적 실업은 일할 의사는 있지만 조건 등이 맞지 않아 스스로 실업을 선택한 경우로 마찰적 실업이라고도 한다. 자발적 실업은 실업자로 볼 수 없기 때문에 실업률에 반영되지 않는다. 비자발적 실업은 외부요인으로 생기는 실업으로, 불경기로 인한 노동 수요의 감소로 생기는 경기적 실업, 겨울에 경기가 가라앉는 건설 분야처럼 계절적 요인에 의해 생기는 계절적 실업, 특정 산업분야의 노동에 대한 수요부족으로 생기는 구조적 실업이 있다.

옐로우칩
Yellow Chips

블루칩에 비해 한 단계 낮은 주식

블루칩보다는 시가총액이 적지만 재무구조가 안정적이고 업종을 대표하는 우량종목들로 구성된다.

상식PLUS⁺ 주식 관련 용어

㉠ 레드칩(Red Chip) : 원래는 홍콩 증권시장에 상장된 중국 기업들의 주식을 통틀어 일컬었다. 지금은 중국 정부와 국영기업이 최대주주로 참여해 홍콩에 설립한 기업들 가운데 우량기업들의 주식만을 가리키는 용어로 국한되어 쓰인다.

㉡ 블루칩(Blue Chip) : 카지노에서 쓰이는 흰색, 빨간색, 파란색 세 종류의 칩 가운데 가장 가치가 높은 것이 블루칩인 것에서 유래된 표현이다. 오랫동안 안정적인 이익 창출과 배당지급을 실행해온 기업의 주식을 말한다.

섹터지수
Sector Index

시장의 테마 또는 특정산업군의 주가흐름을 반영하는 주가지수

미국, 유럽 등 선진증권시장에서는 선물, 옵션, 인덱스펀드를 위한 투자대상지수로 활용하고 있다. 해당 산업 전 종목을 포함하는 기존의 산업별지수가 시장의 흐름을 보는 시황지수인 데 반해 섹터지수는 투자대상이 되기 때문에 시가총액과 유동성, 재무기준 등을 감안해 우량 및 미래지향종목 10 ~ 30개로만 구성되어 있다.

섹터펀드
Sector Fund

특정 유망업종에 집중해서 투자하는 펀드

투자대상은 자동차 · 반도체 · 건강(바이오) · 은행 · 정보통신(IT) · 부동산 등이 있다. 섹터펀드는 특정업종에 집중하는 대신 리스크를 피하기 위해 투자대상을 전 세계로 넓히는 것으로, 예를 들어, 향후 국제적으로 반도체 주가가 오를 전망이라고 할 때 국내 및 해외의 여러 반도체 회사에 투자를 하여 주가가 올랐을 때 고수익을 얻게 된다. 섹터펀드는 업종의 경기와 아주 밀접한 관계가 있으므로 그만큼 변동성이 크기 때문에 늘 경기전망에 관심을 기울어야 하며, 한 업종에 몰아서 하는 집중투자이기 때문에 분산투자를 했을 때보다 높은 수익을 기대할 수 있지만 리스크도 크다.

유니콘 기업
Unicorn 企業

기업 가치가 10억 달러 이상인 스타트 기업

설립한지 10년 이하면서 10억 달러 이상의 기업 가치를 가진 스타트 기업을 상상 속 동물 유니콘에 비유한 말이다. 상장하기도 전에 기업 가치가 10억 달러 이상이 된다는 것은 유니콘처럼 상상 속에서나 존재할 수 있다는 의미로 쓰였다. 유니콘 기업은 지속적으로 증가하고 있는 추세이며 현재 우리나라는 약 13개의 유니콘 기업이 있다.

카르텔
Cartel

같은 업종에 종사하는 기업끼리 서로 독립적이면서 제조나 판매, 가격 등의 부분에서 협정을 맺는 행위

담합이라고도 한다. 기업의 입장에서는 무리하게 경쟁하지 않고도 이윤을 추구할 수 있고, 경쟁자의 침투도 함께 막아낼 수 있다. 이러한 기업들의 카르텔을 사적 카르텔이라고 하며, 정부가 특정 산업보호나 산업구조 합리화 등을 위해 가격이나 산출량 등을 대놓고 규제하는 경우를 공공 카르텔이라 한다. 또한 국가 간의 카르텔도 있는데, 석유수출국기구(OPEC)나 설탕, 커피 등 국제적인 상품거래와 관련한 카르텔도 있다.

155 ■■■
스놉 효과
Snob Effect

특정 상품에 대한 소비가 증가하면 오히려 수요가 줄어드는 현상

어떤 상품에 대한 소비가 증가하면 희소성이 떨어져 그 상품의 수요가 줄어드는 현상을 말한다. 마치 까마귀 떼 속에서 혼자 떨어져 있는 백로의 모습과 같다고 하여 스놉 효과라는 이름을 붙였다. 대체로 미술품이나 고급가구, 한정판 상품에서 이러한 효과를 볼 수 있다.

156 ■■■■
콜금리
Call Rate

금융기관끼리 남거나 모자라는 자금을 서로 주고받을 때 적용되는 금리

금융기관들도 예금을 받고 기업에 대출을 해주는 등 영업활동을 하다 보면 자금이 남을 수도 있고 급하게 필요한 경우도 생기게 된다. 콜금리는 1일물(Overnight) 금리를 말하며 금융기관 단기 자금의 수요와 공급에 의하여 결정된다. 이러한 금융기관 상호 간에 과부족 자금을 거래하는 시장이 바로 콜시장이다. 돈을 빌려 주는 것을 콜론, 빌려가는 것을 콜머니라고 하며, 콜시장은 금융시장 전체의 자금흐름을 비교적 민감하게 반영하는 곳이기 때문에 이곳에서 결정되는 금리를 통상 단기 실세금리지표로 활용하고 있다. 한국은행이 한국자금중개회사, 서울외국환중개회사, KIDB채권중개회사로부터 콜머니와 콜론에 대해 기관별로 거래액과 금리를 통보받아 거래액을 가중평균하여 산출한 금리를 공시한다.

157 ■■■■
어음관리계좌
CMA :
Cash Management
Account

증권회사가 고객의 예탁금을 MMF, RP, 기업어음 등의 금융자산에 투자하여 그 수익을 고객에게 돌려주는 금융상품

은행의 보통예금처럼 입출금이 자유롭고 증권사가 책임지고 운영하므로 안정성이 높다.

158 ■■■
이슬람 금융
Islamic Banking

이슬람 율법을 준수하는 금융행위

이슬람 금융은 수익 극대화보다는 이슬람 교리인 코란의 가르침을 따르는 데 중점을 두고 있다. 이자로 인한 착취나 투기는 금지하지만 공정한 이익이나 경제적인 추가 가치를 만들어 내는 것은 금지 사항이 아니다. 그러나 정당한 거래 방식이라 하더라도 도박이나 술, 마약거래, 돼지고기 등과 연관된 산업에는 투자를 금지하고 있다. 이에 따라 이슬람 금융은 투자자에게 이자 대신 실물자산을 매매하거나 이용해서 얻는 이윤을 배당하는 형식으로 이익을 지급한다. 이러한 거래는 상인이 자신의 물건을 빌려주거나 판매해 얻는 정당한 이익으로 인정하기 때문이다.

159 ■■■
예대마진
預貸 Margin

대출금리와 예금금리의 차이로 금융기관의 수입이 되는 부분

예대마진이 크다는 것은 예금의 대가로 지불한 이자에 비해 대출을 해주고 받은 이자가 더 많다는 의미가 된다. 그렇기 때문에 예대마진이 커지면 금융기관의 수입이 늘어나게 되고, 보통 대출 금리가 오르면 예금금리가 오른다.

160 ■■■
레버리지 매수
Leveraged Buyout

인수기업이 기업인수에 필요한 자금을 모두 보유하지 않고도 바이아웃(인수 후 매각)을 시도할 수 있는 M&A 방법

매수자금의 대부분을 매수할 기업의 자산을 담보로 하여 조달하는 것으로 적은 자기자본으로 큰 기업을 인수할 수 있어 지렛대라는 표현을 쓴다. 먼저 투자자가 인수대금의 10% 정도를 출자해 일종의 페이퍼 컴퍼니인 특수목적법인(SPC)을 설립한다. 이 법인은 인수대상기업의 부동산 자산을 담보로 금융회사로부터 인수대금의 50% 정도를 대출받는다. 이이 나머지 40% 자금은 후순위채권 등 징크본드를 발행해 전제 인수대금을 조달하는 것이 통상적 방법이다.

161 ■■■■
우회상장
Backdoor Listing

증권시장에 상장하지 않은 기업이 상장 기업과의 합병 등을 통해 통상적인 상장 절차 없이 상장되는 것

백도어 상장이라고도 한다. 비(非)상장 기업은 우회 상장으로 합병한 상장 기업과의 시너지는 물론 상장의 지위도 함께 얻는다.

162 ■■■■
레버리지 효과
Leverage Effect

타인으로부터 빌린 자본을 지렛대 삼아 자기자본 이익률을 높이는 방식

예를 들어 10억 원의 자기자본으로 1억 원의 순익을 올렸다고 할 때, 투자자본 전부를 자기자본으로 충당했다면 자기자본이익률은 10%가 되고, 자기자본 5억 원에 타인자본 5억 원을 끌어들여 1억 원의 순익을 올렸다면 자기자본이익률은 20%가 된다. 따라서 차입금 등의 금리 비용보다 높은 수익률이 예상될 때는 타인자본을 적극적으로 끌어들여 투자하는 것이 유리하다. 그러나 과도한 차입금을 사용하는 경우, 금리상승은 부담을 증가시켜 도산위험 및 도산의 기대비용이 높아질 수 있다.

163 ■■■

데카콘 기업
Decacorn 企業

기업의 가치가 100억 달러 이상인 신생 벤처기업

기업가치 10억 달러 이상인 기업을 의미하는 유니콘(Unicorn)이란 단어의 유니(Uni)가 1을 뜻하는 데서 착안하여 10을 뜻하는 접두사인 데카(Deca)와 유니콘의 콘(Corn)을 결합하여 만든 용어다. 창업회사가 성장하여 유니콘 기업을 넘어 데카콘 기업이 되면 크게 성공한 것으로 인정한다.

164 ■■■

쿨링오프
Cooling Off

물건을 사고 보니 마음에 들지 않거나 필요도 없는 물건일 때 구매를 취소하는 것을 법적으로 보장해 주는 제도(청약철회권)

머리를 식히고 냉정하게 생각해 보라는 의미이다. 그러나 모든 상품에 대하여 해당되는 것이 아니고, 방문판매 · 다단계 판매 · 전화권유판매 · 전자상거래 · 생명보험 등이 대상이며, 청약철회기간이 정해져 있다. 청약철회기간은 방문판매일 경우는 14일 이내, 할부거래나 전자상거래는 7일 이내로 반드시 내용증명을 발송하여 청약철회권을 행사해야 하며, 내용증명은 우체국에 접수되는 순간부터 청약철회권의 효력이 발생하고, 물건을 구입한지 10일이 지났거나 물건의 훼손상태가 심하거나 사용해서 물건의 가치가 현저히 떨어질 우려가 있을 경우와 청약철회권의 남발을 막기 위해 상품가격이 5만 원 이하인 경우는 청약철회권을 행사할 수 없다.

165 ■■■

콘드라티에프 파동
Kondratiev Wave

경제변동 중에서 주기는 일정하지 않지만, 자본주의 사회의 경제활동의 상승(확장)과정과 하강(수축) 과정을 되풀이 하는 변동을 경기파동

경기파동은 콘드라티에프 파동, 주글라 파동, 키친 파동 등 세 가지로 나뉜다. 이 중 50 ~ 60년을 주기로 하는 장기경기변동을 콘드라티에프 파동이라 한다. 콘드라티에프 파동은 기술혁신이나 신자원의 개발 등에 의하여 일어난다. 슘페터가 18세기 말 산업혁명, 1840년대 철도의 등장, 1890년대 자동차와 전기의 발명 등의 기술혁신과 이에 따른 대규모 투자에 따라 지금까지 적어도 세 차례 있어 왔다고 주장했고, 1940년대부터를 반도체, 컴퓨터, 생명공학, 신소재, 텔레커뮤니케이션 등의 신기술의 등장과 이에 따른 대규모 투자에 의하여 주도되고 있는 제4파동기로 보고 있다.

166 ■■■■
뱅크 런
Bank Run

은행의 예금 지급 불능 상태를 우려하여 고객들이 대규모로 예금을 인출하는 사태

경제상황 악화로 금융시장에 위기감이 조성되면서 이를 우려한 금융기관의 고객들이 대규모로 예금을 인출하는 상황을 말한다. 뱅크 런으로 인한 은행 위기를 막기 위해 예금보험공사는 예금자보호법을 시행하고 있다.

> **상식PLUS** 본드 런(Bond Run)
> 뱅크 런에서 유래한 것으로 펀드 투자자들이 투자한 자금을 회수하려는 펀드 런과 투자자들이 앞다투어 채권을 팔려고 하는 행위이다.

167 ■■■■
리스트럭처링
ReStructuring

사업재구축

발전가능성이 있는 방향으로 사업구조를 바꾸거나 비교우위가 있는 사업에 투자재원을 집중적으로 투입하는 경영전략이다. 사양사업에서 고부가가치이 유망사업으로 조직구조를 전환하므로 불경기 극복에 효과적이다. 또한 채산성이 낮은 사업은 과감히 철수·매각하여 광범위해진 사업영역을 축소시키므로, 재무상태도 호전시킬 수 있다.

168 ■■■■
MOR
Market Opportunity Rate

어떤 금융기관이 대출금리를 정할 때 기준이 되는 금리

보통 은행은 정기예금, 양도성예금(CD), 은행채 등을 통해 자금을 조달하게 되는데, 이때 평균조달원가를 감안해 내부 기준금리를 결정하게 된다. 이후 영업점 수익성 등을 고려해 일정 스프레드를 붙인 고시금리를 발표하고, 이를 대출금리로 활용한다. 대형 금융기관일수록 신용도가 좋아 조달금리가 낮아지므로 MOR은 금융기관마다 다를 수밖에 없다.

169 ■■■■
미소금융
美少金融

제도권 금융기관과 거래가 불가능한 저신용자를 대상으로 실시하는 소액대출사업

금융소외계층을 대상으로 창업이나 운영자금 등의 자활자금을 지원하는 소액대출사업으로 무담보 소액대출제도인 마이크로 크레디트의 일종이다. 지원대상은 개인 신용등급 7등급 이하(개인 신용평점 하위 20%)의 저소득 혹은 저신용자로 2인 이상이 공동으로 창업하거나 사업자를 등록하여 운영 중인 경우에도 지원대상에 포함된다. 실제 운영자와 사업자 등록상의 명의자가 다른 경우나 사치나 투기를 조장하는 업종은 제외된다.

170 ■■■
밴드왜건 효과
Band Wagon Effect

유행에 따르는 소비성향

악대를 앞에 두고 사람들을 몰고 다니는 차량인 밴드왜건에서 차용된 용어이다. 정치학에서는 소위 말하는 대세론으로 후보자가 일정 수준 이상의 지지율을 얻으면 그 후보를 따라가게 되는데 이를 밴드왜건 효과라고 하며, 경제학에서는 대중적으로 유행하는 상품을 따라서 소비하는 성향을 일컫는다.

171 ■■■
액체사회
Liquid Society

업종 간의 경계가 허물어지는 사회

두 업종이 마치 액체처럼 한 곳에 용해되어 있는 시장에서 경쟁하는 형태이다. 스포츠용품 전문 업체인 나이키가 기존 경쟁업체인 리복, 아디다스 외에 새로운 경쟁상대로 지목했던 기업이 바로 일본의 게임업체인 닌텐도였다. 지금까지의 젊은 사람들은 부모로부터 용돈을 받으면, 주로 신발이나 스포츠용품을 구입해 온 것에 반해, 이제는 게임기나 게임용 소프트웨어를 주로 구매하게 되었다. 즉, 스포츠업계와 게임업체가 시장에서 서로 경쟁하게 된 것이다.

172 ■■■
참여 장벽
Barriers to Entry

잠재적 경쟁을 방어 · 억제하기 위한 요인

특정산업에 진입하여 사업을 전개하고자 하는 기업에게 불리하게 작용하는 모든 장애 요인들이 포함 된다. 특허 제도나 인허가 제도는 강력한 참여 장벽이 되고, 원료 독점이나 기술 비밀, 유통 경로의 지배도 참여 장벽으로 이용된다. 한편 철수장벽은 참여 장벽에 대응되는 개념으로 철수하려고 하는 경우에 그 진출 분야에서 쉽게 발을 빼지 못하게 하는 주요 요인을 의미한다.

173 ■■■
애널리스트
Analyst

기업과 관련된 조사와 분석을 담당하는 사람

기업의 현재 가치를 정확히 측정할 뿐만 아니라 미래 가치에도 주목한다. 경기흐름이라는 거시적인 틀 속에서 기업의 재무 및 손익구조 등을 분석해 기업의 적정 주가를 산출해 그 결과가 주식시장에 연결되며, 해당기업의 주가가 기업의 내재가치보다 낮아 저평가되면 매수를, 반대일 경우에는 매도의견을 낸다. 또한 이들의 한마디에 주가가 출렁이기도 한다.

뮤추얼 펀드
Mutual Fund

1999년 우리나라에 도입된 회사형 투자신탁

투자자들의 자금을 모아 하나의 페이퍼 컴퍼니를 설립하여 주식이나 채권 파생상품 등에 투자한 후 그 운용 수익을 투자자들에게 배당의 형태로 돌려주는 펀드이다. 투자자는 운용회사가 어느 주식을 사거나 어디에 투자하는지 알 수 있고, 투자에 대한 투자자의 의견을 제시할 수도 있다. 그리고 뮤추얼 펀드는 하나의 독립된 회사로 운영되어 법률상 독립된 회사이기 때문에 기존 수익증권에 비해 주주의 운영 및 참여가 자유롭고 개방적인 특징이 있어 투명성도 높은 것으로 평가되고 있다. 뮤추얼 펀드는 언제든지 입출금이 가능한 개방형과 입출금이 불가능한 폐쇄형 두 가지가 있으며, 국내에는 폐쇄형만 허용되고 있다. 폐쇄형 뮤추얼 펀드는 주주이기 때문에 만기 이전에 돈을 회수할 수 없는 대신에 거래소나 코스닥 시장에 단일종목으로 거래되고 있어 여기서 회수하면 된다. 또한 투자 방법의 내용에 따라 보통주펀드, 균형펀드, 수익펀드, 채권 및 우선주펀드 등이 있으며, 보통주펀드의 규모가 가장 크다. 안정적인 자산증식을 원하는 대다수 소액투자자들이 포트폴리오 수단으로 활용한다. 펀드 전문가가 운용해 주는 간접투자라는 점이 특징이며 운용 실적대로 배당이 이루어진다. 투자손익에 대한 책임도 투자자들이 진다. 투자대상은 주식과 채권, 기업어음(CP), 국공채 등 유가증권이 주를 이룬다.

근원물가지수
Core Inflation

경제상황에 따라 물가변동이 심한 품목을 제외한 나머지 물가지수

계절의 영향이나 외부적 요인에 영향을 받아 물가변동이 심한 품목을 제외하고 산출한 물가지수를 말한다. 근원물가지수는 물가에 미치는 단기적 충격이나 불규칙 요인이 제외되어 기조적인 물가상승의 흐름을 읽을 수 있는 반면에, 국민들이 실제로 느끼는 체감물가와 괴리가 크다는 한계를 가지고 있다.

거주자 외화예금
居住者 外貨預金

국내 거주자가 외화를 환전하지 않고 외화 형태로 자기 계좌에 예치하는 것

국내 거주자가 외화를 그대로 자기 예금계좌에 예치하는 것을 말한다. 여기서 거주자란 국내인과 국내에 6개월 이상 거주한 외국인 및 국내에 진출해 있는 외국기업 등을 말한다. 외화예금은 고객이 향후 해당 국가의 통화를 사용해야 할 경우를 대비해 미리 저축할 때 유용하다. 해당 국가 통화를 환율이 낮을 때 환전하여 저축하면 환율이 오를 때 이익을 얻을 수 있기 때문이다. 이처럼 외화예금이 재테크 수단으로 활용되기도 한다. 이 예금에 대한 금리는 국제금리에 1%를 가산한 범위 내에서 은행장이 자율적으로 결정한다. 이것은 외국환은행의 중요한 외화자금 조달원의 하나로 은행 간 환율에도 영향을 미친다.

177 ■■▨

절대우위론
Absolute Advantage

생산에 들어가는 노동량을 기준으로 국가 간 무역 발생의 원리를 설명한 이론

영국의 경제학자 애덤 스미스가 주장한 이론으로, 특정 재화를 생산하는 데 얼마만큼의 노동량이 들어가는지를 기준으로 한다. 서로 비용을 줄이기 위해 국제적인 분업과 교역이 생긴다는 이론이다.

178 ■■▨

범위의 경제
Economy of Scope

생산요소 기능을 조절하여 효율적으로 생산하는 효과

한 기업이 여러 재화나 서비스를 생산할 때 발생하는 총 비용이 별도의 기업으로 하나씩 생산했을 때 발생하는 총비용보다 적어지는 경우를 말한다.

179 ■■▨

볼커룰
Volcker Rule

미국 금융기관의 위험투자를 제한하기 위하여 만든 규제방안

미국 오바마 정부의 도드 – 프랭크법의 핵심 조항으로 대형 금융기관이 자기자본으로 위험투자를 하지 못하도록 하는 규제정책이다. 볼커룰의 목적은 금융시스템의 부실이 반복되는 것을 막기 위함으로, 상업은행과 투자은행을 분리하자는 데에 있다.

180 ■■▨

스무딩 오퍼레이션
Smoothing Operation

급격한 변동이 생기는 것을 방지하기 위해 정부나 중앙은행이 직·간접적으로 개입하는 것

변동환율 제도를 채택하고 있는 나라에서의 환율은 시장의 수요와 공급에 따라 변동되지만, 시장에만 맡겨 두지는 않는다. 환율이 급격하게 오르내리면 수출입 및 국민에게도 피해를 입을 수 있으므로 환율을 원활하게 관리하는 것을 말한다.

181 ■■▨

중앙은행
Central Bank

한 국가의 금융제도 중심 기관

국가의 화폐발행 및 금융시스템, 통화정책 수립 등을 담당하는 금융제도의 중추적 기관을 말한다. 흔히 은행의 은행 또는 정부의 은행이라고 불리며 한국의 중앙은행인 한국은행은 효율적인 통화신용정책의 수립 및 집행을 통해 물가안정과 금융안정을 도모하는 것을 목적으로 1950년 6월 12일 한국은행법에 의해 설립되었다.

경제자유구역
Free Economic Zone

해외 투자자본과 기술을 적극적으로 유치하기 위하여 세제 감면이나 규제 완화 등 혜택을 부여한 특별지역

외국인의 투자유치를 촉진하고, 국가경쟁력 강화 및 지역 간 균형 발전을 위해 2003년에 도입한 제도이다. 국제경영활동에 최적의 환경을 제공하기 위해 조성하는 특별경제구역으로 열악한 기업 환경, 기존제도의 한계, 동북아시아의 위상변화 등에 따라 우리나라의 지정학적 위치를 최대한 활용하여 동북아의 물류중심으로 육성하고, 첨단산업 및 지식기반의 고부가가치 산업을 신 성장 동력으로 활용하는데 의의가 있다. 경제자유구역에 입주하는 외국기업은국세인 소득ㆍ법인세 및 지방세인 취득ㆍ등록세를 3년간 100%, 이후 2년간 50%를 감면해 주고, 관세의 경우 5년간 100% 감면해준다. 또한 첨단의 공항ㆍ항만ㆍ오피스 시설과 쾌적한 학교ㆍ병원ㆍ관광시설을 복합적으로 개발하기 위해 정부는 각종 인센티브의 제공을 통하여 글로벌 기업의 유치를 추진하고 있다. 경제자유구역은 2003년 인천, 부산ㆍ진해, 광양만권이 지정됐고, 2008년 황해, 대구ㆍ경북, 새만금ㆍ군산이 지정되었으며, 2013년에 동해안권, 충북이 지정되었다.

원천징수
Withholding Tax

소득에 대한 세금을 직장인 본인이 직접적으로 납부하지 않고, 소득 지급자인 회사가 미리 징수하여 국가에 대신 납부하는 세금징수 방법

국가는 세금이 누락되는 것을 방지하고, 세금 수입을 조기에 확보할 수 있다. 또한, 납세의무자 입장에서는 세금을 분할 납부함으로써 조세 부담을 완화하는 효과가 있다.

가격차별
Price Discrimination

동일한 상품을 서로 다른 구매자들에게 다른 가격으로 판매하는 제도

독점기업이 생산하는 상품에 대한 소비자 계층 간의 수요탄력성이 다를 경우, 시장을 두 개 이상으로 분할하여 상이한 가격으로 판매하는 것을 말한다. 가격차별은 기업에게 더 많은 이윤을 가져다준다. 소득ㆍ인종ㆍ연령 등 개인적 특성이나 지리적 위치로 분할할 수 있으며 독점시장에서만 나타날 수 있다.

기회비용
Opportunity Cost

포기한 기회 중 가장 큰 가치를 가진 기회

어떤 한 가지를 선택할 때, 선택으로 인해 포기한 가장 큰 차선을 말한다. 즉, 어떤 행위를 하기 위해 포기해야 하는 다른 기회의 최대가치이다.

회수할 수 없는 비용

의사결정을 하고 난 이후 발생하는 비용 중 회수할 수 없는 비용을 일컫는다. 콩코드 오류라고도 하는데, 1962년 영국과 프랑스 양국은 공동으로 막대한 자금을 투입하여 초음속 여객기 콩코드를 개발에 착수하였으나 기술적 한계와 수지타산이 맞지 않았고, 국가의 자존심 문제로 콩코드 운항을 개시했다가 결국 막대한 손실만 입고 운항을 중단한 사례이다.

> **상식PLUS⁺ 가격차별 구분**
> ㉠ **1급 가격차별** : 소비자의 유보가격에 해당하는 가격으로 책정한다.
> ㉡ **2급 가격차별** : 소비자의 구입량에 따라 단위당 가격을 다르게 책정한다.
> ㉢ **3급 가격차별** : 소비자의 특징에 따라 시장을 두 개 이상으로 분할하여 상이한 가격을 측정하는 것으로 일반적인 가격차별을 의미한다.

어떤 상품에 대해 소비자가 지불하고자 하는 수요가격에서 실제 시장가격을 뺀 차액

소비자들이 어떤 재화나 서비스에 대해 지불하고자 하는 값과 실제로 그들이 지불한 값과의 차이를 말한다. 즉 소비자가 지불할 용의가 있는 가격에서 실제 지불한 가격을 뺀 금액이며, 소비자가 상품을 구입함으로써 얻는 이익의 크기를 나타낸다. 가격이 오르면 소비자잉여는 감소한다.

> 소비자잉여 = 소비자 누리는 가치 − 소비자가 지불한 금액

소설 「위대한 개츠비」의 주인공 개츠비의 이름을 인용한 소득불평등 이론

경제적 불평등이 커질수록 사회적 계층이동성이 낮다는 결과를 보여주는 그래프로, 소설 「위대한 개츠비」의 주인공 이름을 인용하였다. 소득 불평등 정도가 큰 국가는 세대 간 소득 탄력성도 크게 나타난다. 경제적 불평등이 커질수록 사회적 계층이동의 가능성이 낮게 나타난다는 의미이다. 소득 불평등도가 큰 국가는 세대 간 소득 탄력성이 크게 나타나 사회적 계층이동의 가능성이 낮으나, 소득 불평등 정도가 낮은 국가는 세대 간 소득 탄력성이 낮게 나타나 상대적으로 사회적 계층이동이 수월하다.

189 ■■■▨
우발부채
偶發負債

현재 채무로 확정되지 않았으나 미래에 채무로 확정될 가능성이 있는 부채

가까운 장래에 채무로 확정될 가능성이 있는 잠재적 부채를 말한다. 회계기준에 따르면 과거 사건이나 거래 결과로 현재의무가 존재하고, 의무를 이행하기 위해 회사가 보유한 자원이 유출될 가능성이 높으며 의무 이행에 필요한 금액을 추정할 수 있을 때 충당부채로 인식하나 이 조건을 충족시키지 못하면 우발부채로 인식한다.

190 ■■▨
시장실패
市場失敗

시장이 효율적인 자원 분배를 제대로 하지 못하는 상태

시장에서 경쟁이 제대로 이루어지지 않고 외부 효과로 인해 자원배분이 비효율적일 때, 또한 정보의 비대칭으로 도덕적 해이가 발생하면, 시장이 자유롭게 기능함에도 시장실패가 나타날 수 있다.

191 ■■▨
탄력세율
Flexible Tax Rate

정부가 법률로 정한 기본세율을 탄력적으로 변경하여 운영하는 세율

조세의 경기조절기능을 수행하기 위한 목적에서 마련된 제도이다. 조세법률주의 하에서 세율은 조세의 종목을 정한 세법과 같이 입법사항으로 국회의 의결을 거쳐 결정 또는 변경하는 것이 원칙이지만, 오늘날과 같이 국내외 경제여건이 수시로 변하고 국민경제에 미치는 영향이 빠르고 크게 작용하는 때에 신속하고 신축성있게 대처해 나가야 국내 산업을 보호하고 국민경제를 안정시키며 국제수지의 악화를 막을 수 있다. 이처럼 국민경제의 효율적 운용을 위하여 경기조절, 가격안정, 당해 물품의 수급 상 필요한 경우에는 법정세율의 30% 범위 안에서 대통령령으로 이를 조정할 수 있도록 되어있는 바, 대통령령에 규정된 세율을 탄력세율로 부르고 있다. 따라서 국민경제를 위한 대처방안 가운데 하나로서 입법과정을 거치지 않고 행정부의 권한으로 세율을 조정하는 방안이 각국의 경제정책 수단으로 흔히 사용되고 있다.

> **상식PLUS⁺** 탄력세율의 목적
> 지방세에서 탄력세율은 경기조절기능 수행보다는 지역 간 선호나 특성차이를 반영함으로써 자원배분의 효율성을 제고한다.

주가연계증권
ELS :
Equity Linked Securties

개별 주식의 가격이나 주가지수와 연계하여 수익률을 결정하는 파생상품

금융기관과 금융기관, 금융기관과 일반기업 간의 맞춤 거래를 기본으로 하는 '장외파생 상품'이다. 거래의 결제 이행을 보증해주는 거래소가 없기 때문에 일정한 자격을 갖춘 투자매매업자만이 발행이 가능하다. 즉, 영업용 순자본비율이 300% 이상이며, 장외파생 상품 전문 인력을 확보하고, 금융위원회가 정하는 '위험관리 및 내부통제 등에 관한 기 준'을 충족하는 투자매매업자가 발행할 수 있다.

장외주식
場外株式

현금 보유가 많아 공모를 통한 상장이 필요하지 않은 경우나 상장요건에 미달하 거나 상장 준비 중인 경우의 주식

유가증권이나 코스닥 시장에 상장되지 않은 회사의 주식을 말한다. 장외주식은 미래의 성 장 잠재력을 가지거나 가치가 제대로 반영되지 않은 종목들이 많기 때문에 의외의 고수익 을 창출할 수도 있지만 주식종목의 정보를 구하기가 쉽지 않다는 단점이 있다.

출자전환
Debt Equityswap

채권 금융기관이 부실기업에 빌려준 돈을 주식으로 전환하는 방식

출자전환의 장점은 우선 차입금이 자본금으로 전환됨으로서 기업의 재무비율이 개선되 고, 지급이자 부담이 줄어들어 흑자전환을 할 수 있다는 것이다. 반면 차입금의 출자전 환으로 대주주가 채권자로 교체될 수 있어 회사의 지배권이 바뀌고, 모든 경영사항에 대 하여 채권자의 동의를 얻어야 하기 때문에 절차가 번거롭고, 중요한 투자에 대하여 적극 적이지 못한다는 단점을 지닌다.

액면분할
額面分割

하나의 주식을 분할하는 것

주식 수를 늘려 유동성을 높이고 단가를 낮추기 위한 방법으로 하나의 주식을 여러 주 식으로 분할하는 것을 말한다. 한편 액면병합은 액면가를 높이는 것으로 낮아진 주가를 끌어올리기 위해 사용된다. 주식수가 줄어든다는 측면에서는 감자와 비슷하지만 자본금 에 변화가 없으며 주주들의 지분 가치에도 변함이 없다는 점이 다르다.

196 ■■▨▨
쿠퍼 효과
Cooper Effect

금융정책 효과의 시기가 다르게 나타나는 현상

경기불황으로 경기부양을 위한 정책 효과는 점진적으로 나타나나 경기호황 시 경기냉각을 위한 긴축정책 효과는 빠르게 나타나는 현상을 말한다.

197 ■■▨▨
주가연동예금
ELD :
Equity Linked Deposit

수익이 주가지수의 변동에 연계해서 결정되는 은행 판매 예금

고객의 투자자금은 정기예금에 넣고, 창출되는 이자만을 파생상품에 투자하여 수익을 낸다. 투자대상 파생상품은 제한 없이 다양하고 중도 해지가 가능하지만 원금에 손실을 입을 수 있다. 증권사의 주가연계증권(ELS)에 비해 안정성이 높으며, 원금은 예금자보호법에 따라 최고 5,000만 원까지 보장되고, 지급이자는 주가지수나 주식가격에 연동하여 결정된다. 투자방식은 투자액의 대부분을 정기예금에 넣고, 여기서 나오는 이자를 주가지수 옵션 등 파생상품으로 운용하여 발생한 수익을 고객에게 지급하는 방식으로 이루어진다. 주가연동예금(ELD)은 원금이 보장되며, 주가지수가 높아질수록 고수익을 얻을 수 있다. 또한 생계형 · 세금우대형으로 가입하면 세금절감의 효과도 얻을 수 있으나 중도에 해지할 경우에는 수수료를 물어야 하기 때문에 경우에 따라 원금이 손실될 수도 있다. 또 주가의 변동에 따라 수익률의 상한과 하한을 둔다는 점도 유의하여야 한다.

198 ■■■▨
주식 상장
株式上場

요건에 충족한 기업이 발행한 주권을 증권시장에서 거래할 수 있도록 부여하는 자격

한국거래소(KRX)에서 심사하며 이는 어디까지나 증권시장에서 자유롭게 거래할 수 있도록 허용하는 것 일뿐, 가치를 보증 받는 것은 아니다.

> **상식PLUS⁺ 상장의 종류**
> ㉠ 신규상장(新規上場) : 기업이 발행한 주권을 처음 증권시장에 상장시키는 것을 말한다.
> ㉡ 신주상장(新股上市) : 증자, 합병, 전환사채 혹은 신주인수권부사채를 소유한 자의 권리 행사 등으로 새롭게 발행한 주권을 상장시키는 것을 말한다.
> ㉢ 재상장(再上場) : 상장법인의 분할 또는 분할합병에 의하여 설립된 법인이나, 상장법 인간의 합병에 의하여 설립된 법인 또는 상장이 폐지된 후 5년이 경과되지 않은 법인이 발행한 주권을 상장시키는 것을 말한다.
> ㉣ 변경상장(變更上場) : 주권의 기재내용이 변경(상호, 종류, 액면금액 등)되거나 새 주권을 교체 및 발행하여 상장시키는 것을 말한다.

윤리라운드

ER :
Ethic Round

경제활동의 윤리적 환경과 조건을 각 나라마다 표준화하려는 국제적인 움직임

비윤리적 기업의 제품은 국제거래에서 규제하자는 윤리라운드(ER)가 우루과이라운드 (UR) 이후 국제 경제 질서에 새롭게 등장하여, 21세기 들어 중요한 통상과제로 떠오르고 있다. 윤리라운드(ER)의 목표는 비윤리적인 방법으로 원가를 절감시켜 제조한 제품의 국제간 거래는 불공정거래로 인식하고, 기업윤리강령의 윤리를 실천하는 기업의 제품만 국제거래가 되도록 하자는 것이다. 미래의 경제 환경에서는 경제운용의 구조적 효율성을 중시하는 풍토가 일반화되고, 토지·노동·자본 등과 함께 생산요소에서 윤리항목이 중요한 자리를 차지할 전망이다.

소득주도 성장

Income Led Growth

임금 주도 성장론을 바탕으로 한 이론

가계의 임금과 소득을 늘리면 소비도 늘어나 경제성장이 이루어진다는 이론으로 문재인 정부의 경제정책이다. 대기업의 성장에 따른 임금 인상 등의 낙수 효과보다 인위적으로 근로자의 소득을 높여 경제성장을 유도한다는 내용이다.

주가연계펀드

ELF :
Equity Linked Fund

투자신탁회사가 주가지수연동증권(ELS)상품을 펀드에 편입하거나, 자체적으로 원금보존추구형 펀드를 구성해 판매하는 형태의 상품

대부분의 펀드자산은 국공채나 우량회사채 등의 안전자산에 투자하여 만기 때에 원금을 확보하며, 나머지 잔여자산은 증권회사에서 발행한 권리증서에 편입해 펀드 수익률이 주가에 연동되도록 설계한다. 따라서 ELF는 펀드의 수익률이 주가나 주가지수 움직임에 의해 결정되는 구조화된 수익구조를 갖는다. ELF의 형태는 베리어형, 디지털형, 조기상환형 등 수익구조에 따라 다양한 종류가 있을 수 있다. 그 중 원금보장형과 조기상환형이 대표적 형태로 원금보장형은 원금은 보장하되 주가가 상승 혹은 하락 시 상승 혹은 하락률의 일정비율을 이자로 지급하는 것이다. ELF는 2003년 1월부터 판매되고 있다. 주가지수 및 개별주식에 연동되어 수익이 지급되는 장외파생상품으로는 ELF 외에 ELD과 ELS이 있다.

더블위칭데이

Double Witching Day

선물과 옵션의 만기일이 겹치는 날

두 마녀의 날이라고도 한다. 선물과 옵션의 만기일이 겹치는 날에는 어떤 변화가 생길이 아무도 예측할 수 없다는 의미이다.

불마켓
Bull Market

장기간에 걸친 시장 강세

황소가 뿔을 하늘을 향해 찌르는 모습처럼, 시장 시세의 강세나 강세가 예상되는 경우를 말한다. 최근 저점대비 20% 이상 상승했을 때를 의미하곤 한다. 강세시장을 예고하는 패턴으로는 장기하락 후의 상승 전환 등이 있다. 한편 베어마켓(Bear Market)은 곰이 앞발을 아래로 내려치는 모습처럼, 주식시장이 하락하거나 하락이 예상되는 경우를 말한다. 거래가 부진한 약세 시장을 의미한다. 최근 고점 대비 20% 이상 하락하는 경우를 의미한다. 주가가 하락하는 가운데 일시적으로 주가가 상승하는 현상은 베어마켓 랠리(Bear Market Rally)라고 하는데, 기간은 길지 않다.

엔젤계수
Angel Coefficient

가계에서 지출하는 비용 중 아이들(유아에서 초등학생까지)을 위해 사용되는 돈이 차지하는 비중

엔젤계수에는 과외비와 학원비 같은 교육비, 상난감구입비, 용돈, 의복비, 아이들을 위한 외식비 등이 포함된다. 우리나라의 경우 엔젤계수가 높은 편인데, 아무리 가정 형편이 어려워도 아이들을 위한 지출은 줄지 않고 있기 때문이다. 특히 교육비를 미래를 위한 투자로 인식하기 때문에 부모들은 불황이 심할수록 교육비를 늘리지 않으면 불안해하고, 아울러 불황일수록 교육경쟁은 더 치열해지면서 과외비와 학원비 같은 교육비가 증가한다. 한편 어린이를 대상으로 하는 사업을 엔젤 비즈니스라고 한다.

슈퍼 개미
Super Catfish

자산 규모가 큰 개인투자자

우리나라에 슈퍼 개미란 용어가 등장한 것은 1990년대 중반으로, 당시는 주로 선물이나 옵션 등 변동성이 큰 상품을 매매하여 큰 돈을 번 몇몇 개인들을 지칭하는 용어로 사용되었으며, 이들은 사회에 대한 파급효과보다는 개인적인 차원에서 투자수익을 극대화하는 게 목표였다. 그러나 2000년대 들어 슈퍼 개미는 새롭게 진화하면서 자신의 실체를 좀 더 분명히 드러낸다. 상당수가 단순투자를 넘어 경영참여를 선언하며 주주행동주의를 적극 실천하고 자본시장의 주역으로 부상하고 있다

빈곤의 악순환
Vicious Circle
of Poverty

국민소득의 성장률이 낮으며, 이런 현상이 되풀이되는 과정

후진국은 국민소득이 낮기 때문에 국내 저축이 미약하므로 높은 투자가 형성될 수 없다. 미국의 경제학자 넉시가 「저개발국의 자본 형성의 문제」에서 처음 사용한 용어이다.

빅블러
Big Blur

산업의 경계가 모호해지는 현상

빠르게 변화하는 소비 패턴과 기술의 발달로 인해 산업의 경계가 모호해지는 현상을 말한다. 금융회사 대신 핀테크를 이용하여 해외로 송금 하는 것, 온라인 지급결제 서비스가 온라인 가맹점을 내는 것 등이 이에 해당된다.

콘탱고
Contango

선물가격이 현물가격보다 높은 상태

선물가격이 현물가격보다 높거나 만기일이 멀수록 선물가격이 높아지는 현상으로 일반적으로 선물거래 가격에는 만기까지 소요되는 현물의 보유비용이 포함되기 때문에 선물가격이 현물 가격에 비해 높다.

> **상식PLUS⁺ 백워데이션(Backwardation)**
> 일시적으로 공급물량이 부족해지거나 수요와 공급이 불균형 상태일 때는 현물가격이 선물가격보다 높아지는 현상이 발생하는데, 이를 백워데이션이라고 한다.

조세피난처
Tax Haven

법인세, 개인소득세에 대한 원천과세가 전혀 없거나 과세 시에도 아주 저율의 세금이 적용되는 등 세제상의 특혜를 제공하는 국가나 지역

조세피난처는 세제상의 우대조치뿐 아니라 외국환관리법, 회사법 등의 규제가 완화되고 기업을 경영하는데 장애요인이 적고 모든 금융거래의 익명성이 철저히 보장되어야 가능하다.

> **상식PLUS⁺ 조세피난처 유형**
> ㉠ 택스 파라다이스(Tax Paradise) : 개인소득세·법인세 등 자본세를 전혀 부과하지 않는 나라로 바하마, 버뮤다군도, 케이맨 제도 등이 해당된다.
> ㉡ 택스 셸터(Tax Shelter) : 국외 원천소득에 대해 과세하지 않고 국내 원천소득에만 과세를 하는 곳으로 홍콩, 라이베리아, 파나마 코스타리카 등이 있다.
> ㉢ 택스 리조트(Tax Resort) : 특정한 형태의 기업이나 사업 활동에 세제상 우대조치를 부여하는 곳으로 룩셈부르크, 네덜란드, 스위스 등이 있다.

감자
減資

주식회사가 자본금을 줄이는 것

각종 잉여금과 자기자본을 포함한 자산에서 부채요인을 빼서 순수자산가치를 산정한 뒤 그만큼만 자본으로 인정하는 것을 말한다. 감자는 기존 주주들에게 큰 손해를 초래할 수 있는 사안이기 때문에 주주총회의 특별결의를 거쳐야만 시행할 수 있다.

상식PLUS⁺ 감자 종류

구분	내용
유상 감자	• 기업에서 자본금의 감소로 발생한 환급 또는 소멸된 주식의 대가를 주주에게 지급하는 것을 말한다. • 회사규모에 비해 자본금이 지나치게 많다고 판단될 경우 자본금 규모를 적정화하여 기업의 가치를 높이고 주가를 높이기 위해 사용한다.
무상 감자	기업에서 감자를 할 때 주주들이 아무런 보상도 받지 못하고 정해진 감자 비율만큼 주식 수를 잃게 되는 것을 말한다.

전환사채
CB :
Convertible Bond

일정 기간이 지나면 채권 보유자의 청구가 있을 때 미리 결정된 조건대로 발행회사의 주식으로 전환 가능한 특약이 있는 사채

발행만기 기간과 전환가격 등을 표시하며, 주식으로 전환하지 않을 경우 별도로 정해놓은 이자율을 받을 수 있다. 전환사채를 발행하려면 정관을 통해 주식으로의 전환 조건과 전환으로 인해 발행할 수 있는 사항이나 전환을 청구할 수 있는 기간 등을 정해야 한다. 전환사채의 발행방식은 공모와 사모가 있는데, 공모는 인수단이 구성돼 주식을 인수한 후 투자자에게 판매하는 방식으로 거래소 상장, 신고서, 사업설명서 제출 등 법적장치를 수반해 발행되므로, 관련 사항이 투자자에게 신속히 전달된다. 사모는 특정소수의 기관을 대상으로 모집되어 일반투자자는 투자참여 및 발행정보공유에서 배제되므로 기존의 일반주주의 경우 사모전환사채가 주식으로 전환될 때는 통상적 신주인수권을 원칙적으로 봉쇄당한 채 증자에 따른 불이익을 고스란히 떠안게 된다.

뱅크론
Bank Loan

은행 간의 차관

은행이 차입국의 은행에 융자하여 그 금융기관이 자기책임 하에 자국의 기업에 대해서 자금을 대부하는 방식이다. 특히, 저개발국에 대한 민간경제협력의 하나이다. 보통의 차관은 정부나 기업이 개발도상국의 정부나 기업에 대해 자금을 대출하지만 뱅크론은 은행이 개발도상국의 은행에 대해 대출한다.

신주인수권부사채
BW :
Bond with Warrant

일정 기간이 지나면 미리 정해진 가격으로 주식을 청구할 수 있는 사채, 주식, 채권, 외환 등의 정해진 수량을 약정한 값에 매매할 수 있는 권리가 붙은 사채

대개는 고정된 이자를 받을 수 있는 채권과 주식인수권리를 따로 매매할 수 있다. 만기보장, 수익률, 인수권 행사자격 등 발행조건이 전환사채의 경우와 같으나 전환사채는 사채권자의 전환권행사에 의하여 사채권자의 지위를 상실하고 주주가 되며 신주인수의 대가로서 별도의 출자를 요하지 아니하나, 신주인수권부사채는 사채권자가 신주인수권을 행사하더라도 사채가 소멸하지 않고 신주인수의대가로 별도의 출자를 요하므로 사채권자와 동시에 주주의 지위를 가진다. 다만, 신주인수권부사채의 상환에 갈음하여 그 가격으로 신주의 발행가액의 납입을 대신하는 대용납입을 할 수 있으므로, 이 경우에는 전환사채와 비슷하게 된다. 전환사채는 사채권과 전환권이 동일증권에 의하여 표창되나, 신주인수권부사채는 신주인수권을 행사하더라도 사채권에는 영향이 없기 때문에 사채권과 신주인수권을 반드시 동일증권에 의하여 표창할 필요가 없다.

인덱스 펀드
Index Fund

특정 주가 지표 변동과 비례하게 포트폴리오를 구성하여 펀드의 수익률을 이들 지표와 동일하게 실현하고자 하는 투자 펀드

인덱스 펀드의 목적은 주식시장의 장기적 성장 추세를 전제로 하여 주가지수의 변동에 따라 함께 움직이는 포트폴리오를 구성·운용하여 시장의 평균 수익률을 실현하는데 있다. 또한 최소한의 비용과 인원으로 투자 위험을 최대한 줄이기 위해 가능한 한 적은 종목으로 주가지표 움직임에 근접한 포트폴리오를 구성하는 것이 이 펀드의 운용 핵심이다. 인덱스펀드의 장점으로는 매입하여 보유하는 것을 원칙으로 하여 일반펀드에 비해 거래 수수료나 비용이 적게 드는 반면, 시장이 침체될 경우에는 펀드 수익률도 동반 하락한다는 단점이 있다.

엄브렐러 펀드
Umbrella Fund

하나의 펀드 아래 서로 다른 여러 개의 하위 펀드가 모여 구성된 상품

투자자금을 시장상황과 고객의 투자목적, 특성에 따라 주식형, 채권형 등으로 이동할 수 있는 펀드를 말하며 직접투자와 간접투자의 중간성격을 갖고 있다. 주식투자를 하다 증시가 조정을 받을 경우 MMF, 채권 등에 투자해 수익률을 높이는 선진국형 상품이다. 기존 하이일드 펀드 보다 더 많은 공모주를 배정받을 수 있어 고수익이 기대되지만 부실채권을 모아 담보로 발행한 후순위채권에 주로 투자해 다소 위험할 수 있다.

주식처럼 거래가 가능하고, 특정 주가지수의 움직임에 따라 수익률이 결정되는 펀드

말 그대로 인덱스 펀드를 거래소에 상장시켜 투자자들이 주식처럼 편리하게 거래할 수 있도록 만든 상품이다. 투자자들이 개별 주식을 고르는데 수고를 하지 않아도 되는 펀드 투자의 장점과, 언제든지 시장에서 원하는 가격에 매매할 수 있는 주식투자의 장점을 모두 가지고 있는 상품으로 인덱스 펀드와 주식을 합쳐놓은 것과 같다. 최근에는 시장지수를 추종하는 ETF외에도 배당주나 거치주 등 다양한 스타일을 추종하는 ETF들이 상장되어 인기를 얻고 있다.

대중에게 자금을 모으는 투자 방식

매체를 활용해 자금을 모으는 투자 방식으로 소셜 펀딩이라고도 불린다. 자금이 없는 예술가나 사회활동가 등이 자신의 창작 프로젝트나 사회공익프로젝트를 인터넷이나 SNS에 공개하고 익명의 다수에게 투자를 받는다. 대부분 MD상품 등을 판매하여 후원을 받는다. 기간 내에 목표액을 달성하지 못하면 후원금이 전달되지 않기 때문에 창작자나 후원자 모두 프로젝트의 홍보를 돕게 된다. 현재는 트위터나 페이스북 등을 활용해 영화·음악 등의 문화상품이나 IT분야에서 활발히 이용되고 있으며 아이디어 창업 등 응용범위에 제한이 없다는 것이 장점으로 꼽히고 있다.

상식PLUS⁺ 크라우드 펀딩 형태

구분	내용
후원형	대중의 후원으로 목표 금액을 달성하면 프로젝트가 성공하는 방식으로, 공연과 예술 분야에서 많이 활용되고 있다.
기부형	보상이나 대가 없이 기부 목적으로 지원하는 방식이다.
대출형	개인과 개인 사이에서 이뤄지는 P2P 금융으로, 소액 대출을 통해 개인 혹은 개인사업자가 자금을 지원받고 만기에 원금과 이자를 다시 상환해 주는 방식이다.
증권형	이윤 창출을 목적으로 비상장 주식이나 채권에 투자하는 형태로, 투자자는 주식이나 채권 등의 증권으로 보상받는다.

금융기관과 거래할 때에 본인 실명으로 거래해야하는 제도

은행예금이나 증권투자 등 금융 거래를 할 때 실명으로만 하게 하는 제도로 1993년에 도입되었다. 가명 거래, 차명 거래, 무기명 거래 등을 제도적으로 금지한다.

219 ■■▨
퀀텀 점프
Quantum Jump

단기간에 비약적으로 성장하는 것

원자에 에너지를 가하면 전자의 회전 속도가 빨라지다가 임계점 이상의 에너지가 쌓이면 한 단계 더 높은 궤도로 뛰어오르게 되는 현상을 경제학에서 차용한 표현으로 단기간 성장을 이루는 것을 말한다. 기업이 사업구조나 사업방식 등의 혁신을 통해 단기간에 비약적으로 실적이 호전되는 경우에 퀀텀 점프라는 용어를 사용하고 있다. 특히 삼성전자가 2010년 경영화두로 '퀀텀 점프'를 선택해 글로벌 경쟁자들과 차별화된 초일류 기업에 매진해야 한다는 의지를 표현했다.

220 ■■■▨
확정급여형
DB :
Defined Benefit

근로자가 퇴직할 때 받을 퇴직급여가 사전에 확정된 퇴직 연금제도

사용자가 매년 부담금을 금융회사에 적립하여 책임지고 운용하며, 운용 결과와 관계없이 근로자는 사전에 정해진 수준의 퇴직급여를 수령하는 확정급여형 연금이다. DB형은 회사의 책임으로 퇴직 적립금을 은행 · 보험사 등 외부 금융회사에 맡겨 운용한다. 수익이 나도 회사가 갖고, 손실이 나더라도 회사가 책임진다. 근로자가 퇴직할 때 받는 돈에는 차이가 없다.

221 ■■■■
금산분리
金産分離

금융자본과 산업자본 간에 소유하는 것을 금지하는 원칙

은행과 기업 간의 결합을 제한하는 것으로 기업들이 은행을 소유할 수 없도록 법으로 규정한 것이다. 산업자본이 금융자본을 지배하게 될 경우, 은행 돈을 보다 쉽게 쓸 수 있으므로 무분별한 투자와 사업 확장을 하기 쉬워진다. 이러한 경우 다른 기업들과의 자본 조달에 있어서 차별이 생길 수 있고 투자자금이 부실화된다면 은행에 돈을 예금한 예금주들은 큰 피해를 입게 될 수 있다. 그러나 한편에서는 산업자본의 금융참여 제한은 외국계자본의 국내 금융 산업지배 현상을 심화시키므로 금산분리를 완화하여 국내자본으로 은행을 방어해야 한다는 의견이 일기도 한다.

222 ■■■▨
차익거래
差益去來

선물시장에서 선물가격과 현물가격과의 차이를 이용한 무위험 수익거래

선물시장에서 실제선물가격과 이론선물가격 간의 차이가 일정범위를 벗어날 때 이를 이용하여 선물과 현물에 반대 포지션을 취하여 무위험 확정수익을 얻을 수 있는 거래이다. 저평가된 선물을 팔고 현물을 사는 매입차익거래, 저평가된 선물을 사고 현물을 파는 매도차익거래가 있다.

더블 딥
Double Dip

경기가 저점을 통과한 후 다시 침체에 빠지는 경우

일반적으로 2분기 연속 마이너스 성장을 벗어나 회복 기미를 보이다 다시 2분기 마이너스 성장을 기록하는 상황으로 경제 사이클 그래프로 그려보면 W자 모양으로 나타나 이중하락, 이중하강, 이중침체 등으로 표현된다. 더블 딥이란 용어는 2001년 미국에서 처음 등장했는데, 경기침체는 기업투자 부진과 민간소비 약화가 요인인데, 경기침체기에는 기업들의 생산 활동이 타격을 받아 기업 재고가 줄고, 다시 이를 채우기 위한 수요가 늘어나 생산 증가로 이어지지만 경기침체기 후반에는 그 동안 늘어난 실업자가 누적되어 수요 감소로 이어지고, 수요 감소는 재고 증가로 이어지고, 이로 인하여 전보다 더 심각한 경기침체를 가져온다.

자금세탁
방지제도
Anti Money
Laundering System

불법자금 세탁을 적발하고 방지하기 위한 제도

불법으로 증식한 재산의 출처를 숨기고 위장하여 변환하는 행위를 적발·방지하여 투명하고 공정한 금융거래 질서를 확립하기 위한 제도이다.

상식PLUS 자금세탁 방지제도 구성

구분	내용
의심거래보고제도 (STR : Suspicious Transaction Report)	금융거래(카지노에서의 칩 교환 포함)와 관련하여 불법재산이라고 의심되는 합당한 근거가 있거나 금융거래의 상대방이 자금세탁행위를 하고 있다고 의심되는 합당한 근거가 있는 경우 금융정보분석원장에게 보고하는 제도이다.
고액현금거래보고제도 (CTR : Currency Transaction Reporting System)	일정금액 이상의 현금거래를 FIU에 보고해야 하는 제도로, 1일 거래일 동안 1천만 원 이상의 현금을 입금하거나 출금할 경우 거래자의 신원, 거래일시, 금액 등을 자동 보고한다. 주관적으로 판단하여 보고하는 의심거래보고제도와는 구별되며, 우리나라는 2006년에 처음 도입하였다. ※ 도입 첫해인 2006년에는 5천만 원이 보고 기준이었으나 2008년부터는 3천만 원, 2010년부터는 2천만 원, 2019년부터는 1천만 원으로 재조정되었다.
고객확인제도 (CDD : Customer Due Diligence)	금융회사 등이 고객과 거래 시 고객의 신원을 확인·검증하고, 실제 소유자, 거래의 목적, 자금의 원천을 확인하도록 하는 등 고객에 대해 합당한 주의를 기울이도록 하는 제도이다. ※ 고객알기정책(KYC : Know Your Customer Policy)이라고도 한다.
강화된 고객확인 (EDD : Enhanced Due Diligence)	고객별·상품별 자금세탁 위험도를 분류하고 자금세탁위험이 큰 경우에는 더욱 엄격한 고객확인, 즉 금융거래 목적 및 거래자금의 원천 등을 확인하도록 하는 제도로, 2008년부터 시행하였다.

225 ■■■■
손절매
損切賣

가지고 있는 주식의 현재 시세가 매입가보다 낮고, 향후 가격 상승의 희망이 전혀 보이지 않는 경우에 큰 손해를 방지하기 위해 일정액의 손해를 감수하는 매도

손해가 유발될 종목에 대해 적절한 시점에 손절매 한다면 수익 내는 것이 쉬워진다. 주식은 상승과 하락으로 대별되는데, 상승을 예견해 매입하지만 예상이 빗나가 하락하는 종목도 있을 수 있다. 따라서 하락이 예상된다면 실패를 인정하고, 빠르게 손절매 하는 것이 현명하다.

226 ■■■■
진성어음
Commercial Bill

기업 간 상거래를 하고 대금결제를 위해 발행되는 어음이다.

진성어음을 받은 납품업체는 약정된 기일에 현금을 받을 수 있으나 자금 순환을 위해 할인을 받아 현금화하는 것이 보통이다.

227 ■■■■
팬플레이션
Panflation

사회 전반으로 인플레이션이 넘치는 현상

영국 주간 경제지가 2012년 「팬플레이션의 위험」이라는 기사에서 처음 사용한 용어로, 사회 전반에 거품현상이 만연해지면서 가치 기준이 떨어지는 현상, 즉 팬플레이션 현상이 심화되고 있다고 지적하였다. 팬플레이션 현상을 조절하지 못할 경우 심각한 사회문제를 야기할 것이라고 경고하였다. 주간 경제지는 직함 인플레이션을 사례로 들었는데, 직장에서의 직함을 남용하여 불합리한 임금인상을 야기하고 있다고 지적하였다.

228 ■■■■
확정기여형
DC :
Defined Contribution

사용자가 납입할 부담금(매년 연간 임금총액의 1/12 이상)이 사전에 확정된 퇴직연금제도

기업의 부담금은 확정되어 있으나 근로자가 받는 퇴직급여는 확정되지 않고 운용수익에 따라 달라지게 된다는 점이 DB형과 다르다. DC형은 회사가 퇴직 적립금을 근로자 개인의 퇴직연금 계좌로 보내주고 근로자 자신이 금융회사 선택에서부터 편입 상품까지 직접 골라 운용한다. 근로자가 운용을 책임지기 때문에 퇴직 때 받는 돈이 차이가 날 수 있다. 각 회사는 노사 합의에 따라 DB형과 DC형을 선택할 수 있다. 회사별로 DB형이나 DC형 한쪽만 있는 경우도 있고, 근로자가 선택할 수 있도록 하는 회사도 있다.

229 ■■▨
개인형 퇴직연금
IRP :
Individual
Retirement Pension

근로자가 이직하거나 퇴직할 때 받은 퇴직급여를 향후 연금화할 수 있도록 하는 퇴직연금제도

퇴직한 근로자가 퇴직 시 수령한 퇴직급여를 운용하거나 재직 중인 근로자가 DB나 DC 이외에 자신의 비용 부담으로 추가로 적립하여 운용하다가 연금 또는 일시금으로 수령할 수 있는 계좌이다.

230 ■■▨
수탁회사
受託會社

주식, 채권, 유가증권 등 실물을 보관하는 회사

통상 은행이 수탁회사가 되며, 투신사·투신운용사 등 돈 굴리기를 전문으로 하는 회사들은 자본시장과 금융투자업에 관한 법률에 따라 고객 돈으로 투자한 유가증권을 별도기관인 수탁회사에 맡겨야한다. 수탁업무는 금전신탁과 재산신탁으로 나누는데, 금전신탁은 운용방법을 특별하게 정해 놓는지의 여부에 따라 특정금전신탁과 불특정금전신탁으로 구분한다.

231 ■■▨
신용부도스왑
Credit Default Swap

신용부도가 발생할 시 위험을 다른 곳에 넘기기 위한 위험 헤지 파생상품

채무 불이행의 위험을 대비하기 위한 수단으로, 채권을 발행하거나 금융기관에서 대출을 받아 자금을 조달한 기업의 신용위험만을 분리해서 사고파는 신종 금융파생상품 거래를 말한다. 즉, 채무 불이행 위험을 회피하려는 보장매입자가 이 위험을 대신 부담하는 보장매도자에게 수수료를 지불하고 실제로 부도가 발생하면 사전에 약속한 보상을 지급받는 계약이다.

232 ■■■■
1월 효과
January Effect

1월의 주가상승률이 상대적으로 높게 나타나는 현상

캘린더 효과의 하나로 1월의 주가상승률이 다른 달에 비해 상대적으로 높게 나타나는 현상을 말한다. 이러한 현상은 선진국보다 개발도상국에서 더욱 도드라지며 각종 정부 정책의 발표일이 1월이라는 것과 그해의 주식시장의 긍정적인 전망 등을 요인으로 꼽았다.

금융소외자
金融疏外者

신용 등급이 낮아 정상적인 신용활동이 불가능한 사람들

담보가 없거나 신용 등급이 낮아 사실상의 대출이 어려워 제1 ~ 2금융권을 이용할 수 없는 저신용자를 일컫는다.

CSS
Credit Scoring System

개인대출평가시스템

개인의 신상, 직장, 자산, 신용, 금융기관거래정보 등을 종합평가해 대출여부를 결정해 주는 자동전산시스템이다. 각각의 개인대출신청은 CSS 결과에 따라 자동승인, 재심사대상, 승인거절 등으로 분류된다. 예금 또는 거래 실적이 많은지 보다는 돈을 제대로 갚을 수 있는 능력이 있는지의 여부를 이 지표로 확인할 수 있으며, 이는 고객의 신용도를 가늠하는 가장 큰 고려사항이다.

페이데이 론
Payday Loan

월급날 대출금을 갚기로 하고 돈을 빌리는 초고금리 소액 대출

미국의 신용위기 상황이 지속되면서 서민들이 모기지 이자상환을 위해 높은 금리인데도 급전을 마련하는 경우가 늘고 있으며, 이로 인한 가계파산이 늘어 미국 경제에 부정적인 영향을 끼쳤다.

그림자 노동
Shadow Work

대가 없이 해야 하는 노동

노동을 했음에도 보수를 받지 못하는 무급 노동으로 오스트리아 철학자 이반 일리치가 처음으로 언급하였다. 직접 주유하는 셀프 주유소나 보다 저렴하게 상품을 구입하기 위해 정보를 찾는 행위 등이 그림자 노동에 해당된다. 비용을 아낄 수 있지만 자신의 시간을 소비해야 한다는 단점이 있다. 최근 기술 발달로 무인화 시스템이 보급화 되면서 그림자 노동이 늘어가는 추세이다.

스트레스 금리
Stress Rate

대출한도를 산출할 때 적용되는 가산금리

향후 금리 인상 위험을 반영한다. 변동금리 대출 시 대출금리가 낮아도 스트레스금리가 적용되면 원리금 상환 부담이 높아지므로 대출한도가 줄어들게 되며, 대출 시점의 금리가 인상되는 것은 아니다.

BCG 매트릭스
BCG Matrix

기업의 경영전략 수립에 있어 하나의 기본적인 분석도구로 활용되는 사업포트폴리오 분석기법

미국의 보스턴 컨설팅 그룹(BCG)이 1970년대 초반에 개발하였으며, BCG 매트릭스는 시장 성장률과 상대적 시장 점유율이란 기준을 활용한다. 두 축을 기준으로 네 개의 영역으로 나눠 사업의 상대적인 위치를 파악할 수 있도록 하고 해당 사업에 대한 추가 투자, 철수의 여부를 결정할 수 있도록 돕는다.

상식PLUS⁺ BCG 매트릭스의 영역

① 스타(Stars) : 성공사업. 수익성과 성장성이 크므로 지속적인 투자가 필요하다.
② 캐시카우(Cash Cows) : 수익창출원. 기존의 투자에 의해 수익이 계속적으로 실현되므로 자금의 원천사업이 된다.
③ 물음표(Question Marks) : 신규사업. 상대적으로 낮은 시장점유율과 높은 시장성장률을 가진 사업으로 기업의 행동에 따라서는 사후 스타사업이 되거나, 노 그사업으로 전락할 수 있는 위치에 있다.
④ 도그(Dogs) : 사양사업. 성장성과 수익성이 없는 사업으로 철수해야 한다. 만약 기존의 투자에 매달리다가 기회를 잃으면 더 많은 대가를 치를 수도 있다.

포지션 관리
Position 管理

외국환은행이 외환시장에서 사들인 외화와 판 외화의 차액을 일정 범위에서 유지토록 하는 것

보유외화자금과 자국통화 사이의 균형을 유지하여 외국환은행에 대한 경영의 건전성을 확보하고, 외환시장의 안정과 국내 유동성 조절을 위한 제도이다. 외국환은행은 고객의 수요에 따라 외화를 사거나 파는데, 외화자금과 자국통화자금이 항상 균형을 유지하지는 않는다. 하루의 외화매매 결과, 외화를 판 금액보다 산 금액이 많은 상태는 매입초과(OB)포지션이며, 판 금액이 많은 것은 매각초과(OS)포지션이다. 또 외화매입과 매각이 같은 상태를 스퀘어 포지션이라고 하는데, 이러한 경우는 드물다. 외화보유 운용에 안정성이 떨어져 손해를 볼 수 있고, 환율도 불안전해질 수 있다. 이를 막기 위해 외국환은행의 외화매입이나 매각을 일정 범위 내로 제한하는 것이 포지션 관리이다.

240 ■■■
엑시트
Exit

투자자의 입장에서 자금을 회수하는 방안을 뜻하는 것

투자 후 출구전략을 뜻하며, 엑시트는 또 다른 창업을 모색할 수 있는 발판을 제공해 생태계를 선순환시키는 역할을 한다.

241 ■■■
팻핑거
Fat Finger

운영리스크 중 하나

주문자의 주식이나 채권 외환 등 금융상품 주문을 잘 못 입력하여 발생하는 주문실수를 가리킨다. 금융시장이 짧은 시간에 큰 변동성을 보일 때 전문가들 사이에서는 팻핑거 현상이라는 주장이 나오고 있다.

242 ■■■
이머징 마켓
Emerging Market

자본시장 부문에서 급성장하고 있는 국가들의 시장

금융시장과 자본시장에서 빠르게 성장하고 있는 국가들의 신흥시장으로, 특히 개발도상국 가운데 산업화가 빠르게 진행되고 있는 국가의 시장을 뜻한다.

243 ■■■■
넛 크래커
Nut Cracker

한국 경제가 선진국과 개발도상국 양쪽에서 힘을 발휘하지 못하는 상황

본래는 호두를 양쪽으로 눌러 껍질을 까는 기계를 의미하는데, 중국과 일본 사이에 끼여 힘을 발휘하지 못하는 우리나라의 경제 상황을 가리킬 때 자주 사용되는 표현이다. 우리나라가 일본에 비해 제품의 품질과 기술력이 처지고, 중국에 비해 가격 경쟁력에서 밀리는 상황을 나타낼 때에도 쓰인다. 한편, 최근에는 신 넛 크래커라는 용어도 생겨났는데, 이는 경쟁력을 회복한 일본 기업과 기술력 및 구매력을 갖춘 중국 기업 틈에서 한국 기업이 고전하고 있는 현상을 묘사하는 데 사용된다.

244 ■■■
직역연금
Special Occupation
Retirement Pension

특정 직업 또는 자격요건에 의해 발생하는 연금

직역연금은 공무원연금, 군인연금, 사학연금 등 재해보상 및 퇴직금 노후 보장 성격을 가진 사회보장제도이다. 공무원연금과 사학연금은 10년 이상 가입해야 연금 수령 대상자가 되며, 보험료는 기준소득월액의 16%로 국가와 가입자가 반반씩 납입한다.

245 ■■■■
녹색가격제도
Green Pricing

신재생에너지를 이용하여 생산된 전력을 높은 가격에 구매하는 제도

태양광, 풍력, 지력 등의 신재생에너지를 사용해 생산된 전력을 소비자에게 일반전력보다 높은 가격인 녹색가격으로 판매하는 제도이다. 모든 소비자가 녹색가격을 지불하는 것은 아니고, 지불할 의사가 있는 소비자만이 신재생에너지의 환경친화성에 주목해서 이러한 높은 가격을 자발적으로 부담하고, 여기서 얻은 재원으로 신재생에너지 및 관련 설비개발에 투자한다. 우리나라 경제는 에너지 해외의존도가 높아 유가상승과 같은 외부충격에 취약하고, 화석에너지 위주의 에너지원으로 온실가스 배출 및 대기오염이 심각한 상황이다. 이에 따라 정부는 녹색전력의 보급 확대를 위해 다양한 정책들을 추진 중이다. 대표적인 보급정책으로 녹색전력의 추가생산비를 보조해주는 발전차액제도를 활용하고 있다.

246 ■■■■
에코플레이션
Eco Flation

환경적 요인으로 발생하는 인플레이션

고온현상으로 인한 기뭄괴 산불 등으로 기업의 생산비용이 높아지고 결국 소비재 가격 상승으로 이어진다.

247 ■■■■
투매
投賣

주가의 하락이 예상될 때 이로 인한 손실을 최소화하기 위해 주식을 대량으로 매도하는 행위

주가의 급락현상을 부채질하며, 투매의 대상은 주식뿐만 아니라 펀드, 채권, 외환선물 등의 모든 시장에서 일어난다. 투매현상이 일어나는 이유는 무조건 던지는 것인데, 던지는 이유는 자신의 손실 폭을 현재의 시점에서 묶어두고 싶어 하는 심리가 작용하고, 또한 앞으로 더더욱 떨어진다는 비관적인 전망 때문이다. 실제로 대부분의 투매는 처음부터 대규모 매도가 쏟아지지 않는다. 시장상황이 좋지 않을 때, 그러한 조짐을 보고 자신의 주식, 채권, 펀드 등을 매도하게 되고, 어느 시점부턴가 매도가 몰리게 되고, 이렇게 몰린 매도로 인하여 지수의 하락 폭을 키우게 된다. 그 낙폭 자체를 투매라고 한다.

248 ■■■■
차이니스 월
Chinese Wall

금융회사의 부서끼리 정보 교류를 차단하는 장치

금융회사의 부서 간 또는 계열사 간 정보 교류를 차단하는 장치나 제도를 말한다. 불필요한 정보 교류를 차단하지 않으면 고객의 이익보다 회사의 이익을 위하는 방향으로 자산을 운용할 가능성이 있기 때문이다.

전자어음
Electronic Bill

전자문서형태로 작성되어 전자어음을 발행하고자 하는 자가 전자어음관리기관에 등록한 약속어음

전자유가증권으로서 기존 실물어음과 같이 이용되며 발행, 배서, 권리행사 및 소멸 등을 온라인에서 전자적인 방법으로 처리할 수 있다. 전자어음은 2004년 제정된 전자어음의 발행 및 유통에 관한 법률에 근거하여 만들어진 전자지급 결제수단으로 이용자는 어음의 분실·도난뿐 아니라 어음 보관·관리 및 유통·교환비용을 절감할 수 있게 되었다. 또한 기업입장에서도 실물어음을 이용함에 따른 발행·유통·관리비용 및 인력을 절감할 수 있으며, 전자상거래에 적합한 지급결제수단의 확보, 기업회계의 투명성 제고 등의 도입 효과가 있다.

프라임 레이트
Prime Rate

신용도가 좋은 고객에게 적용시키는 우대금리

금융기관이 신용도가 높고 좋은 고객에게 적용시키는 우대금리로, 금융기관이 대출금리를 결정하는 기준이 되기 때문에 기준금리라고도 부른다. 높은 신용등급을 가진 기업은 프라임 레이트가 적용되지만, 신용 등급이 낮은 기업은 여기에 일정 금리가 가산된 이율을 적용 받기 때문에 프라임 레이트는 일반 대출금리의 하한선이 되기도 한다. 기업과 금융시장의 사정에 따라 결정되기 때문에 경제 사정을 잘 반영하고 있으며, 중앙은행의 금융정책에 의해 변동되기도 한다.

자사주
Asset Stock

회사가 누구의 명의로든지 자기의 재산으로 회사가 발행한 주식을 취득해 보유하고 있는 주식

자사주를 취득하려면 상법상 배당가능이익이 있어야 한다. 상장법인의 자사주 취득방법은 장내 및 공개매수 등의 방법으로 가능하고, 시장가격의 왜곡을 막기 위해서 기간이나 수량 및 가격이 제한되어있고 직접 매입이든 신탁계약을 통한 매입이든 모든 계약사항에 대한 이사회 결의 내용을 금융감독위원회에 보고서로 제출해야 하며 취득 완료 이후에 자기주식취득 결과보고서를 제출하여야 한다.

캘린더 효과
Calendar Effect

일정 시기에 증시가 등락하는 현상

증시가 특정한 시기에 일정한 상승세와 하락세 흐름을 보이는 현상을 말한다. 대표적인 캘린더 효과로 1월 효과, 서머랠리, 산타랠리 효과가 있다.

253 ■▧▧▧
임팩트 론
Impact Loan

규제 받지 않는 외화차입금

본래는 소비재 수입에 쓰이는 외환차관을 뜻하는 말이었으나 최근에는 차관의 조건, 즉 자금의 용도가 지정되어 있지 않은 차관을 의미한다. 외화를 국내에서의 설비투자나 노무조달에 이용함으로써 고용과 임금소득이 늘고 소비재에 대한 수요가 증가해 인플레이션의 충격(임팩트)작용을 초래한다는 뜻에서 생긴 용어이다.

254 ■■■▧
톱니 효과
Ratchet Effect

생산이나 소비가 일정 수준에 도달하면 이전의 수준으로 감소하지 않는 현상

프랑코 모딜리아니가 발견한 현상으로, 톱니 효과 혹은 래칫 효과라고도 한다. 생산이나 소비 수준이 일정 수준에 도달하고 나면 수준이 낮았던 이전으로 돌아가기 어려운 현상이다. 소비와 생산에는 추세를 역행할 수 없다는 의미이다. 소비시장에서는 경기하락을 억제하는 역할을 한다. 일정 수준에 도달한 소비는 그만큼 줄어들지 않기 때문에 소비 감소폭이 크지 않다.

255 ■■■▧
간주상속재산
看做相續財産

본래의 상속재산은 아니지만 상속재산에 해당되는 재산

상속재산은 아니라 하더라도 상속이나 유증 또는 사인증여에 의하여 취득한 재산과 유사한 경제적 이익이 발생되는 경우에는 실질적으로는 상속재산으로 본다는 것으로 의제상속재산이라고도 한다. 간주상속재산에는 피상속인의 사망으로 인해 지급받는 보험금 중 피상속인이 계약자이거나 보험료를 지불한 보험금, 신탁자가 피상속인 자산 또는 타인 여부와는 상관없이 피상속인이 신탁한 재산의 수익자로서 받게 되는 재산, 피상속인에게 지급될 퇴직금이 포함된다.

256 ■■■■
곰의 포옹
Bear's Hug

사전예고 없이 경영진에 매수를 제의하고 빠른 의사결정을 요구하는 기법

적대적 M&A를 시도하는 측이 활용하는 수단 중 하나로, 사전 경고 없이 매수자가 목표기업의 이사들에게 편지를 보내어 매수 제의를 하고 신속한 의사결정을 요구하는 기법이다. 인수 대상 기업의 경영자에게 경영권을 넘기거나 협상에 응하지 않으면 회사를 통째로 인수하겠다는 일종의 협박으로, 마치 곰이 다가와 포옹하는 것 같다 하여 곰의 포옹이라고 한다. 시간적 여유가 없는 주말에 인수 의사를 대상기업 경영자에게 전달하여 인수 대상 기업의 경영자가 수용여부를 빨리 결정토록 요구하는 것이다.

257 ■■▢▢
지하경제
地下經濟

정보가 파악되지 않아 사회가 공식적으로 계측하는 경제활동 추계에 포함되지 않는 경제활동

지하경제는 신고 되지 않은 재화나 용역의 합법적 생산, 불법적인 재화나 용역의 생산, 은폐된 현물소득 등의 세 가지로 구분된다. OECD의 개념규정에서는 강도 등 범죄에 의한 비생산적 불법 활동은 지하경제에 포함시키지 않지만, 실제로 대부분의 연구에서는 비생산적 불법 활동의 자료를 이용해 지하경제의 규모를 추정하고 있다.

258 ■■■
거품경제
(버블경제)
Bubble Economy

투기로 인해 경제규모가 실제 이상으로 과대평가된 경기 상태

자산의 내재가치가 변하지 않았는데도 시장가격이 급격하게 상승할 것이란 기대로 인해 투기를 조장해 만들어진다. 내재가치는 자산으로부터 얻을 수 있는 미래의 기대수익을 현재가치로 평가한 것을 말하는데, 시장가격이 이 내재가치를 지나치게 넘어섰을 때 거품이 생성된 것으로 볼 수 있다. 거품경제는 재화나 서비스의 가격이 안정되어 있는 반면에 주가와 지가의 폭등과 같이 자산가격만 비정상적으로 급등하는 것이 특징이다. 사회 전반의 투기심리가 가세하여 주가와 지가가 큰 폭으로 상승되면 실물경제에는 큰 변동이 없음에도 경기가 팽창한 모습이 마치 거품이 부풀어 오른 모양과 같다고 하여 버블경제라고도 한다. 최초의 거품경제는 17세기 네덜란드의 튤립 파동이며 가장 파장이 컸던 사례는 1980년대 일본의 거품경제이다. 당시 일본에서는 주가가 상승하면서 집값이 폭등하여 경제호황을 맞이했다고 생각했지만 주가와 지가가 하락하게 되면서 1990년 초부터 일본 경제는 큰 침체로 접어들었고, 잃어버린 10년이 도래하였다.

259 ■■▢
부동산 버블
Housing Bubble

수요의 급증, 투기의 성행에 따라 부동산 가격이 치솟는 현상

주로 제한적인 부동산 공급에 대한 부동산 수요 증가로 발생한다. 투기를 목적으로 한 사람들이 시장에 참여하면서 이러한 수요는 더욱 크게 증가하게 된다. 어느 시점이 되면 수요가 감소하거나 정체되고, 같은 시점에 공급은 증가하게 되면서 가격은 빠르게 하락하게 되는데 이 시점이 부동산 버블이 터지는 때가 된다. 이러한 부동산 버블은 일시적 현상이긴 하지만, 이로 인한 영향은 수년 동안 지속되기도 한다. IMF에 따르면 부동산 버블은 주식 버블보다는 발생 빈도가 적지만, 부동산 버블의 영향력이 주식 버블의 경우보다 두 배 정도 지속된다고 한다.

260 ■■■
선도금리
Forward Rate

금리변동에 따라 리스크를 커버하는 방법

금리변동에 따른 리스크를 커버하기 위해 선물금리를 계약하는 것을 선도금리약정(FRA)이라고 한다. FRA의 거래당사자에는 금리가 상승하는 것에 대비하여 FRA를 이용하는 자인 선물금리매입자와 금리가 하락하는 것에 대비하여 FRA를 이용하는 자인 선물금리매도자가 있다.

261 ■■■
차관
借款

외화채권발행, 외국인 직접투자, 기술도입 등과 함께 외자를 조달하는 방법의 하나

외국정부 또는 국제경제협력기구, 외국금융기관으로부터 차입형태로 대외지급수단이나 자본재·원자재를 도입하는 것을 말한다. 차관은 국내 저축 기반이 취약할 경우 기간산업 건설과 사회간접자본 확충을 통한 경제개발을 수행하는 데 요구되는 막대한 투자재원을 확보하기 위해 외국으로부터 도입하는 것이다. 차관자금은 상환기간이 장기이고 금리가 낮은 편이어서 제2차 세계대전 이후 개발도상국의 성장을 위한 필요자본을 충당시켜 주는 유력한 방법 중 하나였다. 차관은 공공차관·상업차관·은행차관 등으로 구분하지만, 우리나라에서 차관은 대개 공공차관을 일컫는다. 공공차관은 정부가 직접 차주가 되어 도입하는 재정차관과 정부가 지급을 보증하고 지방자치단체 등 우리나라 법인이 차주가 되어 도입하는 보증차관으로 나눌 수 있으며, 차관도입을 위해 미리 국회의 의결을 얻어야 한다.

262 ■■■
선도계약
Forward Contract

장래의 일정한 시점에 상품을 미리 정한 가격으로 인수하기로 맺은 선도계약

매입자와 매도자 간의 합의에 의해 계약조건을 정할 수 있으며, 거래장소도 제한이 없어 장외거래라 할 수 있다. 또한 만기일에만 결제 가능하지만 최근에는 변형된 형태로 만기일 이전에 결제가 가능하도록 되어 있어 선도계약은 매일매일의 결제를 하는 선물계약과는 다르다. 선도계약은 매매당사자 간의 직접거래이므로 계약당사자의 신용이 고려되어야 하며, 이에 대한 규제도 주로 시장의 자율적 규제에 맡겨지고 있다. 이 계약의 목적은 자산의 가격변동에 대한 헤지를 위해 주로 이용되고 있으며, 투기를 위해 이용되기도 한다.

체리피커
Cherry Picker

자신의 실속만 챙기려는 소비자

기업의 상품이나 서비스를 구매하지 않으면서 자신의 실속만 챙기려는 소비자를 말한다. 신포도 대신 체리만 골라먹는 사람이라는 뜻으로 신용카드 회사의 서비스 혜택만 누리고 카드는 사용하지 않는 고객을 가리키던 말이었다. 최근에는 기업의 서비스 약점을 이용하여 상품이나 서비스를 잠시 구매했다가 바로 반품하는 등의 체리피커가 급증하였다. 이에 기업은 블랙리스트를 만들어 일반고객과 차별화를 두는 등 대응하고 있다.

세이의 법칙
Say's Law

공급이 수요를 창출한다는 법칙

프랑스 경제학자 장 바티스트 세이가 주장한 법칙으로 총수요와 총공급 간 인과관계를 의미한다. 일정한 양의 재화가 시장에 공급된다는 것을 그만큼 수요가 공존한다는 주장이었지만 1930년 대공황에는 이러한 법칙이 적용되지 못하였고, 이에 케인스는 세이의 법칙과 반대로 총수요의 크기가 총공급을 결정한다는 주장을 내세웠다.

커플링
Coupling

금융시장이 개방되면서 각국의 증시가 같은 방향으로 움직이는 경우

동조화 현상이라고도 한다. 이 현상은 투자주체가 다양해지면서 미국의 펀드들이 미국에도 투자하고 한국에도 투자를 함으로써, 돈을 거둬들이거나 지수에 영향을 주고 있다. 동조화 현상은 1990년대 중반에 나타나 1990년대 말부터 심화되었으며, 주가수익률 뿐만 아니라 수익률의 변동성에 있어서도 동일하게 나타나고 있다. 발생원인은 동조화를 야기시킨 주체로 외국인 투자였다.

CDS 프리미엄
Credit Default
Swap Premium

부도 위험을 사고파는 신용파생 상품

CDS 프리미엄은 국제금융시장에서 금융거래 시에 채무불이행의 위험을 보완하기 위하여 이용되고 있다. 일반적으로 CDS 프리미엄은 기초자산의 채무불이행 가능성이 높아질수록 이를 보완하기 위해 더 많은 비용을 지불해야 하는 것으로, CDS 프리미엄은 기초자산 발행주체의 신용도를 나타내는 지표로 해석할 수 있다. 그러므로 국제금융시장에서는 각국의 정부가 발행한 외화표시채권에 대한 CDS 프리미엄을 해당 국가의 신용등급이 반영된 지표로 활용하고 있다.

배드뱅크
Bad Bank

금융기관의 부실자산이나 채권을 전문적으로 사들여 처리하는 기관

금융기관의 방만한 운영으로 부실자산·채권 발생 시 금융기관 단독 또는 정부기관 등과 공동으로 설립하는 자회사로 부실부분을 정리할 때까지만 한시적으로 운영된다. 기획재정부는 협약에 가입한 금융기관에 연체되어 있는 채무를 하나로 모아 최장 8년 내에 분할 상환할 수 있도록 만든 배드뱅크 프로그램을 도입, 다중 신용불량자를 구제하기 위한 신규대출을 실시하여 기존의 채무를 상환할 수 있도록 2004년 5월부터 한시적으로 운영했다.

우리사주제
우리社株制

직원으로 하여금 자기회사의 주식을 취득하게 하고, 이를 장기적으로 보유케 하는 제도

종업원지주제도라고 하기도 하며, 기업연금의 일종으로 운용되는 미국식 ESOP와 성과지급수단으로 활용되는 영국식 AESOP이 있다. 우리사주제는 근로자로 하여금 우리사주조합을 통하여 자사주를 취득·보유하게 함으로써 근로자의 경제, 사회적 지위향상과 노사협력 증진을 도모함을 목적으로 한다. 우리사주제는 자본소유의분산, 부의 공평한 분배 등을 통해 경제 정의를 실현하고, 자본주의의 발전을 도모하는 한편 근로자의 자본참가를 통해 근로자의 재산형성, 기업생산성향상, 협력적 노사관계구축 등 근로자 복지와 기업 발전을 도모할 수 있는 제도라 할 수 있다.

서머랠리
Summer Rally

매년 7·8월에 본격적인 여름 휴가철을 앞두고 주식시장이 강세를 보이는 것

여름 휴가기간이 비교적 긴 선진국에서 흔히 발생하는 현상으로, 서머랠리라는 말은 펀드매니저들이 여름휴가를 가기 전인 7월에 가을 장세의 호황을 예상하고 주식을 미리 매수함으로써 주가가 단기적으로 오르는 것을 보고 만들어낸 것이다.

이노베이션
Innovation

경제에 새로운 방법이 도입되어 획기적인 새로운 국면이 나타나는 현상

슘페터의 경제발전론의 중심 개념으로, 생산을 확대하기 위하여 노동·토지 등의 생산요소의 편성을 변화시키거나 새로운 생산요소를 도입하는 기업가의 행위를 말한다. 기술혁신의 의미로 사용되기도 하나 혁신은 생산기술의 변화만이 아니라 신시장이나 신제품의 개발, 신자원의 획득, 생산조직의 개선 또는 신제도의 도입 등도 포함하는 보다 넓은 개념이다.

프라이빗 뱅킹
PB :
Private Banking

은행이나 증권회사에서 주로 거액의 자산을 가진 고객을 대상으로 투자 상담을 해 주거나 자산을 운용해 주는 사람

귀족의 재산을 개인적으로 관리해 주면서 시작되었다. 대부분 장기예금으로 수익성이 높기 때문에 새롭게 주목받고 있는 자산 관리방법이며 선진국에서 널리 통용되고 있는 제도다. 자산관리는 전담자인 프라이빗 뱅커가 거액예금자의 예금·주식·부동산 등을 1대 1로 종합관리하며, 때로는 투자 상담도 하는데, 대부분의 경우 이자율이 높고 수수료를 면제해 주는 혜택도 있다.

A&D
Acquisition
& Development

직접 개발하기보다는 필요한 기술을 갖춘 기업을 인수하는 방식

인터넷시대에 접어들면서 연구개발에 대한 인식이 많이 변화했다. 공들여 개발한 기술이 시장에 나오기도 전에 퇴물로 전락해 버리는 경우가 있는가 하면, 시장에 출시되었어도 빠른 기술발전으로 신제품 수명이 과거와는 비교할 수 없을 정도로 짧아졌다. 이에 시장의 변화에 따라 기술개발도 시간에 민감하게 변화하고 있다. 이 같은 상황을 반영해 나온 것이 A&D로, 인터넷을 통한 해외 아웃소싱 통로가 넓어진 것도 A&D 환경을 성숙시키는 요인이다. 소프트웨어의 경우, 굳이 인력이 없더라도 인터넷을 통해 소스코드를 주고받는 일이 가능해졌으며, A&D는 기업인수를 통해서만이 아니라 국지적으로 얼마든지 이뤄질 수 있게 되었다.

은산분리
銀産分離

산업자본이 금융시장을 잠식하는 것을 제한하는 규정

금융자본과 산업자본을 분리하여 산업자본이 금융시장을 소유하지 못하도록 법적으로 제제 하는 제도이다. 쉽게 말하여 산업자본은 은행 지분 소유 한도를 4%만 가질 수 있으며 은행 지분 소유에 제한을 두는 것이다. 하지만 은산분리로 인해 인터넷전문은행 활성화에 한계가 있다는 지적에 따라 은행법 개정이 추진되었다.

섀도보팅
Shadow Voting

주주가 총회에 참석하지 않아도 투표한 것으로 간주하여 결의에 적용하는 제도

주주총회가 무산되지 않도록 하기 위해 참석하지 않은 주주들의 투표권도 행사할 수 있도록 하는 대리행사 제도이다. 불참한 주주들의 의사가 반영되는 위임투표와는 다르게 다른 주주들의 투표 비율을 적용한다. 그러나 경영진과 대주주가 악용하는 사례가 빈번하여 결국 폐지하게 되었다.

금융 · 경제 예상문제

정답 문항수		/ 25문항	풀이시간		/ 20분

1 호경기에 소비재 수요 증가와 더불어 상품의 가격 상승이 노동자의 화폐임금보다 급격히 상승하여, 노동자의 임금이 상대적으로 저렴해지는 것과 관련성이 높은 효과는?

① 전시 효과

② 리카도 효과

③ 톱니 효과

④ 베블런 효과

2 다음 (   ) 안에 들어갈 알맞은 말은?

니콜라스 탈레브는 그의 책에서 (   )을/를 '과거의 경험으로 확인할 수 없는 기대 영역 바깥쪽의 관측 값으로, 극단적으로 예외적이고 알려지지 않아 발생가능성에 대한 예측이 거의 불가능하지만 일단 발생하면 엄청난 충격과 파장을 가져오고, 발생 후에야 적절한 설명을 시도하여 설명과 예견이 가능해지는 사건'이라고 정의했다. 이것의 예로 20세기 초에 미국에서 일어난 경제대공황이나 9 · 11 테러, 구글(Google)의 성공 같은 사건을 들 수 있다. 최근 전 세계를 강타한 미국발 세계금융위기도 포함된다.

① 블랙 스완   ② 그레이 스완

③ 어닝 쇼크   ④ 더블 딥

3 다음 중 주식과 사채(社債)의 차이점으로 적절하지 않은 것은?

① 주식은 채무가 아니나 사채는 회사 채무이다.

② 사채권자는 주주총회에서의 의결권이 없으며 경영에 참가할 수 없다.

③ 회사는 사채에 대해 일정 기간 동안의 이자를 지불하고 만기일에 사채의 시가(時價)를 상환해야 한다.

④ 회사가 해산되었을 경우 사채가 완불되지 않으면 주주는 잔여재산분배를 받을 수 없다.

4 다음 설명이 뜻하는 용어는?

식품업계가 소규모 크리에이터의 전유물로 여겨지던 (   )을 적극 활용하고 있다. 기업들은 (   )이 MZ세대 소비자들과의 소통창구 역할을 할 것이라 기대한다. 이른바 '미닝아웃'을 중요시하는 2030 소비층인 만큼 온라인을 통해 해당 제품의 기획 의미 등을 전달할 수 있기 때문이다. 최근 각 기업 사내벤처 필수코스라고 할 정도로 아이디어 사업화 과정에서도 (   )을 필수 코스로 여기는 분위기이다. 한 예로 A사에서는 아이디어를 상품화한 과자를 (   )플랫폼을 통해 선보였고 모금액은 총 3,700만 원을 달성했다. 이렇듯 대부분 식품 기업들이 자금 조달 목적보다는 마케팅 및 소비자 참여 차원에서 (   )을 활용하고 있다.

① 크라우드 펀딩   ② 파생금융상품

③ 액면병합   ④ 온디맨드

5 다음 중 우리나라 GDP에 영향을 주지 않는 것은?

① 전기가스 비용
② 미국 텍사스에 위치한 국내 유명 대기업의 제조공장
③ 외국 유명 대기업의 한국지사 제조공장
④ 국내 광공업 수입

6 다음에서 설명하고 있는 개념으로 옳은 것은?

두 재화가 서로 비슷한 용도를 지녀 한 재화 대신 다른 재화를 소비하더라도 만족에 별 차이가 없는 관계를 말한다. 서로 경쟁적인 성격을 띠고 있어 경쟁재라고도 하며 소비자의 효용, 즉 만족감이 높은 쪽을 상급재, 낮은 쪽을 하급재라 한다. 만약 두 재화 A, B가 대체재라면 A재화의 가격이 상승(하락)하면 A재화의 수요는 감소(증가)하고 B재화의 수요는 증가(감소)한다.

① 대체재
② 보완재
③ 독립재
④ 정상재

7 다음 중 일반 은행의 업무가 아닌 것은?

㉠ 대출업무
㉡ 예금업무
㉢ 내국환 업무
㉣ 보호 예수 업무
㉤ 지급 결제 제도 업무

① ㉠㉡
② ㉢㉤
③ ㉣
④ ㉤

8 예금자보호법에 의해 보호되는 상품으로 옳은 것은?

① 은행의 주택청약종합저축
② 저축은행의 후순위채권
③ 보험회사의 개인보험계약
④ 보험회사의 보증보험계약

Answer ☀ 1.② 2.① 3.③ 4.① 5.② 6.① 7.④ 8.③

9 다음 중 (   ) 안에 해당하는 사람으로 옳은 것을 모두 고르면?

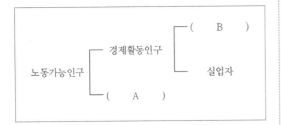

ㄱ 실직 뒤에 구직 노력을 포기한 甲
ㄴ 교통사고를 당해 휴직을 하고 있는 乙
ㄷ 가족이 경영하는 가게에서 무보수로 일하는 丙
ㄹ 일거리가 적어 일주일에 하루만 일하는 이웃 丁

	A	B
①	ㄱ	ㄴㄷㄹ
②	ㄱㄷ	ㄴㄹ
③	ㄴㄹ	ㄱㄷ
④	ㄱㄴㄷ	ㄹ

10 다음 중 환율이 상승함으로써 수입과 수출에 미치는 영향을 바르게 나타낸 것은?

① 수출 촉진, 수입 억제
② 수출 억제, 수입 억제
③ 수출 촉진, 수입 촉진
④ 수출 억제, 수입 촉진

11 가구의 소득 흐름은 물론 금융 및 실물 자산까지 종합적으로 고려하여 가계부채의 부실위험을 평가하는 지표로, 가계의 채무상환능력을 소득 측면에서 평가하는 원리금상환비율(DSR : Debt Service Ratio)과 자산 측면에서 평가하는 부채/자산비율(DTA : Debt To Asset Ratio)을 결합하여 산출한 지수를 무엇이라고 하는가?

① 가계신용통계지수
② 가계수지
③ 가계순저축률
④ 가계부실위험지수

12 다음 중 리카도의 비교우위론에 대한 설명으로 옳지 않은 것은?

① 다른 생산자에 비해 같은 상품을 더 큰 기회비용으로 생산할 수 있는 능력을 말한다.
② 비교우위론에서 비교우위는 곧 기회비용의 상대적 크기를 나타낸다.
③ 비교우위론은 노동만이 유일한 생산요소이고 노동은 균질적으로 가정하고 있다.
④ 비교우위론은 생산함수를 규모의 불변함수이고 1차 동차함수로 가정하고 있다.

13 최고가격제에 대한 설명으로 옳은 것을 모두 고르면?

> ㉠ 암시장이 출현한다.
> ㉡ 초과 공급이 발생한다.
> ㉢ 수요량이 증가한다.
> ㉣ 제품의 질이 저하된다.
> ㉤ 공급량이 증가한다.

① ㉠㉡㉢
② ㉠㉢㉣
③ ㉡㉢㉣
④ ㉡㉣㉤

14 치열한 경쟁 끝에 승리를 얻었지만 승리를 얻기 위해 과도한 비용과 희생으로 오히려 커다란 후유증을 겪는 상황을 뜻하는 말은?

① 깨진 유리창의 법칙
② 죄수의 딜레마
③ 트롤리 딜레마
④ 승자의 저주

15 다음 중 매파의 설명으로 옳은 것을 모두 고르면?

> ㉠ 진보성향
> ㉡ 인플레이션 억제
> ㉢ 양적완화 주장
> ㉣ 금리인하 주장
> ㉤ 긴축정책 주장

① ㉠㉡
② ㉢㉣
③ ㉡㉣㉤
④ ㉠㉡㉤

16 다음 중 차등의결권 제도에 대한 설명으로 옳지 않은 것은?

① 경영권을 가지고 있는 대주주의 주식에 대해 보통주보다 적은 의결권을 주는 제도이다.
② 최대 주주가 보유한 지분율보다 더 많은 의결권을 가지는 제도로, 경영권 방어 수단 중 하나이다.
③ 무능한 경영자를 교체하기 어렵고 소수의 지분으로 전 회사를 장악해 경영진의 이익만 쫓을 수 있다.
④ 소수 대주주의 의사가 다수 의사인 것처럼 왜곡될 가능성이 있다.

17 다음 중 금리의 기능을 모두 고르면?

> ㉠ 자금배분
> ㉡ 경기전망
> ㉢ 경기조절
> ㉣ 물가조정

① ㉠㉡
② ㉡㉢
③ ㉠㉢㉣
④ ㉡㉢㉣

18 경제가 완전고용수준에 미달하고 모든 물가가 신축적으로 변동할 때 피구 효과로 인해 나타날 수 있는 현상은?

① 물가 하락은 자산보유자의 실질적인 부의 증가를 가져오기 때문에 소비가 증가한다.
② 생산원가의 하락은 투자수익의 증대를 가져와 투자지출이 증대된다.
③ 화폐의 유통속도는 물가가 하락하는 비율만큼 떨어진다.
④ 물가 하락은 사람들이 앞으로 더욱 더 큰 물가 하락을 예상하여 총소비 지출을 감소시킨다.

19 하나의 물건을 갖게 되면 그것에 어울리는 다른 물건들을 계속해서 구매하게 되는 현상은?

① 디드로 효과
② 채찍 효과
③ 캘린더 효과
④ 쿠퍼 효과

20 개인의 저축 증가가 국가적 저축 증가로 연결되지 않는 현상은 무엇인가?

① 구축 효과
② 절대우위론
③ 저축의 역설
④ 유동성의 함정

21 채무자가 공사채나 은행 융자, 외채 등의 원리금 상환 만기일에 지불 채무를 이행할 수 없는 상태는?

① 디폴트
② 환형유치
③ 엠바고
④ 워크아웃

22 디플레이션의 영향을 순서대로 나열한 것은 무엇인가?

> ㉠ 소비 위축
> ㉡ 상품가격 하락
> ㉢ 채무자의 채무 부담
> ㉣ 경기침체 가속
> ㉤ 생산 및 고용 감소

① ㉠ – ㉢ – ㉡ – ㉣ – ㉤
② ㉠ – ㉡ – ㉤ – ㉣ – ㉢
③ ㉢ – ㉡ – ㉠ – ㉣ – ㉤
④ ㉢ – ㉤ – ㉣ – ㉠ – ㉡

23 甲사는 올해 휴대폰 A2022을 출시했다. 다음 지문 중에서 금년 甲사의 A2022과 경쟁 관계에 있는 제품을 모두 고르면?

> ㉠ 乙사에서 제작한 B2022 휴대폰
> ㉡ 잠재적인 시장진입자가 생산할 휴대폰
> ㉢ 작년에 발매된 甲사의 A2021
> ㉣ 내년에 발매될 甲사의 A2023

① ㉠㉡
② ㉡㉢
③ ㉠㉡㉢
④ ㉠㉡㉢㉣

24 경제문제가 발생하는 가장 근본적인 원인은?

① 이윤극대화의 원칙
② 한계효용 체감의 법칙
③ 희소성의 원칙
④ 3면 등가의 원칙

25 지니계수(Gini Coefficient)를 증가시켜 소득분배를 불균등하게 하는 요인은?

① 금리 인상
② 상속세
③ 의무교육제도
④ 양도소득세

Answer ☀ 17.③ 18.① 19.① 20.③ 21.① 22.② 23.④ 24.③ 25.①

디지털 · IT

● 정답률　● 난이도　● 출제비중

✖ 디지털 · IT 필기시험 분석

이것만은 알고가자	핀테크, 프롭테크, 빅데이터, 메타버스, 블록체인, 오피니언 마이닝, 캄테크, 화이트박스 테스트, 디지털 포렌식
출제경향	직무상식와 더불어 NCS에서도 꽤나 비중을 차지하는 중요한 과목이다. 단순 개념과 더불어 활용문제까지 출제되고 있으며, 특히 핀테크와 빅데이터, 블록체인은 은행권에서는 빠짐없이 출제된다. 또한, 데이터베이스를 비롯한 운영체제, 소프트웨어, 데이터 통신, 전자계산기 구조 등이 출제되고 있다.
출제경향 예상리포트	빅데이터 분석을 통한 맞춤형 서비스 향상을 골자로 하는 문제가 많이 출제된다. 현재 이슈가 되는 메타버스, 빅데이터를 비롯하여 작년 논술에 출제된 핀테크와 프롭테크도 필수로 알아두자!

1 ■■■
핀테크
Fintech

모바일, SNS, 빅데이터 등 새로운 IT 기술을 활용한 금융 서비스

'Finance(금융)'와 'Technology(기술)'의 합성어이다. 핀테크 1.0 서비스가 송금, 결제, 펀드, 자산관리 등 기존 금융 서비스를 ICT와 결합해 기존 서비스를 해체 및 재해석하는데 주안점을 두었다면, 핀테크 2.0 서비스는 핀테크 기업과 금융기관이 협업을 통해 보다 혁신적이고 새로운 금융서비스를 탄생시키는 방향으로 발전했다.

> **상식PLUS** 테크핀(TechFin)
> 정보기술에서 새로운 금융을 제공하는 서비스로 2016년 알리바바 회장인 마윈이 처음 사용한 개념이다. 자체적으로 데이터 분석 기술과 IT인프라를 보유하고 있는 카카오뱅크, 네이버파이낸셜 등이 대표적인 테크핀이다. 핀테크는 기존의 금융시스템에서 기술을 향상시키는 것이고 테크핀은 기술로 새로운 금융서비스를 만드는 개념이다.

2 ■■■
공동인증서
共同認證書

전자서명법의 개정으로 민간 인증서가 도입되면서 공인인증서의 명칭이 공동인증서로 변경된 것

2020년 12월 전자서명법이 개정되어 공인인증서가 폐지되었다. 공인인증서의 폐지로 민간업체에서 만든 민간인증서가 도입되었고 공인이라는 명칭은 공동으로 변경되었다. 공동인증서를 통해 본인 신분이 확인되고, 전자서명화가 된 문서가 변경이 없음을 보장하고, 암호화로 기밀이 보장되며, 서명에 부인이 불가하다.

3 ■■■
데이터 라벨링
Data Labelling

머신러닝이 가능한 데이터로 가공하는 작업

인공지능 알고리즘을 고도화하기 위해 데이터를 재가공하는 작업을 의미한다. AI가 학습해야 하는 데이터를 수집한 뒤에 재가공하여 고품질의 데이터셋을 구축하는 것을 의미한다. 예를 들어 고양이 사진에 데이터 라벨러가 '고양이'라는 라벨을 넣으면 AI가 유사한 이미지들은 고양이로 인식할 수 있는 것이다.

275 ■■■
인공지능
AI :
Artificial Intelligence

기계가 인간의 지식능력을 프로그램에서 실현시키는 기술

인공지능이라는 말이 처음 세상에 알려진 것은 1956년 다트머스 국제학회의 다트머스 회의에서 존 매카시가 제안한 것으로 컴퓨터 공학에서 시스템에 의해 만들어진 지능 또는 이상적인 지능을 갖춘 존재로 고도의 문제해결 능력을 가진 인공적 지능 또는 그와 같은 지능을 만들 수 있는 방법론이나 실현 가능성 등을 연구하는 과학 분야를 지칭하기도 한다.

누리꾼의 여론과 의견을 분석한 후 유용한 정보로 도출하는 빅데이터 처리기술

누리꾼의 감성이나 의견을 수치화하고 통계화하여 객관적인 정보로 도출하는 기술이다. 구매 후기나 Q&A 게시판에의 의견을 모아 일정한 법칙을 찾고 탐사하는 빅데이터 기술 중에 하나이다. 대부분 분석하는 대상으로는 포털 게시판이나 블로그, 쇼핑몰 등으로 자동화 분석방법으로 대규모로 웹 문서를 분석한다. 분석 대상이 텍스트이므로 자연어 처리방법과 컴퓨터 언어학을 사용한다.

정형 · 반정형 · 비정형 데이터세트의 집적물, 그리고 이로부터 경제적 가치를 추출 및 분석할 수 있는 기술

빅데이터는 기존 데이터보다 방대하여 기존의 방법으로는 수집 · 저장 · 분석 등이 어려운 정형 · 비정형 데이터를 뜻한다. 빅데이터의 '세 가지 V'로 알려진 특징은 데이터의 크기, 속도 및 다양성이다.

구분	내용
크기(Volume)	일반적으로 수십 테라바이트에서 수십 페타바이트 이상의 규모를 의미한다.
다양성(Variety)	• 다양한 소스 및 형식의 데이터를 포함한다. • 웹 로그, 소셜디미어 상호 작용, 금융 트랜잭션 등
속도(Velocity)	• 대용량의 데이터를 빠르게 처리하고 분석할 수 있다. • 데이터를 하루 단위에서 실시간에 이르기까지 상대적으로 짧은 시간 내에 수집, 저장, 처리 및 분석한다.
가치(Value)	새로 추가된 특징으로 빅데이터의 가치를 의미한다.

> **상식PLUS⁺** 비정형 데이터 마이닝(Unstructured Data)
> 일정한 규칙이나 형태가 있는 숫자나 문자와 같은 데이터와 달리 영상, 음성, 그림 등으로 구조화가 되어있지 않고 형태구조가 가지각색인 데이터를 의미한다. 책, 문서의료 기록, 음성 기록, 영상 기록, 이메일, 트위터 등이 있다.

악성코드(Malware)의 일종

인터넷 사용자의 컴퓨터에 잠입해 내부 문서나 사진 파일 등을 암호화하여 열지 못하도록 한 뒤, 돈을 보내면 해독용 열쇠 프로그램을 전송해준다며 비트코인이나 금품을 요구한다.

7 ■■■
디지털 트윈
Digital Twin

자율차, 드론 등 신산업 기반 마련, 안전한 국토 시설관리를 위해 도로 · 지하공간 · 항만 · 댐 등을 3차원 좌표를 가진 점들의 집합으로 구성된 데이터를 구축하는 것

한국판 뉴딜의 일종이다. 시뮬레이션 통해 현실분석 · 예측을 통해 가상공간에서 현실공간 · 사물의 쌍둥이(Twin) 구현하는 것이다.

> **상식PLUS⁺ 디지털 트윈 주요 제도**
> ㉠ 도심지 등 주요지역의 높이값을 표현한 수치표고 모형 구축 및 고해상도 영상지도 작성하는 3차원 지도
> ㉡ 국도 · 4차로 이상 지방도 정밀도로지도 구축
> ㉢ 노후 지하공동구(120km) 계측기 설치 등 지능형 관리시스템 구축, 국가관리 댐 실시간 안전 감시체계 구축
> ㉣ 디지털 트윈 기반 항만자동화 테스트베드, 항만시설 실시간 모니터링 디지털 플랫폼 구축
> ㉤ 인공지능 · 디지털 트윈 등 신기술 활용으로 도시문제 해결 · 삶의 질 향상 등을 위해 스마트 시티 국가시범도시(세종 · 부산) 구축이 있다.

8 ■■■■
머신러닝
Machine Learning

스스로 자신의 동작을 개선하는 슈퍼컴퓨터의 기계 학습 능력

1959년 아서 사무엘의 논문에서 처음 사용된 단어이다. 인공지능의 분야 중에 하나로 경험적 데이터를 기반으로 컴퓨터가 학습 · 예측 · 향상시키는 과정을 알고리즘을 연구 · 구축하는 기술이다. 입력한 데이터를 기초로 예측이나 결정을 수행하는 모델을 구축하는 방식이다. 알고리즘이 어렵거나 프로그래밍이 난해한 작업을 해결하기 위해서 사용한다. 알고리즘은 감독학습, 비감독학습, 강화학습으로 나뉜다. 머신러닝의 예로는 검색어 자동완성, 자동 센서기능, 범행예측 등이 있다.

9 ■■■■
오픈 API
Open API

인터넷 사용자가 웹 검색 및 사용자 인터페이스 등을 제공받는 것에 그치지 않고 직접 응용프로그램과 서비스를 개발할 수 있도록 공개된 API

검색, 블로그 등의 데이터 플랫폼을 외부에 공개하여 다양하고 재미있는 서비스 및 애플리케이션을 개발할 수 있도록 외부 개발자나 사용자들과 공유하는 프로그램으로, 구글은 구글 맵의 API를 공개해 친구 찾기 · 부동산 정보 등 300여 개의 신규 서비스를 창출했다. 오픈 API로 다양한 서비스에서 시도되고 있으며, 누구나 접근하여 사용할 수 있다는 장점이 있다.

딥러닝
Deep Learning

컴퓨터가 스스로 학습하여 배우는 머신러닝의 한 분야

1980년 후쿠시마 쿠니히토가 소개한 신경망인 네오코그니션(Neocognition)에서 처음 쓰여졌다. 많은 데이터를 분류하고 관계를 파악하는 기술로 인간이 가르치지 않고도 스스로 학습하여 예측하는 기계 학습이다. 2016년 2월 이세돌 9단과 바둑을 둔 알파고 또한 딥러닝 기술로 만들어진 프로그램으로 끊임없이 기보를 통해 스스로 바둑 전략을 학습한다. 다층구조 형태로 된 신경망을 기반으로 하는 머신 러닝의 일종으로 수많은 데이터를 높은 수준의 추상화 모델로 구축하는 기법이다.

데이터 댐

디지털 뉴딜 분야 중 하나

데이터 수집 · 가공 · 거래 · 활용기반을 강화하여 데이터 경제를 가속화하고 5세대 이동통신(5G) 전국망을 통해서 5세대 이동통신(5G) · 인공지능 융합 확산하는 것을 말한다. 데이터 경제 가속화와 5G와 인공지능의 융합을 확대시키는 계획이다.

> **상식PLUS⁺ 데이터 댐 주요 제도**
> ㉠ 분야별 빅데이터 플랫폼 확대, 공공데이터 14.2만 개 신속 개방, 인공지능 학습용 데이터 1,300종 구축 등 데이터 확충
> ㉡ 5세대 이동통신(5G)망 조기구축을 위한 등록면허세 감면 · 투자 세액 공제 등 세제지원 추진
> ㉢ 실감기술(VR, AR 등)을 적용한 교육 · 관광 · 문화 등 디지털콘텐츠 및 자율차 주행 기술 등 5세대 이동통신(5G) 융합서비스 개발
> ㉣ 스마트공장 1.2만 개, 미세먼지 실내정화 등 인공지능 홈서비스 17종 보급, 생활밀접 분야 「AI+X 7대 프로젝트」 추진
> ㉤ 분산되어 있는 도서관 데이터베이스, 교육 콘텐츠, 박물관 · 미술관 실감콘텐츠 등을 연계하여 통합검색 · 활용 서비스 제공하는 디지털 집현전이 있다.

디파이
Decentralized Finance

탈중앙화된 금융 시스템

탈중앙화를 의미하는 'Decentralize'와 금융을 의미하는 'Finance'의 합성어이다. 인터넷 연결을 하면 블록체인 기술을 통해서 금융서비스를 제공받는 것이다. 정부나 기업에서 통제받지 않고 분산된 네트워크를 사용하는 금융환경, 즉 은행, 증권사 등 중개자가 없이 블록체인 기술로 금융 서비스를 이용하는 것이다. 대표적으로 자산 토큰화(Tokenization), 스테이블 코인(Stable Coin), 탈중앙화 거래소(DEX)가 디파이 서비스 모델이다.

옷처럼 착용하는 로봇

옷처럼 입을 수 있는 로봇기술이다. 부족한 신체기능을 강화해주기 위한 기술로 노약자나 장애인 활동을 보조하는 기능을 한다. 시계, 신발, 옷, 장신구, 안경 형태의 웨어러블 로봇이 나오고 있다. 일상생활을 기록하거나 증강현실, 건강관리, 업무 보조 등 다양한 용도로 나오고 있다.

> **상식PLUS** 웨어러블 기기(Wearable Device)
>
> 착용이 가능한 기기로 안경, 시계, 의복 등 일상생활에서 사람 몸에 착용이 가능한 형태의 기기로 손에 휴대하지 않아도 이용할 수 있는 기기를 말한다. 컴퓨터 기능이 지원되며, 대표적인 예로 스마트 워치가 있다.

정보통신(ICT) 산업을 기반으로 데이터 경제의 꽃을 피우려는 전략

데이터의 활용도를 높여 전 산업의 생산성을 비약적으로 높일 수 있도록 관련 인프라를 빠르게 구축하고 데이터 댐, 인공지능(AI) 기반 지능형 정부, 교육인프라 디지털 전환, 비대면 산업 육성 그리고 국민안전 SOC 디지털화 등이 주요 과제이다.

> **상식PLUS** 그린 뉴딜과 안전망 강화 전략
>
> ㉠ **그린뉴딜** : 탄소의존형 경제를 친환경 저탄소 등 그린 경제로 전환하는 전략으로 신재생에너지 확산기반 구축, 전기차・수소차 등 그린 모빌리티, 공공시설 제로 에너지화, 저탄소・녹색산단 조성 등이 주요 과제이다.
> ㉡ **안전망 강화** : 코로나19로 어려움을 겪는 취약계층을 보호하고, 경제・사회 격변의 흐름에서 일시적으로 낙오하는 사람들을 가급적 빠짐없이 품어주고 이들이 새로운 기술을 익혀 다시 적응할 수 있게 도와주는 포용사회로의 전환을 위한 비전이다. 고용보험 가입대상 단계적 확대, 국민취업지원제도 전면 도입, 디지털・그린 인재양성 등이 주요 과제이다.

투자자의 성향 정보를 토대로 알고리즘을 활용해 개인의 자산 운용을 자문하고 관리해주는 자동화된 서비스

로보 어드바이저 서비스는 사람의 개입 여부에 따라 총 4단계로 구분할 수 있다. 1단계 자문・운용인력이 로보 어드바이저의 자산배분 결과를 활용해 투자자에게 자문하거나, 2단계 투자자 자산을 운용하는 간접 서비스, 3단계 사람의 개입 없이 로보 어드바이저가 직접 자문하거나, 4단계 투자자 자산을 운용하는 직접 서비스로 나뉜다.

280 ■■■■

메타버스
Metaverse

현실세계와 같이 3차원 가상의 세계에서 이뤄지는 활동

가상과 초월을 의미하는 메타(Meta)와 우주를 의미하는 유니버스(Universe)의 합성어로 1992년 닐 스티븐슨의 소설 「스노 크래시」에서 처음 등장한 단어이다. 코로나19로 인한 비대면 추세에 가속화되어 발달하고 있다. 가상현실(VR)보다 더 진화한 개념으로 게임으로 가상현실을 즐기는 것보다 앞서서 가상의 세계에서 현실처럼 사회, 문화, 경제활동 등을 할 수 있는 것이다. 네이버제트가 운영하는 증간현실 아바트 서비스인 제페토는 국내의 대표 메타버스 플랫폼이다. 제페토는 얼굴인식과 AR, 3D 기술 등을 접목하여 나만의 3D아바타를 만들 수 있다.

281 ■■■■

아마존고
Amazon Go

아마존이 운영하는 세계 최초의 무인매장

미국 시애틀에 위치하는 인공지능, 머신러닝 등의 기술을 활용하여 운영되는 무인매장이다. 인공지능 판독을 위해서 매장 안에 50 ~ 60명이 들어갈 수 있다. 주로 식료품을 취급하고 있으며 애플리케이션에서 발급된 QR코드로 인증을 받고 매장 안에 들어간 후 쇼핑을 하면 센서를 통해 자동으로 카드가 결제된다.

282 ■■■■

FIDO
Fast Identity Online

신속한 온라인 인증

온라인 환경에서 신속하게 개인 인증을 하는 기술이다. ID나 비밀번호가 아닌 지문이나 홍채 등을 이용한 생체인식 기술을 통해서 빠르게 개인인증을 할 수 있다.

283 ■■■■

포크
Fork

블록체인을 업그레이드하는 기술

포크는 호환성 여부에 따라 두 가지로 나눌 수 있다. 소프트 포크는 이전 버전과 호환 가능한 업그레이드를, 하드 포크는 불가능한 업그레이드를 말한다. 하드 포크를 적용하면 이전 버전의 블록체인을 사용할 수 없기 때문에 이전 버전에서 개발, 채굴하던 사용자의 대다수가 업그레이드에 찬성해야 적용할 수 있다.

새로운 제품이나 서비스가 출시될 때 일정 기간 동안 기존 규제를 면제, 유예시켜주는 제도

사업자가 새로운 제품, 서비스에 대해 규제 샌드박스 적용을 신청하면 법령을 개정하지 않고도 심사를 거쳐 시범 사업, 임시 허가 등으로 규제를 면제, 유예해 그동안 규제로 인해 출시할 수 없었던 상품을 빠르게 시장에 내놓을 수 있도록 하는 것이다. 문제가 있을 경우 사후 규제하는 방식이다. 이 제도는 영국에서 핀테크 산업 육성을 위해 처음 시작됐으며 문재인 정부에서도 규제개혁 방안 중 하나로 채택했다. 샌드박스(Sandbox)는 어린이들이 자유롭게 뛰노는 모래 놀이터처럼 규제가 없는 환경을 주고 그 속에서 다양한 아이디어를 마음껏 펼칠 수 있도록 하는 것을 뜻한다.

가상 화폐로 거래할 때, 해킹을 막기 위한 기술

블록에 데이터를 담아 체인 형태로 연결, 수많은 컴퓨터에 동시에 이를 복제해 저장하는 분산형 데이터 저장 기술이다. 공공 거래 장부라고도 부른다. 중앙 집중형 서버에 거래 기록을 보관하지 않고 거래에 참여하는 모든 사용자에게 거래 내역을 보내 주며, 거래 때마다 모든 거래 참여자들이 정보를 공유하고 이를 대조해 데이터 위조나 변조를 할 수 없도록 되어 있다. 2007년 나카모토 사토시가 글로벌 금융위기 사태를 통해 중앙집권화된 금융시스템의 위험성을 인지하고 개인 간 거래가 가능한 블록체인 기술을 고안했으며 암호화폐인 비트코인을 개발했다.

상식PLUS⁺ 블록체인의 종류

ⓐ **개방형 블록체인** : 모두에게 개방돼 누구나 참여할 수 있는 형태로 비트코인, 이더리움 등 가상통화가 대표적이다.

ⓑ **전용 블록체인** : 기관 또는 기업이 운영하며 사전에 허가를 받은 사람만 사용할 수 있어 상대적으로 속도가 빠르다.

ⓒ **허가형 블록체인** : 허가가 있어야만 사용과 운영이 가능한 시스템으로 지정된 사람들만 사용이 허가되는 블록체인이다. 전용 블록체인이 허가형 블록체인과 같다. 대표적으로 R3, 리플 등이 있다.

ⓓ **비허가형 블록체인** : 허가 없이 사용과 운영이 가능한 시스템으로 누구나 어디에서든 인터넷으로 연결하여 운영할 수 있다.

ⓔ **서비스형 블록체인(Baas)** : 블록체인 응용서비스 개발 및 관리를 편리하게 하기위해서 클라우드 기반으로 서비스를 지원하는 것으로 스마트 계약 코드 개발, 시험 환경을 제공하여 편리하게 제공 가능하다.

286 ■■■■
딥페이크
Deepfakes

AI 기술을 활용하여 특정인의 얼굴, 신체 등을 영상에 합성한 편집물

미국의 한 온라인 커뮤니티에 배우의 얼굴과 포르노 영상을 합성하여 만들어진 편집물이 등장하면서 시작되었다. 이는 연예인과 정치인 등의 유명인 뿐만 아니라 일반인까지 딥페이크의 대상이 되며 사회적 문제가 되고 있다.

287 ■■■■
디지털 포렌식
Digital Forensic

범죄를 밝혀내기 위해 수사에 쓰이는 과학적 수단 · 방법 · 기술 등을 포괄하는 개념

포렌식이란 공청회를 뜻하는 라틴어 'Forensis'에서 유래한 만큼 공개적인 자리에서 누구나 인정할 수 있는 객관성을 가지는 것이 목적이다. 국내에선 '범죄과학'으로 알려져 있으며, 범죄를 밝혀내기 위한 모든 과학적 수단 또는 방법이라 할 수 있다. 현재 전문가들은 2007년 서울중앙지검에 신설된 '디지털 포렌식'팀의 가동으로 국내 과학수사 기법이 본격적으로 꽃을 피웠다고 볼 수 있다.

288 ■■■■
생성적 적대 신경망
GAN :
Generative
Adversarial Network

생성모델과 판별모델이 서로 경쟁하면서 실제와 비슷한 모습으로 만들어내는 기계학습

진짜와 가짜를 생성하는 생성모델과 진위를 판별하는 판별모델이 서로 경쟁하면서 실제와 비슷한 모습의 가짜 이미지를 만드는 것을 의미한다. 서로 상반된 목적을 가지고 있는 생성자와 감별자가 실제 데이터를 통해 거짓 데이터를 만들어 낸다. 구글 브레인 연구자 이안 굿펠로우는 생성자를 위조지폐범, 감별자를 경찰에 비유했다. 현재 GAN은 이미지 생성에 사용되어 실존하지 않는 사람들의 이미지를 생성할 수 있다. 현재 GAN을 통해 딥페이크 영상과 가짜뉴스가 유통되어 부작용이 나타나고 있다.

289 ■■■■
에스크로
Escrow

구매자와 판매자의 원활한 상거래를 위해 제3자가 중개하는 서비스

구매자와 판매자의 신용관계가 불확실 할 때 상거래가 원활하게 이루어질 수 있도록 제3자가 중개하는 매매 보호 서비스이다. 구매자가 제3자에게 거래금을 보내면 판매자는 제3자에게 거래금을 확인하고 상품을 발송한다. 상품을 받은 구매자는 제3자에게 알리고 제3자는 판매자에게 거래금을 보낸다. 중개역할을 하는 제3자는 수수료로 수익을 얻는다.

290 ■■■
휴먼증강
Human Augmentation

특수장비를 사용하여 신체 기능과 능력을 높여 기능성과 생산성을 향상시키는 기술

기계적인 수단, 약물, 뇌 신호 해석, 유전자 편집 등 다양한 기술을 결합하여 인체기능을 향상시키는 기술이다. 생산현장에서 인조 외골격으로 지구력을 높이거나 증강현실 안경으로 추가적인 시각전달을 받거나 배아의 유전자를 편집하여 장기를 배양하는 등 다양하게 응용할 수 있다. 뇌 – 컴퓨터 인터페이스를 통해 인조 외골격을 움직일 수 있다.

> **상식PLUS⁺ 뇌 – 컴퓨터 인터페이스(Brain Computer Interface)**
> 뇌파를 분석하여 해석한 코드를 이용하여 외부 장치의 동작을 제어하는 기술이다. 신경세포를 자극하면 나타나는 혈류량 변화를 두뇌 외부에서 관찰하여 측정한다. 의공학, 뇌공학 분야 등 다양한 융합 전문지식을 통해 인터페이스를 구성해야 한다.

291 ■■■
스푸핑
Spoofing

위장된 정보로 시스템에 접근하여 정보를 빼가는 해킹 수법

1995년 미국에서 보고된 해킹 수법이다. 임의로 웹사이트를 구성하여 이용자를 방문하게 한 뒤 사용자 정보와 시스템 권한을을 빼가는 수법이다. IP 및 포트 주소, MAC주소, DNS, 이메일, ARP 등을 이용한다.

292 ■■■
스캠
Scam

신용을 이용하여 속이는 사기를 의미하는 단어

도박에서 상대를 속일 때 사용하는 의미이기도 하다. 암호화폐 업계에서는 투자자를 속인 후 투자금을 유치하고 잠적하는 행위이다. 범죄에 발행된 코인을 스캠 코인이라 부른다. 또한 거래처로 둔갑한 이메일을 사용하여 기업의 거래 대금을 훔치는 수법도 있다.

293 ■■■
큐싱
Qshing

QR코드를 이용하여 정보를 탈취하는 것

추가인증이 필요한 것처럼 QR코드를 통해 악성 앱이 설치되도록 유도하는 것이다. 악성 앱에 들어간 이용자가 보안카드 번호나 개인정보 등을 작성하게 하고 그 정보를 탈취하는 사기수법이다. 또한 모바일 환경을 조작하여 전화·문자의 수신을 막고 착신전환을 하는 등으로 금융사기를 하는 것을 의미한다.

294 ■■■

스니핑
Sniffing

네트워크의 패킷 정보를 도청하는 해킹 수법

네트워크 내에 패킷 정보를 도청하는 장치를 말한다. 네트워크 내에 존재하는 패킷은 암호화가 되어있지 않다. 무결성과 기밀성이 보장되지 않는 패킷의 약점으로 네트워크 간에 패킷 교환을 엿듣는 공격으로 웹호스팅, 데이터 센터와 같은 업체에는 위협적인 해킹 수법 중에 하나이다.

> **상식PLUS** 스누핑(Snooping)
> 네트워크상에서 남의 정보를 훔쳐보고 가로채가는 행위를 말한다. 소프트웨어 프로그램 스누퍼를 이용하여 정보를 가로채거나 네트워크의 트래픽을 분석에 사용되기도 한다.

295 ■■■

액티브 노이즈 캔슬링
ANC :
Active Noise Control

음악을 들을 때 주변의 소음을 차단하는 기능을 의미

능동 소음 제어기술로 주변에 존재하는 소음을 차단하는 기능이다. 액티브 노이즈 캔슬링(ANC)과 패시브 노이즈 캔슬링(PNC)으로 구분되는 기능 중 하나이다. 최근에 많은 헤드폰, 이어폰 등에 적용된다. ANC기기에 내장된 소음 조절기로 외부에 존재하는 소음을 받아온 후 파동의 위상을 반전시킨다. 반전된 소리가 스피커에 가면 상쇄 간섭이 나타나면서 주변 소음이 감소한다. 이 기능으로 소음이 심한 버스나 지하철 등에서 집중도 높게 음악과 영화 감상이 가능하다.

296 ■■■■

줌 폭탄
Zoom Bomb

줌으로 화상통화 도중 초대받지 않은 사람이 무단으로 들어와 방해하는 행위

줌에서 사용하는 화상통화는 링크만으로 쉽게 참여가 가능하다. 이러한 편의성에 초대받지 않은 사람이 들어와서 음란물을 배포하여 온라인 수업이나 회의를 방해하는 행위이다. 보안을 위해 참여자 신원을 확인하고 녹화를 하지않으며, 회의에 접근하는 코드의 재사용을 자제해야 한다.

297 ■■■
버그바운티
Bugbounty

보안 취약점 신고 포상제

기업의 서비스나 제품 등을 해킹해 취약점을 발견한 화이트 해커에게 포상금을 지급하는 제도이다. 블랙 해커의 악의적인 의도로 해킹당할 시 입는 손해를 방지하기 위하여 공개적으로 포상금을 걸고 버그바운티를 진행한다. 기업들의 자발적인 보안 개선책으로, 화이트 해커가 새로운 보안 취약점을 발견하면 기업은 이를 개선시켜 보안에 보다 적극적으로 노력하게 된다. 현재 구글, 애플, 페이스북, 마이크로소프트(MS) 등 글로벌 기업에서 보안성을 고도화하기 위해 시행 중이며 국내에서는 삼성, 네이버, 카카오 등이 시행 중이다.

298 ■■■
VPN
Virtual Private Network

가상 사설망이라는 의미로 인터넷 공중망을 사설망처럼 구축한 것과 같이 사용하는 방식

가장 많이 사용되는 보안 솔루션 중 하나이다. VPN으로 장소나 단말기와 관계없이 네트워크에 접근이 가능하다. 예시로는 국내의 게임을 해외에서 이용하거나, 집에서 보안 상태인 회사 내부 자료에 접근하는 등이 있다. 고가인 임대회선 비용을 낮추기 위한 것으로 나온 것이 VPN이다. VPN은 특수 통신체계와 암호화로 제공되어 임대회선에 비해 비용을 20 ~ 80% 이상 절감이 가능하다. 공중망으로 암호화된 데이터를 송신하고 수신 측에서 복호화하여 데이터를 받는다.

> **상식PLUS** SSL VPN(Secure Sockets Layer Virtual Private Network)
> 보안소켓계층(SSL) 프로토콜을 기반으로 하는 가상사설망이다. 웹 브라우저와 서버 간의 정보를 암호화 하여 정보를 보호하는 솔루션이다.

299 ■■■
중앙은행 디지털화폐
CBDC :
Central Bank
Digital Currency

중앙은행에서 블록체인 기술을 활용하여 발행하는 화폐

1985년 미국 예일대 교수 제임스 토빈이 제안한 것으로 현물 화폐 대신에 사용하자고 제안한 화폐이다. 중앙은행을 의미하는 'Central Bank'와 디지털 화폐가 합쳐진 용어로 중앙은행에서 발행한다. 비트코인과 같은 암호화폐와 달리 각국 중앙은행에서 발행하여 현금처럼 가치변동이 크지 않고 액면가가 정해져 있다. 블록체인으로 관리되어 위조의 위험이 적고 모든 금융거래가 기록에 남아 탈세나 자금세탁을 방지할 수 있다.

300 ■■■□
가상화폐
(암호화폐)
Crypto Currency

네트워크로 연결된 가상공간에서 사용되는 디지털 화폐 또는 전자화폐

실물의 지폐나 동전이 없어도 온라인에서 거래를 할 수 있는 화폐이다. 정부나 중앙은행이 화폐의 가치 · 지급을 보장하지 않는다. 블록체인 기술을 활용한 분산형 시스템 방식으로 처리된다. 분산형 시스템의 구조는 채굴자라 칭하는 참여자가 있고 블록체인 처리의 보상으로 코인 수수료를 받는다. 생산비용, 이체비용, 거래비용 등이 일체 들지 않고 하드디스크에 저장되어 보관비용, 도난 · 분실의 위험도 적다. 비밀성이 보장되어 범죄에 악용될 수 있다.

> **상식PLUS** 가상화폐 거래소
> ㉠ 국내 : 코빗(Korbit), 업비트(UPbit), 빗썸(Bithumb), 코인원(Coinone)
> ㉡ 국외 : 바이낸스(Binance), 후오비(Huobi), 오케이엑스(OKEx), 비트 파이넥스(Bitfinex), 비트플라이어(bitFlyer), 코인체크(Coincheck), 비트렉스(Bittrex), 크라켄(Kraken), 제미니(Gemini)

301 ■■■■
디지털 변조
Digital Modulation

디지털 데이터를 반송파로 변조하여 전송하는 것

아날로그 신호 데이터를 디지털 신호로 전송하기 위해서 변조를 하는 방식을 의미한다. 디지털 변조로는 다치변조, 협대역 변조, 다반송파 변조, 스펙트럼 확산변조 등 4종류가 대표적이다.

302 ■■■■
디지털
디바이드
Digital Divide

디지털 사회에서 계층 간 정보 불균형을 나타내는 용어

디지털이 보편화되면서 이를 제대로 활용하는 계층과 이용하지 못하는 사람들 사이의 격차가 커지고, 이러한 정보격차는 소득격차에까지 영향을 주어 계층 간의 갈등을 유발하고 사회 안정을 해친다고 보았다. 이에 문제 해결을 위해 2001년 '정보격차 해소에 관한 법률'이 제정되었으며, '한국정보문화진흥원'이 설립되었다.

303 ■□□□
OTP
One Time Password

일회용 비밀번호를 생성하여 사용자 인증을 하는 방식

국내에서는 2007년 6월부터 서비스가 시작되었다. 고정된 비밀번호가 아닌 무작위로 생성되는 일회용 비밀번호를 통해 보안을 강화하기 위해 도입된 시스템이다. 주로 전자 금융거래에서 사용된다.

304 ■■■■
디지털 전환
DT :
Digital Transformation

디지털 기술을 전통적인 사회 구조에 적용하여 사회 전반의 구조를 전환시키는 것

사물인터넷, 클라우드 컴퓨팅, 인공지능, 빅데이터 등의 디지털 기술을 활용하여 운영방식을 혁신하는 것이다. 디지털 기술을 통해 성과를 만들고 새로운 비즈니스 모델을 만드는 것을 목표로 한다. 디지털 전환을 위해서 아날로그의 형태를 전산화를 통해 디지털화를 이뤄야 한다.

305 ■■■
인포데믹
Infodemic

잘못된 정보나 악성루머 등이 미디어, 인터넷 등을 통해 매우 빠르게 확산되는 현상

21세기의 신흑사병이라 불리는 인포데믹은 '정보(Information)'와 '전염병(Epidemic)'의 합성어로, 잘못된 정보가 미디어·인터넷 등의 매체를 통해 급속하게 퍼져나가는 것이 전염병과 유사하다는 데서 생겨난 용어이다. 인포데믹은 단순히 소문이 퍼지는 것이 아니라 전문적이고 공식적인 매체는 물론 전화나 메시지 등 비공식 매체 등을 통해 확산된다. 전파되는 속도가 매우 빠르기 때문에 잘못을 바로잡기가 어렵고, 이에 경제 위기나 금융시장의 혼란을 키워 문제가 되고 있다. 속칭 '찌라시'라고 불리는 금융시장에 도는 출처 불명의 소문 등이 인포데믹에 속한다.

306 ■■■
사이버 슬래킹
Cyber Slacking

업무시간에 인터넷과 E-메일 등 업무를 위해 설치한 정보 인프라를 개인적 용도로 이용하면서 업무를 등한시하는 행위

인터넷을 업무에 활용하는 것이 보편화되면서 업무 이외의 용도로 사용하는 사례가 크게 늘고 있다. 특히, 최근에는 음악파일과 동영상 중심의 멀티미디어 콘텐츠가 크게 증가하는 등 대용량 정보가 많아지면서 사이버 슬래킹이 단순히 개인의 업무공백 차원을 넘어 조직 내 전체업무에 차질을 주는 사태로까지 발전하고 있다. 이에 따라 기업과 공공기관을 중심으로 특정 사이트에 접속을 제한하는 사이버 슬래킹 방지 소프트웨어 도입이 관심을 끌고 있다.

307 ■■▨▨
사이버 불링
Cyber Bullying

사이버상에서 집단적으로 괴롭히는 행위

특정인을 SNS나 카카오톡 등 네트워크상에서 괴롭히고 따돌리는 행위이다. 단체 채팅방에 초대하여 욕을 하거나, 인터넷에 굴욕적인 사진을 올리거나, 스토킹, 허위사실 유포 등 네트워크상에서 수치심과 고통을 유발하는 모든 행위이다. 가상의 공간에서 시간과 공간의 제약이 없이 이뤄지는 행위로 24시간 내내 무차별 폭력에 시달릴 수 있다.

308 ■■■■
이상금융거래 탐지시스템
FDS :
Fraud Detection System

전자금융거래 사용되는 정보를 분석하여 이상거래를 탐지하여 차단하는 시스템

사용자의 거래패턴이 기존과 다르다면 이상금융거래로 탐지하는 시스템이다. 패턴분석이 핵심적인 기능이다. 이용자의 정보를 수집·분석·탐지하고 그에 대한 정보를 통해 거래를 차단하거나 추가로 인증을 요구하여 대응한다.

309 ■■■■
크로스 플랫폼
Cross Platform

소프트웨어나 하드웨어를 다른 환경의 운영체제에서도 공통으로 사용이 가능한 것

멀티플랫폼의 일종으로 하나의 프로그램이 워크스테이션, PC, 모바일에서도 공동적으로 사용할 수 있는 것을 의미한다. 이용자가 보유중인 플랫폼에서 원하는 것을 자유롭게 사용할 수 있다. 최근 PC, 콘솔, 모바일 전반에서 플레이가 가능한 폴가이즈, 어몽어스 등의 게임이 큰 흥행을 하였다.

310 ■■■■
데이터 커머스
Data Commerce

데이터를 정밀분석하여 개인에게 맞는 상품을 모바일, TV 상에서 편리하게 쇼핑하도록 유도하는 것

최근에는 구매이력, 상품정보, 인구통계학 데이터, 방송 시청 데이터 등 수백가지의 분할된 데이터를 분석하여 개인 라이프스타일에 맞는 단말, 시간대, 콘텐츠별로 상품을 추천하고, 기업과 연결시켜주는 중개 플랫폼으로 진화하고 있다.

> **상식PLUS** 데이터 커머스의 종류
> ㉠ M-커머스 : 무선 데이터 장비를 이용해 정보, 서비스, 상품 등을 교환하는 것을 말한다.
> ㉡ T-커머스 : 인터넷TV를 이용한 전자상거래를 말한다.

311 ■■■
플랫폼 노동

스마트폰 사용이 일상화되면서 등장한 노동 형태

앱이나 소셜 네트워크 서비스(SNS) 등의 디지털 플랫폼에 소속되어 일하는 것을 말한다. 즉, 고객이 스마트폰 앱 등 플랫폼에 서비스를 요청하면 이 정보를 노동 제공자가 보고 고객에게 서비스를 한다. 플랫폼 노동은 노무 제공자가 사용자에게 종속된 노동자가 아닌 자영업자이므로 특수고용노동자와 유사하다는 이유로 '디지털 특고'라고 불린다. 예컨대 배달대행앱, 대리운전앱, 우버 택시 등이 이에 속한다.

312 ■■■
에너지 저장 시스템
ESS :
Energy Storage System

에너지를 효율적으로 사용하도록 저장 및 관리하는 시스템

잉여전력을 모아 보관하였다가 적절할 때 공급하는 저장장치이다. 날씨에 영향이 큰 태양광이나 풍력 등의 신재생에너지를 안정적 공급하기 위한 유망 사업 중에 하나이다. 전기 생산 발전 영역과 전기 이송하는 송배전 영역, 소비자 영역 전 분야에 적용이 가능하고 발전소, 송배전시설, 공장, 가정, 기업 등에 다방면에서 활용이 가능한 기술이다. 스마트 그리드의 핵심 설비 중 하나로 주목받고 있으며 리튬이나 니켈 등의 화학에너지를 저장하는 배터리 방식과 압축공기저장과 양수발전 등의 물리적 에너지를 저장하는 비배터리 방식이 있다. 최근에 리튬 배터리가 점차 지능형에너지저장시스템(Intelligent ESS)으로 진화하여 잠재력이 상승할 것이라 기대하고 있다.

313 ■■■
프롭테크
Prop Tech

정보기술과 결합한 부동산 서비스 기술

부동산 산업에 첨단 정보기술인 빅데이터, 인공지능, VR 등을 결합한 기술이다. 중개 · 임대, 부동산 관리 등 분야가 있다. 대표적으로 스마트폰을 이용한 중개서비스 '직방', 미국의 '질로(Zillow)'가 있다. 블록체인과 부동산을 접목하여 거래정보를 블록체인으로 공유하거나, 빅데이터를 통한 부동산 가치평가 프로그램 등이 있다.

314 ■■■
앰비어트 컴퓨팅
Ambient Computing

컴퓨터의 명령이 없어도 자동으로 목적과 의도를 감지하여 움직이는 기능

사용자의 행동을 읽어 명령없이도 움직이는 기능을 의미한다. 식사하고 일어나면 테이블 센서가 감지되어 신용카드가 자동으로 결제된다거나 주변 소음에 따라 음악 음량을 조절하는 등의 이어폰 기술 등이 있다.

315 ■■□□
베이퍼웨어
Vaporware

개발되지 않은 가상의 제품을 지칭

베이퍼웨어는 증발품이라는 의미로 수증기처럼 사라질 수 있는 제품을 의미한다. 홍보책자에만 존재한다고 하여 브로슈어 웨어라고 칭하기도 한다. 경쟁회사 제품 구매 시기를 미루기 위해 발표하거나 이유가 있어 배송이 지연되는 소프트웨어나 하드웨어를 의미한다. 미래에는 출시가 가능하다는 환상으로 경쟁업체의 제품을 막는 효과가 있다. 마케팅 기법 중에도 하나이기도 하며 대표적으로 베이퍼웨어 전략을 구사하는 곳은 마이크로소프트와 인텔이다.

316 ■■■■
캄테크
Calm Tech

사용자가 필요한 순간에만 제공하는 기술

'조용하다(Calm)'과 '기술(Technology)'의 합성어로, 필요한 정보를 알려주지만 주의를 기울이거나 집중할 필요가 없는 기술을 뜻한다. 센서와 컴퓨터, 네트워크 장비 등을 보이지 않게 탑재하여 평소에는 존재를 드러내지 않고 있다가 사용자가 필요한 순간에 각종 편리한 서비스를 제공하는 기술이다. 예를 들어 현관 아래에 서면 불이 들어오는 자동 센서, 자율 주행차, 스마트 홈 등이 있다. 또한 애플의 시리와 같은 인공지능 캄테크도 등장하였다.

317 ■■■■
스플로그
Splog

광고를 목적으로 운영되는 블로그

인터넷 인기검색어를 이용하여 누리꾼을 블로그로 유인한 뒤 내용 없이 검색어만 나열해놓는 블로그 글이다. 검색 결과를 믿고 들어간 블로그에서 광고성 글이나 음란물을 보게 되는 것이다. 일부는 스파이 웨어를 배포하여 사용자 컴퓨터에 설치하여 피해를 준다. 스팸 메일과 달리 사용자가 직접 블로그에 접근한다.

318 ■■□■
팝콘 브레인
Popcorn Brain

뇌가 첨단 기기에 익숙해져 현실에 무감각해지는 현상

즉각적으로 반응이 나타나는 첨단기기에 익숙해지면서 천천히 흐르는 현실에 적응하는 것이 어려워지는 변형된 뇌 구조를 의미한다. MRI 촬영한 결과에 따르면 인간의 뇌에서 중추를 담당하는 회백질의 크기가 줄어든 것으로 나타났다. 자극적이고 화려한 첨단 기기의 노출되면서 현실세계에 적응하지 못하도록 실제 뇌 구조가 변화한 것을 의미한다.

스마트 그리드
Smart Grid

에너지 효율을 최적화 하는 지능형 전력망

전력산업과 정보기술(IT), 그리고 통신기술을 접목하여 전력 공급자와 소비자가 양방향으로 실시간 정보를 교환함으로써 에너지 효율성 향상과 신재생에너지공급의 확대를 통한 온실가스 감축을 목적으로 하는 차세대 지능형 전력망이다. 전력 공급자는 전력 사용 현황을 실시간으로 파악하여 공급량을 탄력적으로 조절할 수 있고, 전력 소비자는 전력 사용 현황을 실시간으로 파악함으로써 요금이 비싼 시간대를 피하여 사용 시간과 사용량을 조절한다. 태양광발전 · 연료전지 · 전기자동차의 전기에너지 등 가정에서 생산되는 전기를 판매할 수도 있으며, 전력 공급자와 소비자가 직접 연결되는 분산형 전원체제로 전환되면서 풍량과 일조량 등에 따라 전력 생산이 불규칙한 한계를 지닌 신재생에너지 활용도가 높아져 화력발전소를 대체하여 온실가스와 오염물질을 줄일 수 있어 환경문제를 해소할 수 있는 등의 장점이 있어 여러 나라에서 차세대 전력망으로 구축하기 위한 사업으로 추진하고 있다.

320 ■■■

필터버블
Filter Bubble

사용자를 필터링하여 맞춤형 정보만을 제공하는 현상

엘리 프레이저의 「생각 조종자들」에서 처음 등장한 단어이다. 필터버블로 이용자의 관심사에 맞춰져서 맞춤형 정보만이 제공되어 편향적인 정보만 보는 현상이다. 아마존에서는 이용자의 취향과 기호에 따라서 책을 추천하는 방식으로 호평을 받았다. 광고업체에서도 유용하게 사용하는 정보로 사용자가 관심을 가질 것 같은 광고를 선정하여 추천한다. 스마트폰에 담겨진 개인의 정보들로 데이터 분석이 가능해지면서 추천이 개인화가 가능하다. 개인화된 정보를 통해 맞춤뉴스와 정보들을 서비스하면서 구입율과 접근성을 높여준다. 최근에는 원하는 정보에만 접근하면서 다양한 의견을 확인하지 못하여 고정관념과 편견을 강화시키는 위험성도 존재한다.

321 ■■■

가상랜
VLAN :
Virtual Local
Area Network

가상으로 구성이 된 근거리 통신망(LAN)

스위치를 이용하여 배선이 없어도 방송 패킷이 전달되는 범위를 의미한다. 사용자가 원하는 최대한의 네트워크 구성이 가능하도록 하고 접속 포트나 MAC 주소 등으로 가상랜을 구상할 수 있도록 한다.

소상공인 결제 수수료 부담을 낮추기 위해 시행되고 있는 소상공인 간편결제시스템

소득공제 혜택을 위해서 도입된 시스템으로 2018년 12월 시범 도입되었다. 결제 방식은 애플리케이션으로 QR코드로 촬영하고 금액을 입력하고 결제하는 방식이다. 가맹점에서 생성한 QR코드를 스캔하여 결제하는 방식도 있다. 제로페이를 사용하면 소상공인은 결제 수수료를 지급하지 않아도 되고 소비자들은 40%의 소득공제를 받을 수 있다.

스마트폰이나 통신 기지국 등 통신 말단에서 데이터를 자체 처리하는 기술

중앙집중서버가 모든 데이터를 처리하는 클라우드 컴퓨팅과 다르게 분산된 소형 서버를 통해 실시간으로 처리하는 기술을 일컫는다. 사물인터넷 기기의 확산으로 데이터의 양이 폭증하면서 이를 처리하기 위해 개발되었다.

스마트폰을 통해 배움, 검색, 활동, 여행 욕구 등을 충족시키는 현상

2015년 구글에서 사용한 용어로, 알고 싶은 정보가 있다면 스마트폰으로 검색하여 그 즉시 욕구를 충족시키는 것을 의미한다. 짧은 시간 동안 콘텐츠를 소비하는 이용자의 찰나의 순간을 의미한다. 알고 싶은 순간, 사고 싶은 순간, 하고 싶은 순간, 가고 싶은 순간을 마이크로 모먼츠로 구분할 수 있다. 스마트폰을 통해 쇼핑을 하는 행위를 마이크로 모먼츠를 구매한다고 표현하기도 한다.

자동차를 정보통신 기술과 연결하여 쌍방향으로 소통을 할 수 있는 차량

커넥티드 카는 다른 차량이나 교통 및 통신 기반 시설(Infrast ructure)과 무선으로 연결하여 위험 경고, 실시간 내비게이션, 원격 차량 제어 및 관리 서비스뿐만 아니라 전자우편(E-Mail), 멀티미디어 스트리밍, 누리 소통망 서비스(SNS)까지 제공한다. 향후에는 자율 주행이나 자동차의 자동 충전, 그리고 운전자의 건강 상태나 혈중 알코올 농도를 파악하여 운전 가능 여부를 점검하는 서비스를 추가하는 방향으로 진화될 전망이다.

326 ■■■
사물 통신
M2M :
Machine to Machine

무선통신을 이용한 기계 사이의 통신

기계가 중심이 되어 연결되는 환경이다. 전기 · 가스 등을 원격으로 검침을 하거나 온도 · 습도 조절, 신용카드를 무선으로 조회하는 등의 부호 분할 다중접속(CDMA), GSM 등의 통신망을 이용한다.

327 ■■■
사물인터넷
IoT :
Internet of Things

인터넷으로 연결된 기기가 사람의 개입 없이 서로 정보를 주고받아 가전제품, 전자기기 등을 언제 어디서나 제어할 수 있는 신개념 인터넷

1999년 MIT대학의 캐빈 애시턴이 전자태그와 기타 센서를 일상생활에서 사용하는 사물을 탑재한 사물인터넷이 구축될 것이라고 전망하면서 처음 사용되었다. 이후 시장분석 자료 등에 사용되면서 대중화되었으며, 사물인터넷은 가전에서 자동차, 물류, 유통, 헬스케어까지 활용범위가 다양하다. 예를 들어 가전제품에 IoT 기능을 접목시키면 외부에서 스마트폰을 이용해 세탁기, 냉장고, 조명 등을 제어할 수 있다. 사물에서 다양한 센서를 통해서 정보를 수집한다. 온도 · 습도 · 초음파 등 다양한 센서가 내장된 사물에 장착되어 제어할 수 있다. 사물의 센서에서 수집된 정보는 분석 · 공유되어 다양한 서비스를 제공할 수 있다.

328 ■■■
근거리망
LAN :
Local Area Network

특정 구내 또는 건물 안에 설치된 네트워크

구분	LAN	MAN	WAN
지역적 범위	빌딩 또는 캠퍼스	도시지역	전국적
토폴로지	공통 버스 · 링크	공통 버스 또는 Regular Mesh	Irregular Mesh
속도	매우 높음	높음	낮음
에러율	낮음	중간정도	높음
Flow Control	간단	중간정도	복잡
라우팅 알고리즘	간단	중간정도	복잡
매체 접근	불규칙 스케줄	스케줄	없음
소유권	Private	Private 또는 Public	Public

329 ■■■■
화이트박스 테스트
White Box Test

구조적 · 코드기반 테스트로 내부 소스 코드를 테스트하는 기법

화이트박스 테스트는 구현 기반 테스트로 프로그램 내부에 오류를 찾기 위해 프로그램 코드의 내부구조를 테스트 설계 기반으로 사용하는 것이다. 화이트박스의 테스트 기법으로는 프로그램 복잡도 측정 · 평가를 위한 구조적 기법과 프로그램 루프 구조에서 실시하는 루프 테스트가 있다.

> **상식PLUS⁺** 블랙박스 테스트(Black Box Test)
> 기능 · 명세 기반 테스트로 코드가 아닌 요구 분석 명세서나 설계 사양서에서 테스트 케이스를 추출하여 오류를 찾아내는 것이다. 테스트 기법으로는 다양한 조건에서 테스트 사례를 선정하는 동등 분할 기법, 경계값 기준으로 테스트하는 경계값 분석 기법, 입력값과 출력값에 따라서 오류를 찾아내는 원인 · 결과 그래프기법, 경험으로 오류를 찾아내는 오류예측 기법이 있다.

330 ■■■■
온디맨드
On Demand

공급이 아닌 수요가 경제 시스템을 주도하는 것

플랫폼과 기술력을 가진 회사가 수요자의 요구에 즉각 대응하여 제품 및 서비스를 제공하는 것을 말한다. 기존의 거래는 고객이 직접 재화와 서비스가 있는 곳을 찾아갔지만 이제는 고객이 원할 때 서비스가 바로 제공되는 것이다. 한마디로 공급이 아닌 수요가 모든 것을 결정하는 체계를 갖는다. 온디맨드는 모바일을 중심으로 고객과 근처에 있는 서비스 제공자를 연결해 준다. 모바일을 통해 주문을 받은 서비스 제공자는 고객이 원하는 시간에 맞춰 서비스를 제공한다. 따라서 어디서나 원하는 상품을 주문하고 원하는 방식으로 즉각적인 서비스를 제공받을 수 있으며 오프라인에 집중되는 사업에게는 모바일, 온라인 플랫폼 등 판매 유통을 넓힐 수 있는 계기가 되고 있다. 온디맨드 경제의 대표적인 예로 외국에서 흔히 사용하는 '우버'가 있다. 우버(Uber)는 운송차량과 택시고객을 스마트폰 애플리케이션을 이용하여 연결시켜주는 세계적으로도 유명한 미국 운송 서비스 애플리케이션이다. 우리나라에서도 우버와 비슷한 종류의 카카오택시, 카카오 대리운전과 같은 스마트폰 애플리케이션을 통한 서비스를 제공하고 있다. 또한 스마트폰 애플리케이션으로 부동산 매물을 확인할 수 있으며 이러한 어플에서 개개인의 소비자 성향에 맞춰 그에 따른 서비스를 제공해준다.

331 ■■■▨
공공비축제도
公共備蓄制度

통신망 제공사업자는 모든 콘텐츠를 동등하고 차별 없이 다뤄야 한다는 원칙

통신망을 갖춘 모든 네트워크 사업자는 모든 콘텐츠를 동등하게 취급하고 인터넷 사업자들에게 어떤 차별도 하지 말아야 한다는 원칙을 말한다.

332 ■■■
빅테크
Big Tech

대형 정보기술 기업을 의미하는 단어

국내 금융업계에서는 카카오나 네이버 등의 플랫폼 사업이 금융시장으로 진출한 업체를 말한다. 카카오와 네이버에서 송금, 결제와 보험서비스까지 진출하고 있다. 빅테크가 금융권에 다가가면서 금융업계가 빅테크에 잡힐 수 있다는 금융권의 위기감을 나타내는 단어이다.

333 ■■■
등대공장
Lighthouse Fact

4차 산업혁명의 핵심 기술을 도입하여 제조업의 미래를 이끌고 있는 공장

사물인터넷(IoT)과 인공지능(AI), 빅데이터 등 4차 산업혁명의 핵심기술을 적극적으로 도입하여 제조업의 미래를 혁신적으로 이끌고 있는 공장을 의미한다. 세계경제포럼(WEF)이 2018년부터 선정하고 있는데, 한국에서는 처음으로 2019년 7월 포스코가 등대공장에 등재됐다.

334 ■■■
클라우드 컴퓨팅
Cloud Computing

서로 다른 물리적인 위치에 존재하는 컴퓨터들의 리소스를 가상화 기술로 통합·제공하는 기술

소프트웨어(Software) 등의 IT자원을 필요한 때 필요한 만큼 빌려 쓰고 이에 대한 사용요금을 지급하는 방식의 서비스이다. 클라우드 컴퓨팅은 높은 이용편리성으로 산업적 파급효과가 커서 차세대 인터넷 서비스로 두각을 나타내고 있다.

> **상식PLUS** 클라우드 컴퓨팅 필요기술
> 가상화 기술, 대규모 분산처리, 오픈 인터페이스, 서비스 프로비저닝, 자원 유틸리티, 서비스 수준관리(SLA), 보안·프라이버시, 다중 공유모델

335 ■■■
라이파이
Li-Fi

새로운 무선통신기술로 LED에서 나오는 가시광선으로 1초에 10기가바이트 속도로 데이터를 전달하는 방식

2011년 영국 해럴드 하스 교수가 와이파이(Wi-Fi)를 대적하는 새로운 근거리 통신기술로 제안한 기술이다. 가시광선으로 정보를 전달하는 것으로 대량의 정보를 빠르게 보낼 수 있다는 장점이 있다. 하지만 빛이 닿는 곳에만 통신이 되는 단점이 있어 조명이 늘 켜져 있어야 한다.

336 ■■■
다크 데이터
Dark Data

분석에 활용되지 않으나 수집되어 있는 다량의 데이터

냄새, 몸짓, 목소리 등 분석이 어려운 비정형 데이터로 리서치 기업 가트너는 미래에 사용 가능성만을 염두에 두고 수집되고 있는 다량의 데이터라 정의하였다. 정보를 수집하고 저장만 하고 사용하지 않는 특별한 목적이 없는 데이터이다. 로그 파일, 오래된 파일, 오래 전에 수신받은 이메일 등이 이에 해당한다. 대부분의 다크 데이터는 오디오, 비디오 등으로 저장 비용을 발생 시켜 필요 정보를 검색하는 데 시간을 소요하게 만드는 요소이기도 하다.

337 ■■■
온톨로지
Ontology

사물 간의 관계와 개념을 컴퓨터에서 활용 가능한 형태로 표현하는 것

존재론(Ontology)과 실재(Reality)에 대한 철학에서 유래한 용어이다. 인공지능, 시멘틱 웹, 자연어 처리(NLP) 등에 사용된다. 클래스, 인스턴스, 속성, 관계 등으로 구성된다. 온톨로지 작성에 대표언어로는 웹 온톨로지 언어(OWL), 형태제약언어(SHACL) 등이 있다.

338 ■■■
NFT
Non Fungible Token

블록체인 기술을 통해 디지털 콘텐츠에 별도의 인식값을 부여한 토큰

비트코인과 같은 가상자산과 달리 인터넷에서 영상 · 그림 · 음악 · 게임 등의 기존자산을 복제가 불가능한 창작물에 고유한 인식값을 부여하여 디지털 토큰화하는 수단이다. 블록체인 기술을 기반으로 하여 관련 정보는 블록체인에 저장되면서 위조가 불가능하다. 가상자산에 희소성과 유일성과 같은 가치를 부여하는 신종 디지털 자산이다. 슈퍼레어, 오픈씨, 니프티 게이트웨이 등 글로벌 플랫폼에서 거래되며 최근 디지털 그림이나 영상물 등의 영향력이 높아지고 있다.

339 ■■■
중앙처리장치
CPU :
Central Processing Unit

컴퓨터 시스템 전체를 제어하고 자료의 모든 연산을 수행하고 명령어를 실행하는 데 필요한 데이터를 보관하는 장치

레지스터에 의해 기억기능이 수행한다. 산술연산과 논리연산을 위해 사용하며 연산장치에 의해 처리된다. 레지스터와 연산장치 간의 인터페이스인 버스를 통해 동작하고 PC(Program Center)에 의한 CPU의 주상태에 의해 제어된다.

340 ■■■■
오픈소스 SW
Open Source SW

라이선스 비용 지불 없이 무료로 공개된 소스코드

누구나 사용 · 복제 · 수정이 가능한 소프트웨어이다. 소프트웨어 사용제한을 막기 위해 리처드 스톨만이 자유소프트웨어재단을 설립하여 자유소프트웨어 운동을 전개하면서 자유로이 오픈소스 SW를 사용할 수 있게 되었다.

> **상식PLUS⁺** 오픈소스 SW 라이선스(Open Source Software License)
> 오픈소스 SW 개발자와 이용자 간의 조건을 명시한 계약이다. 무료 이용, 배포, 소스코드 취득 · 수정 등의 특징이 있다. GPL(General Public License), LGPL(Lesser General Public License) 등이 있다.

341 ■■■□
크립토재킹
Cryptojacking

가상화폐 사이버 범죄 중 하나

사용자 PC를 해킹하여 해커가 가상화폐를 채굴하는 용도로 활용하는 사이버 범죄이다. 개인 PC에서 채굴된 가상화폐를 해커의 전자지갑으로 전송하는 방식으로 주로 새벽 시간에 활동하여 피해자도 알지 못하는 경우가 많다.

342 ■■■□
Mbps
Mega Bit
per Second

1초당 1백만 비트를 보내는 데이터 전송 속도 단위

bps는 'Bit per Second'의 약자로 1초 동안 전송가능한 모든 비트의 수를 의미한다. gbps는 초당 보낼 수 있는 정보의 양을 나타나는 단위로 1초에 약 10억 비트의 데이터의 전송 속도를 나타낸다. 변조속도(Baud)는 신호의 변환과정에서 초당 전송되는 신호변화의 횟수로 초당 전송할 수 있는 최단 펄스의 수를 말한다.

> **상식PLUS⁺** 데이터 표현단위
> ㉠ 비트(Bit) : Binary Digit의 약자로 데이터(정보) 표현의 최소 단위로 1비트는 0 또는 1의 값을 표현한다.
> ㉡ 니블(Nibble) : 4Bit로 구성된 값으로 통신에서는 Quad Bit로 사용하기도 한다.
> ㉢ 바이트(Byte) : 하나의 문자, 숫자, 기호의 단위로 8Bit의 모임으로 주소 · 문자표현의 최소 단위이다.
> ㉣ 워드(Word) : CPU 내부에서 명령을 처리하는 기본 단위로 연산의 기본 단위가 된다.
> ㉤ 필드(Field) : 항목(Item) 이라고도 하며, 하나의 수치 또는 일련의 문자열로 구성되는 자료처리의 최소단위이다.
> ㉥ 레코드(Record) : 하나 이상의 필드가 모여 구성되는 프로그램 처리의 기본 단위이다.

컴퓨터
Computer

기억장치에 담긴 명령어들에 의해 조작되며, 주어진 자료를 입력받아 정해진 과정에 따라 처리하여 그 결과를 생산하고 저장할 수 있도록 해주는 전자장치

자료를 처리하기 위해서 필요한 자료를 받아들이는 입력기능, 처리대상으로 입력된 자료와 처리결과로 출력된 정보를 기억하는 기억기능, 주기억장치에 저장되어 있는 자료들에 대하여 산술 및 논리연산을 행하는 연산기능, 주기억장치에 저장되어 있는 명령을 해독하여 필요한 장치에 신호를 보내어 자료처리가 이루어지도록 하는 제어기능, 정보를 활용할 수 있도록 나타내 주는 출력기능 5가지의 기능이 있다.

상식PLUS⁺ 컴퓨터 단위

㉠ 컴퓨터의 처리속도 단위
- ms(milli second) : 10^{-3} sec(1/1,000)
- μs(micro second) : 10^{-6} sec(1/1,000,000)
- ns(nano second) : 10^{-9} sec(1/1,000,000,000)
- ps(pico second) : 10^{-12} sec(1/1,000,000,000,000)
- fs(femto second) : 10^{-15} sec(1/1,000,000,000,000,000)
- as(atto second) : 10^{-18} sec(1/1,000,000,000,000,000,000)

㉡ 컴퓨터 기억용량 단위
- 킬로 바이트(KB) : 2^{10} byte
- 메가 바이트(MB) : 2^{20} byte(1024 KB)
- 기가 바이트(GB) : 2^{30} byte(1024 MB)
- 테라 바이트(TB) : 2^{40} byte(1024 GB)
- 페타 바이트(PB) : 2^{50} byte(1024 TB)
- 엑사 바이트(EB) : 2^{60} byte(1024 PB)
- 제타 바이트(ZB) : 2^{70} byte(1024 EB)
- 요타 바이트(YB) : 2^{80} byte(1024 ZB)

IDFA
Identity for
Advertisers

애플의 기기에 부여된 고유의 광고 식별자

웹 검색기록, 앱 활동내역 등 기기 이용자의 기기 사용기록을 추적하는 사용자 추적 소프트웨어이다. 수집된 정보는 광고주들에 의해 이용자에게 맞춤형 광고를 제공할 수 있다. 애플은 IDFA를 활성화하여 정보를 수집하다가 ios 14.5에서부터 앱 추적 투명성(ATT) 기능을 도입하면서 옵트인 방식으로 변경되었다. 기기 이용자의 동의가 없는 한 사용 이력을 추적을 할 수 없어서 기업에서 표적 광고의 정확도 하락과 광고비용 증가로 이어지고 있다. 구글의 광고식별자는 GAID(Google Advertising Identity)이다.

345 ■□□□
BCD코드
Binary Coded Decimal

6비트를 사용하는 기본적인 코드이다.

6비트로 2^6(64)가지의 문자표현이 가능하나 영문자 대 · 소문자를 구별 못하는 문제점이 있다.

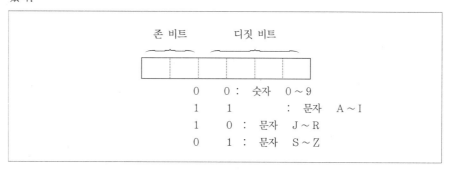

> **상식PLUS⁺ 코드의 종류**
>
> ㉠ ASCII 코드(American Standard Code For Information Interchange) : BCD코드와 EBCDIC코드의 중간 형태로 미국표준협회(ISO)가 제안한 코드로 7비트로 2^7(128)가지의 문자표현이 가능하다. 일반 PC용 및 데이터 통신용 코드이다.
> ㉡ EBCDIC 코드(Extended Binary Coded Decimal Interchange Code) : BCD코드의 확장코드로 8비트로 2^8(256)가지의 문자표현이 가능하고 주로 대형 컴퓨터에서 사용되는 범용코드이다.

346 ■■■□
디버깅
Debugging

오류 수정 및 컴퓨터 프로그램의 잘못을 찾아내고 고치는 작업

일단 작성된 프로그램들이 정확한가, 즉 잘못 작성된 부분이 없는가를 조사하는 과정이다. 이 작업은 기계에 넣기 전에 책상 위에서 주어진 문제대로 프로그램이 작성되었는가를 순서도와 메모리의 작업 영역표에 실제 데이터를 넣어서 수동 작업으로 정확한 결과가 나오는가를 검사하는 데스크상의 검사와 컴퓨터를 이용한 표준적 데이터로 메인 루틴을 조사하는(이때, 예외 사항이 포함된 데이터와 오류가 있는 데이터 포함) 컴퓨터를 사용한 검사이다. 실제 데이터를 사용하는 조사 등 세 단계로 나누어 진행된다. 또한 이 작업은 프로그램의 한 스텝 한 스텝씩을 추적해가는 추적(Trace) 기능을 이용해도 좋지만, 프로그램 처리 내용이나 기억 장치의 내용을 덤프하여 디버그 보조기(Debugging Aid)를 이용하는 것이 바람직하다.

> **상식PLUS⁺ 관련 용어**
>
> ㉠ 디버그(Debug) : 프로그램 개발 마지막에서 프로그램 오류를 밝혀내는 작업을 의미한다.
> ㉡ 디버거(Debugger) : 오류를 수정하는 소프트웨어를 의미한다.

디코더
Decoder

해독기라는 의미로 코드형식의 2진 정보를 다른 형식의 단일신호로 바꾸어 주는 회로

2비트로 코드화된 정보는 네 가지 조합을 만들 수 있으므로, 이 때에 출력되는 신호를 $D_0 \sim D_3$이라 한다면 아래와 같은 진리표와 회로도를 이용하여 2×4 해독기를 설계할 수 있다.

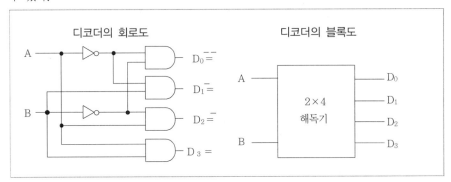

> **상식PLUS⁺ 인코더(Encoder)**
> 부호라는 의미로 해독기와 정반대의 기능을 수행하는 조합 논리회로로서 여러 개의 입력단자 중 어느 하나에 나타난 정보를 여러 자리의 2진수로 코드화하여 전달하는 것이다. 4×2 부호기는 4개의 입력단자 $D_0 \sim D_3$ 중 어느 하나에 나타난 입력정보를 2진수로 부호화하여 출력한다.

논리 게이트
Logic Gate

게이트를 통해 2진 입력정보를 처리하여 0 또는 1의 신호를 만드는 기본적인 논리회로

반가산기는 두 개의 변수에서 입력되는 2진수 한 자리의 비트를 덧셈하는 회로이며, 전가산기는 2자리 2진수와 반가산기에서 발생한 자리올림(Cin)을 함께 덧셈하는 회로이다.

> **상식PLUS⁺ 조합 논리회로(Combinational Logic Circuit)**
> 출력값이 입력값에 의해서만 결정되는 논리 게이트(Logic Gate)로 구성된 회로이다.

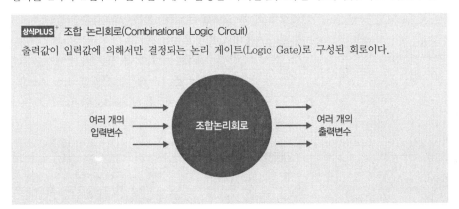

멀티플렉서

MUX :
Multiplexer

여러 회선의 입력이 한 곳으로 집중될 때 특정회선을 선택하는 선택기

어느 회선에서 전송해야 하는지 결정하기 위하여 선택신호가 함께 주어져야 한다. 이 회로를 이용하면 여러 입출력 장치에서 일정한 회선을 통하여 중앙처리장치로 전해 줄 수 있고, 하나의 입력회선에 여러 터미널을 접속하여 사용할 수 있다. 입력회선이 네 개다.

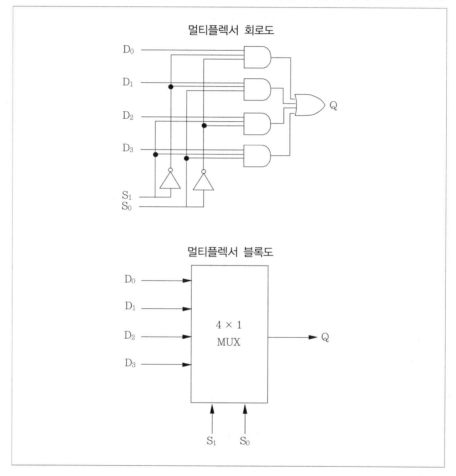

멀티플렉서 회로도

멀티플렉서 블록도

상식PLUS⁺ 디멀티플렉서(DMUX : Demultiplexer)
멀티플렉서와 반대기능을 수행하며 하나의 입력 회선을 여러 개의 출력회선으로 연결하여 선택신호에서 지정하는 하나의 회선에 출력하므로 분배기라고도 한다.

플립플롭

FF :
Flip Flop

두 가지 상태 중 어느 하나를 안정된 상태로 유지하는 쌍안정 멀티바이브레이터 (Bistable Multivibrator)로 각 상태를 1과 0으로 대응시키면 1비트를 기억한 것과 같은 형태

플립플롭은 입력이 변하지 않는 한, 현재 기억하고 있는 값을 유지하고 서로 보수관계에 있는 2개의 출력이 나오고, Q, $\overline{Q}$로 나타낸다.

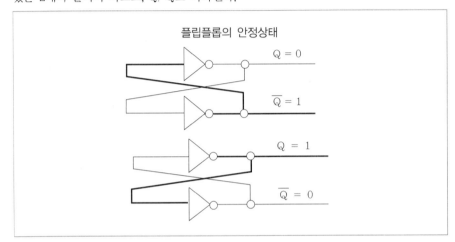

플립플롭의 안정상태

그림은 NOT 게이트를 Q와 $\overline{Q}$의 안정된 상태를 유지할 수 있도록 구성한 것이다. Q가 1인 경우 되먹임되는 $\overline{Q}$는 0이 되고, $\overline{Q}$가 1인 경우 되먹임되는 Q가 0이 된다. 이러한 상태는 외부의 어떤 작용이 없으면 현재의 상태를 계속해서 유지할 수 있지만, Q와 $\overline{Q}$가 모두 1이거나 모두 0인 경우는 불안정상태가 된다.

상식PLUS⁺ 플립플롭의 종류

㉠ RS(Set / Reset) 플립플롭 : S(Set)와 R(Reset)인 두 개의 상태 중 하나를 안정된 상태로 유지 시키는 회로로서, 외부에서 입력되는 펄스가 1인 경우를 S, 0인 경우를 R로 하여 어느 펄 스가 입력되었는지 그 상태를 보존시킨다.

㉡ JK(Jack / King) 플립플롭 : RS 플립플롭을 개량하여 S와 R이 동시에 입력되더라도 현재 상태 의 반대인 출력으로 바뀌어 안정된 상태를 유지할 수 있도록 한 것이다.

㉢ D(Delay) 플립플롭 : RS 플립플롭을 변형시킨 것으로 하나의 입력단자를 가지며, 입력된 것 과 동일한 결과를 출력한다.

㉣ T(Toggle) 플립플롭 : 펄스가 입력되면 현재와 반대의 상태로 바뀌게 하는 토글(Toggle)상태 를 만드는 회로이다.

연산된 데이터가 이동될 때 까지 대기하고, 이동된 내용이 연산될 때까지 대기시키는 역할을 수행하는 곳

비트 정보를 일시적으로 저장하거나 입출력 정보를 바꾸거나, 저장된 정보를 다시 꺼내 쓰기 위한 용도로 프로그램 수행 도중에 데이터의 요구가 있을 때까지 또는 버스나 다른 장치가 데이터를 받을 준비가 될 때까지 일시적으로 데이터를 기억하는 임시기억장치이고 플립플롭들이나 래치들로 구성된다. n비트 레지스터는 n개의 플립플롭으로 구성된다.

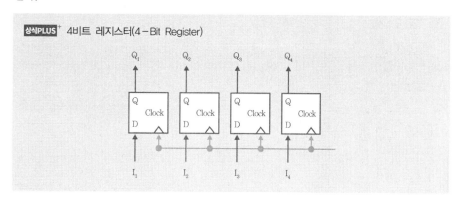

상식PLUS⁺ 4비트 레지스터(4-Bit Register)

두 가지의 요소에 대하여 하나를 택하는 것과 같은 연산을 수행하는 논리

영국의 수학자 불에 의해 창안되었다. 불 대수는 참과 거짓 또는 이것을 숫자로 바꾼 1과 0으로 연산을 하는데, 이것을 논리상수라 한다. 이들 값을 기억하는 변수는 논리변수 또는 2진 변수라 한다. 불 대수를 사용하면 컴퓨터 내부의 회로에 대한 것을 연산식으로 나타내어 설계와 분석을 쉽게 할 수 있고, 그 결과를 회로에 대응시킬 수 있으므로 논리회로를 다루는 데 편리하다. 기본연산으로 논리곱(AND), 논리합(OR), 논리부정(NOT), 배타적 논리합(XOR)이 있다.

상식PLUS⁺ 불 함수(Boolean Function)
불 대수에 의하여 표현된 식으로 불 변수와 기본연산인 논리곱(AND), 논리합(OR), 논리부정(NOT)으로 표현한 식이다. 불 대수를 논리대수라고 하듯이 불 함수를 논리함수 또는 논리식이라고 한다.

소프트웨어
Software

하드웨어 각 장치들의 동작을 지시하는 제어신호를 만들어서 보내주는 기능과 사용자가 컴퓨터를 사용하는 기술

시스템 소프트웨어와 응용 소프트웨어가 있다. 시스템 소프트웨어는 사용자가 컴퓨터에 지시하는 명령을 지시 신호로 바꿈으로써 하드웨어와 사용자를 연결하여 사용자가 하드웨어를 사용할 수 있도록 하는 것이고 응용 소프트웨어는 단독으로 동작하지 못하고 시스템 소프트웨어의 제어에 의하여 동작하는 것이다.

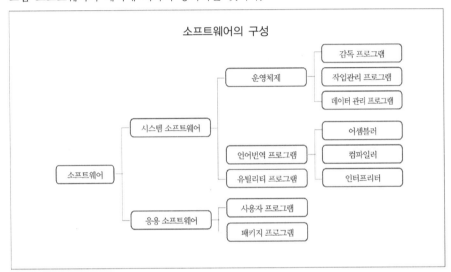

소프트웨어의 구성

상식PLUS⁺ 하드웨어(Hardware)

① 정의 : 컴퓨터 시스템을 구성하고 있는 모든 전자 · 기계적 장치를 말한다.
② 하드웨어 시스템 구성

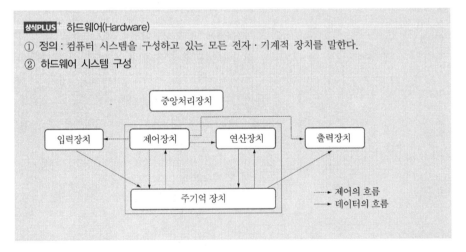

354 ■■▨
마이크로
프로세서
Micro Processor

제어장치와 연산장치의 주요 기능을 하나의 칩에 저장한 일종의 중앙처리장치

마이크로 컴퓨터는 마이크로 프로세서와 기억장치 및 주변장치 사이를 연결하는 입·출력 인터페이스(Interface), 그리고 이들 사이에 신호를 전달하는 버스(Bus)로 구성된다. 마이크로 프로세서가 개발됨으로써 컴퓨터는 급진적으로 소형화되고, 가격이 저렴해져서 개인용, 업무용으로 널리 보급되기 시작했다.

> **상식PLUS** 프로세서 종류
> ㉠ CISC(Complex Instruction Set Computer) : 복잡한 명령어집합 컴퓨터로 고급언어의 모든 명령이 기계어로 대응되도록 설계하여 컴파일 동작을 간소화하고 컴퓨터의 성능을 향상시킨다.
> ㉡ RISC(Reduced Instruction Set Computer) : 간소화된 명령어 집합을 가지고 있어 실행시간이 줄고, 적은 회로영역을 차지하여 여분의 영역은 CPU의 다른 기능을 수행할 수 있다.

355 ■■▨
스케줄링
Scheduling

처리해야 하는 순서를 CPU가 처리하는 과정

정적 스케줄링과 동적 스케줄링이 있다. 정적 스케줄링은 각 태스크를 프로세서에게 할당하고 실행되는 순서가 사용자의 알고리즘에 따르거나 컴파일할 때에 컴파일러에 의해 결정되는 스케줄링이다. 동적 스케줄링은 프로그램이 실행될 때 각 태스크를 처리기에게 할당하는 방법이다.

356 ■▨▨
카운터
Counter

입력펄스에 따라 레지스터의 상태가 미리 정해진 순서대로 변화하는 레지스터

어떤 사건의 발생횟수를 세거나 동작순서를 제어할 때 사용한다. 모든 플립플롭이 같은 클럭펄스를 입력받아 동기되고 정해진 순서대로 상태가 변하는 동기 카운터(Synchronous Counter)와 연속된 플립플롭에서 한 플립플롭의 출력이 다음 플립플롭의 클록으로 연속적으로 전달되는 비동기 카운터(Asynchronous Counter)가 있다.

357 ■■■
펌웨어
Firmware

속도가 빠르고 반영구적인 ROM에 기록된 마이크로 프로그램의 집합

대부분의 컴퓨터 주변기기에는 하드웨어와 소프트웨어 사이를 궁합이 잘 맞도록 조정해주는 부분이 있는데, 그것은 소프트웨어를 하드웨어화시킨 것으로서 소프트웨어와 하드웨어의 중간에 해당하는 것이다.

버스
Bus

중앙처리장치 내부 또는 외부의 자료, 주소, 제어신호를 전달하는 역할

CPU에서는 주소(번지)버스(Address Bus)와 데이터버스(Data Bus)가 주로 사용된다. 주소(번지)버스는 주기억장치의 주소를 지정하기 위한 신호선이다. 데이터버스는 CPU와 주기억장치에서 데이터를 송수신하기 위한 신호선, 제어버스(Control Bus)는 시스템 동작을 제어하기 위한 신호선이다.

> **상식PLUS** 설계방식에 따른 버스의 발달과정
> ㉠ ISA : 한 번에 16비트를 이동하는 버스로 호환성은 좋으나 처리속도가 느려 병목현상이 발생한다.
> ㉡ EISA : ISA를 개선하여 32비트를 이동한다.
> ㉢ VESA : 병목현상을 개선하기 위해 등장한 버스로 32비트를 이동한다.
> ㉣ PCI : 최대 64비트까지 이동가능하고 표준화된 클럭속도와 커넥터를 가진다.
> ㉤ AGP : 팬티엄에서 그래픽카드의 인터페이스로 이용한다.

인터럽트
Interrupt

정상적인 명령어 인출단계로 진행하지 못할 때에 실행을 중단하지 않고 특별히 부여된 작업을 수행한 후 원래의 인출단계로 진행하도록 하는 것

정전이나 기계적 고장, 프로그램상의 문제, 프로그램 조작자에 의한 의도적인 중단, 입·출력조작에 CPU의 기능이 요청되는 경우, 프로그램에서 오버플로나 언더플로 인터럽트 요청에 의해서 인터럽트가 발생한다. 중앙처리장치와 주변장치의 차이에 따른 효율적인 시스템자원의 활용과 기계적 장애로 인하여 실행하던 프로그램을 완료하지 못하였을 때, 처음부터 다시 하지 않아도 되도록 할 수 있기 때문에 인터럽트는 필요하다.

마이크로 동작
Micro Operation

마이크로 동작은 CPU 내에서 하나의 명령어를 수행하기 위한 기본적인 동작

레지스터에서 레지스터로의 2진 정보를 전송하는 레지스터 전송 마이크로 동작, 레지스터에 저장된 숫자 또는 데이터에 대해 산술동작을 수행하는 산술 마이크로 동작, 레지스터에 저장된 숫자가 아닌 데이터의 비트스트링 사이에 이루어지는 2진 연산인 논리 마이크로 동작, 레지스터 내용에 대한 시프트 동작을 실행하는 것이다. 직렬 컴퓨터에서는 레지스터 간에 2진 정보를 전송하기 위하여 사용되고, 병렬 컴퓨터에서는 산술, 논리연산을 수행하기 위하여 사용되는 시프트 마이크로 동작이 있다.

**프로그래밍
언어**
Programing Language

컴퓨터와 사람이 원활하게 소통할 수 있도록 만들어진 언어

하드웨어가 이해할 수 있도록 0과 1로 작성되는 기계어이다. 작성한 언어를 컴파일러나 인터피리터 등으로 기계어로 번역하여 컴퓨터가 이해할 수 있는 언어이다. 기계중심적인 언어인 저급언어로 기계어와 어셈블리어가 있고, 사람이 이해하기 쉬운 언어인 고급언어로는 포트란, 파이썬, 자바, C, 포트란, 베이식 등이 있다.

종류	예시
인공지능 언어	LISP, PROLOG, SNOBOL 등
구조적 언어	PASCAL, Ada 등
객체 지향 언어	Smalltalk, C++, JAVA 등
비주얼 프로그래밍언어	Visual BASIC, Visual C++, Delphi, Power Builder 등

상식PLUS⁺ 프로그래밍 언어의 종류

㉠ **자바(Java)** : 객체지향의 프로그래밍 언어로 썬 마이크로시스템즈 연구원들에 의해 개발되었으며 간략하고 네트워크 기능 구현이 용이한 객체지향 프로그래밍 언어이다. 객체지향 프로그래밍은 프로그램 작성 시, 각각의 역할을 가진 객체가 프로그램을 구성하는 것으로 비슷한 역할의 다른 프로그램을 할 경우 이전의 객체를 활용할 수 있다. 자바는 보안이 높고, 여러 기계에서 사용할 수 있다는 장점을 가진다.
㉡ **자바스크립트(JavaScript)** : 객체 기반의 스크립트 프로그래밍 언어이다. 웹 브라우저에 자주 사용되며 간단한 코딩을 짜는 것에 편리하나 보안에 취약하다. 오픈소스가 다양하게 공유되어 있으며 별도의 컴파일 과정이 없어 처음에 배우기 좋다.
㉢ **파이썬(Python)** : 네덜란드 개발자가 개발한 프로그래밍 언어로 문법이 간결하고 표현구조와 사람의 사고체계와 유사하여 초보자도 쉽게 배울 수 있다. 독립적인 플랫폼으로 다양한 플랫폼에서 사용이 가능하다.
㉣ **C언어** : 시스템 기술용 프로그래밍 언어로 벨 연구소에서 개발한 시스템 언어이다. 컴퓨터 구조에 맞는 기초 기술이 가능하며 간결한 표기를 가지는 것이 특징이다. 안드로이드나 IOS의 운영체제에 사용되었다.
㉤ **C++언어** : C언어를 객체 지향 프로그래밍 언어로 지원하기 위한 언어로 자료 은닉과 재사용성, 다양성 등의 특징이 있다.

프로토콜
Protocol

두 개의 시스템 간에서 정보를 교환하기 위한 규정 또는 약속

프로토콜의 요소로는 메시지의 서식, 부호화, 신호 레벨에 대한 방법인 메시지의 표현, 메시지를 송·수신 시스템 간에 올바르게 전달하기 위한 제어법, 통신로를 효율적으로 이용하는 방법, 서로가 보조를 맞추어서 통신의 진행을 하는 방법이 있다.

제어장치
Control Unit

명령어를 기억장치로부터 하나씩 가져와서 해독하는 것

명령어 해독과 연산을 위하여 제어신호를 만들어 내는 레지스터의 종류이다.

상식PLUS⁺ 제어장치의 종류 및 기능

장치명	장치의 기능
프로그램 카운터 (Program Counter)	• 명령계수기라고도 한다. • 다음에 실행할 명령이 들어 있는 번지를 기억하는 레지스터 명령이 주기억장치로부터 판독되어 실행단계에 들어가면 프로그램 카운터의 내용에 1이 더해진다. • CPU는 프로그램 카운터가 나타내는 번지의 명령을 주기억 장치로부터 순차 판독하여 실행 할 수 있다. • 이 레지스터로부터 프로그램의 수행순서가 결정되기 때문에 컴퓨터의 실행순서를 제어하는 역할을 수행한다.
명령 레지스터 (Instruction Register)	• 현재 실행중인 명령을 기억한다. • 제어장치로 하여금 그 명령이 올바르게 수행되도록 제어정보를 제공한다. • 명령 레지스터에 있는 명령어는 명령해독기에 의해서 명령의 의미가 해독되어 타이밍이 조정된 후 제어신호로써 각 구성 요소에 전달된다.
누산기 (ACC : Accumulator)	연산장치를 구성하는 중심이 되는 레지스터로서 사칙연산, 논리연산등 결과를 임시로 기억한다.
메모리 주소 레지스터 (Instruction Register)	프로그램 카운터가 지정한 주소를 일시 저장하는 레지스터이다.
메모리 버퍼 레지스터 (Instruction Register)	주소 레지스터가 지정하는 해당 번지의 기억장치에 있는 내용을 임시로 보관한다.
명령 해독기 (Instruction Decoder)	명령 레지스터의 명령을 해독하여 부호기로 전송하는 장치로 AND 회로로 구성되어 있다.
부호기 (Encoder)	명령 해독기에서 보내온 명령을 실행하는 데 필요한 제어신호를 발생시켜 명령 실행을 지시하는 장치라 할 수 있다. OR회로로 구성되어 있다.
번지 해독기 (Address Decoder)	• 명령 레지스터의 번지부로부터 보내온 번지를 해독하고 해독된 번지에 기억된 내용을 데이터 레지스터로 불러내는데 필요한 신호를 보내주는 장치이다. • 수치로 된 주소값을 메모리상의 실제 주소로 변환하는 장치이며 데이터가 주기억장치에 기억될 때나 인출될 때에는 반드시 데이터 레지스터를 거쳐야 한다. • 데이터 레지스터는 데이터가 이동하는 경우에 데이터의 이동을 중계하는 역할을 하는 레지스터이다.
범용 레지스터 (General Register)	• 기능을 정해 놓지 않은 레지스터로 주소지정, 연산을 위한 데이터 보관용, 제어용 정보의 보관하는 레지스터. • 누산기(ACC : Accumulator), 베이스레지스터, 계수기 레지스터가 있다.

명령어
Instruction

컴퓨터가 어떻게 동작해야 하는지를 나타내는 것

제어장치에서 해독되어 동작이 이루어진다. 명령어는 모드 필드(Mode)에서 0(직접명령) 또는 1(간접명령)이 저장된다. 연산자(OP Code)에서 컴퓨터에게 명령을 지시하고 번지부(Address)에서 처리해야 할 데이터가 어디에 있는지 표현한다.

Mode	Operation Code	Address(Operand)

> **상식PLUS⁺ 명령어 형식**
> ㉠ 0 – 주소명령형식 : 번지부를 사용하지 않고 스택(Stack) 메모리를 사용한다. 계산하기 위해 후위식으로 바꾸어 주어야 한다.
> ㉡ 1 – 주소명령형식 : 데이터처리는 누산기(Accumulator)에 의해 처리된다.
> ㉢ 2 – 주소명령형식 : 가장 흔히 사용하는 방식으로 주소는 메모리나 레지스터의 번지이다. 주소1과 주소2를 연산하여 주소1에 기억시킨다.
> ㉣ 3 – 주소명령형식 : 주소1과 주소2를 연산하여 주소3에 기억시킨다. 프로그램의 길이는 줄일 수 있으나 명령어의 길이가 길어진다.

DMA
Direct Memory Access

입·출력에 관한 모든 동작을 자율적으로 수행하는 방식

DMA는 중앙처리장치로부터 입·출력에 관한 사항을 모두 위임받아 입·출력동작을 수행하며, 자기드럼이나 자기디스크와 같이 속도가 빠른 장치에서 원하는 만큼의 데이터를 입·출력시켜 준다. 하나의 버스를 통하여 여러 개의 인터페이스와 함께 연결된 입·출력장치를 제어한다. DMA 전송을 수행하기 위해 주기억장치에 접근을 요청하는 기능, 입력과 출력 중 어느 동작을 수행할 것인지를 나타내는 기능, 어디의 데이터를 얼마만큼 입·출력할 것인지를 나타내는 기능, 데이터의 입·출력이 완료되었을 때 그 사실을 중앙처리장치에 보고하는 기능을 필요로 한다.

HDLC
High Level Data
Link Control

반이중과 전이중의 두 통신형태기능을 가진 프로토콜

Point to Point 또는 Multipoint 링크상에서 사용한다. 주스테이션 – 부스테이션(호스트 – 터미널)과 Peer(컴퓨터 – 컴퓨터) 사이에서 사용한다. 에러제어를 위해 Continuous RQ를 사용한다. ISO의 국제표준의 데이터 링크 프로토콜이다. 정규 응답모드(NRM : Normal Response Mode), 비동기 평형모드(ABM : Asynchronous Balanced Mode), 비동기 응답모드(ARM : Asynchronous Response Mode)가 있다.

인터페이스
Interface

사용자와 시스템 간의 정보교류를 원활하게 이뤄지도록 하는 장치 또는 소프트웨어

전압, 주파수와 같은 전기적 특성과 기계적 특성, 명령·응답과 같은 논리적 특성 등으로 구성되어 모든 조건이 일치하면 상호작용을 도와주는 것이다.

> **상식PLUS** 인터페이스 종류
> ㉠ 하드웨어 인터페이스(Hardware Interface) : 정보기기의 하드웨어 간에 원활한 통신을 위한 신호의 송수신 방법으로 플러그, USB, RS – 232C, SCSI, 카드 등이 있다.
> ㉡ 소프트웨어 인터페이스(Software Interface) : 통신을 위해 소프트웨어 간에 메시지를 전달하는 인터페이스이다.
> ㉢ 사용자 인터페이스(UI : User Interface) : 기계와 사용자 간의 정보교류를 위한 인터페이스로 인간 – 기계 인터페이스(MMI : Man – Machine Interface)이다.

368 ■■■
사용자 인터페이스
UI :
User Interface

사용자와 시스템 간에 원활한 의사소통을 위한 소프트웨어

정보제공·전달하는 물리적 제어의 분야, 콘텐츠의 상세표현과 전체 구성과 관련된 분야, 모든 사용자가 쉽고 편리하게 사용하는 기능에 관련한 분야가 있다. 사용자가 제일 자주 보는 영역으로 만족도에 큰 영향을 주므로 자주 변경이 된다. 직관성, 유효성, 학습성, 유연성을 기본원칙으로 삼는다. 설계를 할 때에는 사용자가 사용할 때 이해하기 편리해야하며 일관성있고 단순하게 제공되어야 한다.

> **상식PLUS** UX(User Experience)
> 사용자가 서비스를 이용하면서 느끼는 경험을 의미한다. 기능의 효용성뿐만이 아니라 사용자와 소통과 상호 교감을 통해서 일어나는 경험이다. 주관성, 정황성, 총제성의 특징을 가진다.

369 ■■■
데이터 웨어하우스
Data Warehouse

방대한 조직 내 데이터베이스를 효과적으로 관리하는 공간

1980년대 IBM이 자사 하드웨어를 판매하기 위해 도입한 것으로, 정보(Data)와 창고(Warehouse)의 합성어이다. 기업이 정보를 효율적으로 관리하기 위해 만들어진 것이다. 조직에서 분산되어 있는 데이터 베이스를 데이터를 추출·저장·조회한다. 주제별로 구성하고 일관적인 형태로 변환하여 통합성이 유지된다. 정해진 기간 동안 시계열성을 유지하며 한번 보관된 정보는 변경이 수행되지 않는 일관성이 유지된다.

> **상식PLUS** 데이터 마트(Data Mart)
> 하나의 부서 중심으로 이뤄진 비교적 작은 규모의 데이터 웨어하우스와 같다.

각 단계를 분업화하여 차례대로 진행시키는 과정

하나의 프로세서를 서로 다른 기능을 가진 여러 개의 서브 프로세서로 나누어 각 프로세서가 동시에 서로 다른 데이터를 처리하도록 하는 기법이다. 각 세그먼트에서 수행된 연산결과는 다음 세그먼트로 연속적으로 넘어가게 되어 데이터가 마지막 세그먼트를 통과하면 최종 연산결과를 얻게 된다. 하나의 연산에서 연산을 중복시키는 것은 각 세그먼트마다 레지스터를 둠으로써 가능하다. 매 클럭펄스마다 각 세그먼트의 결과가 레지스터에 보관된다.

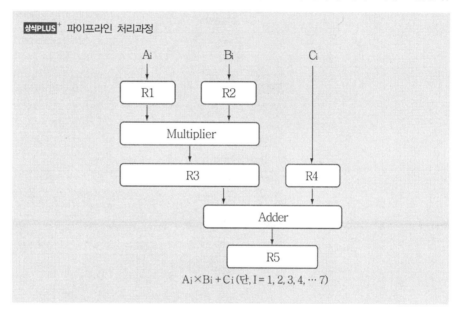

상식PLUS⁺ 파이프라인 처리과정

$A_i \times B_i + C_i$ (단, $I = 1, 2, 3, 4, \cdots 7$)

근거리망을 나타내는 요소

1개의 통신회선에 여러 개의 단말기 접속하는 버스형, 이웃하는 노드끼리만 연결하는 링형, 중앙 노드에 의해 모든 통신제어가 이루어지는 중앙집중형인 별(Star)형(성형), 노드가 트리구조로 연결하는 트리형, 모든 노드와 노드를 통신회선으로 연결하는 망형이 있다. 전송 속도와 전송거리를 결정하는 요소로 광섬유, 트위스티드 페어(Twisted Pair), 동축케이블 등이 있다.

하드웨어 사양과 규격 등을 공개하여 추가 시스템이 개발이 가능하도록 하는 것

개방형 구조라는 의미로 하드웨어 제조업체가 규격을 공개하여 시스템용 어댑터나 소프트웨어, 애플리케이션 등의 개발에 이용이 가능한 것을 의미한다.

데이터 통신
Data
Communication

정보수요를 충족하기 위한 정보전달기능과 전달된 정보의 처리기능을 상호결합하여 가장 경제적이고 효율적으로 실현하기 위한 시스템

> **상식PLUS⁺** 데이터 통신 네트워크(Data Communication Network)
>
> ㉠ **WAN**(Wide Area Network) : 전국 규모의 광범위한 지역에 설치되는 광역망이다.
>
> ㉡ **LAN**(Local Area Network) : 특정 구내 또는 건물 안에 설치된 네트워크이다.
>
> ㉢ **공중망**(Public Carrier Network) : 전기통신 사업자가 공익사업으로 설치한 망이다.
>
> ㉣ **기업 사설망**(Enterprise Wide Private Network) : 기업체가 전용회선을 전기통신사업자로부터 빌리고 사설교환기를 설치하여 각 지점간의 데이터 통신을 가능하게 한 망이다.
>
> ㉤ **전화망**(PSTN : Public Switched Telephone Network) : 전화망은 데이터 통신용으로 설계된 것이 아니므로 모뎀을 이용해야 데이터 통신을 할 수 있다.
>
> ㉥ **공중 데이디 교환망**(PSDN : Public Switched Data Network) : 정보를 부호화히여 전달하는 망이다.
>
> ㉦ **종합 서비스 디지털망**(ISDN : Integrated Service Digital Network) : 전화망에서 모뎀 없이 데이터 전송이 가능하게 변화시킨 것이다.
>
> ㉧ **B-ISDN**(Broadband-ISDN) : 음성이나 문자, 수치 등의 데이터뿐만 아니라 고품질 정지화상과 동화상, 즉 멀티미디어(Multimedia)를 전송할 수 있는 망이다.

노드
Node

전송매체에 컴퓨터를 연결하는 부분

블록체인은 중앙 집중형 서버에 거래 기록을 보관, 관리하지 않고 거래에 참여하는 개개인의 서버들이 모여 네트워크를 유지 및 관리한다. 이 개개인의 서버, 즉 참여자를 노드라고 한다. 중앙 관리자가 없기 때문에 블록을 배포하는 노드의 역할이 중요하며, 참여하는 노드들 가운데 절반 이상의 동의가 있어야 새 블록이 생성된다. 노드들은 블록체인을 컴퓨터에 저장해 놓고 있는데, 일부 노드가 해킹을 당해 기존 내용이 틀어져도 다수의 노드에게 데이터가 남아 있어 계속적으로 데이터를 보존할 수 있다. LAN에서는 노드가 아주 간단한 대신에 매체접근 제어방식이 필요하고, WAN에서는 노드에 교환기를 사용하기 때문에 매체접근 제어방식을 사용하지 않아도 된다.

IETF

Internet Engineering
Task Force

국제인터넷표준화기구

인터넷의 운영·관리·개발과 프로토콜을 분석하는 인터넷 표준화 작업을 하는 국제기구이다. 인터넷아키텍처위원회(IAB)의 산하기관이다.

상식PLUS 국내외 기관

㉠ 국외
- **미국 규격협회(ANS)** : 민간인에 의한 임의의 국가규격 제정기관이다.
- **국제 표준화 기구(ISO)** : OSI 참조 모델을 개발한 국제기구로 산업체 전 분야의 표준화 발표 및 인정을 하는 기관이다.
- **국제 전기통신연합(ITU)** : 국젠연합(UN)의 전기통신 전문기관이다.
- **전기통신 표준화 분과회(ITU – T)** : 국제 전신전화 자문위원회(CCITT)의 바뀐 명칭이다.
- **미국 전자공업협회(EIA)** : 데이터 통신 관련 규격을 다루는 기술위원회로 RS – 232C 인터페이스 규격 등을 제정했다.
- **미국 전기전자공학회(IEEE)** : 데이터 통신 부분에서 LAN 표준을 규정한다.
- **전자산업협회(EIA)** : 미국의 전자공학회로 전자기기의 규격통일을 규정한다.
- **월드와이드웹 컨소시엄(W3C)** : 웹 표준을 제정하는 국제 컨소시엄이다.
- **개방형 모바일 연합(OMA)** : 모바일 데이터 서비스를 검증하기 위한 포럼이다.

㉡ 국내
- **한국정보통신기술협회** : 우리나라의 정보통신 관련 표준화 업무를 효율적으로 추진하기 위한 기관이다.
- **한국전자통신연구원** : 전기통신 분야를 연구·개발하고 이를 보급하기 위한 법인이다.
- **한국전산원** : 정보화 촉진과 정보화 관련 정책개발을 지원하기 위한 기관이다.

대역폭

Bandwidth, 帶域幅

신호가 포함하는 주파수의 범위인 스펙트럼의 폭

신호의 대역폭은 신호가 포함하는 주파수의 범위이고 전송매체의 대역폭은 전송매체가 지원할 수 있는 주파수의 범위이다.

상식PLUS 전송매체 대역폭

전송매체를 통해 전송할 수 있는 신호 주파수의 범위(Analog)가 전송매체의 대역폭이다. 전송선로의 대역폭에 의한 전송 속도(Data Rate)를 제한한다. 8비트로 구성된 ASCII 문자가 300bps의 전송 속도로 전송할 경우, 주기 T의 값은 26.67msec이며 기본 주파수 f_0는 37.5Hz(=1 / 26.67)이다. 따라서, 3100Hz의 대역폭을 지원하는 전화선을 사용할 경우 80여 개의 고조파(Harmonics) 성분을 전송할 수 있다.

아키텍처
Architecture

하드웨어, 스포트웨어, 컴퓨터 시스템의 전체를 설계방식

컴퓨터 아키텍처라고도 부르며 컴퓨터 시스템 전체를 기능적으로 제작하는 것을 의미한다. 하드웨어의 경우 CPU, 내부 기억장치, 레지스터, 제어장치 등이 포함되고 구성요소를 배치 및 결합하여 컴퓨터를 구성하는 것을 의미한다.

> **상식PLUS⁺** 아키텍처 유형
> ㉠ 소프트웨어 아키텍처(Software Architecture) : 소프트웨어를 개발할 때 복잡도가 높은 요소를 원활하게 다루기 위한 구성요소이다. 소프트웨어 설계는 요구사항을 분석하고, 아키텍처를 분석 · 설계한 뒤 검증 · 승인하는 절차로 진행된다. 저장소 구조, MVC(Model View Controller)구조, 클라이언트 — 서버 모델, 계층구조 등이 대표적인 유형이다.
> ㉡ 네트워크 아키텍처(Network Architecture) : 프로토콜의 방대화와 복잡화에 대응하기 위하여 프로토콜의 구성요소의 논리기능을 정리하여 계층화해서 프로토콜을 체계화한 것이다.
> ㉢ 데이터 아키텍처(Data Architecture) : 데이터, 데이터베이스, 데이터표준, 데이터 보안 등의 기준을 체계적이고 구조적으로 관리 · 설계하는 과정이다.

가상이동망 사업자
MVNO :
Mobile Virtual
Network Operator

주파수를 보유하고 있는 이동통신망사업자의 망을 통해 독자적인 이동통신서비스를 제공하는 사업자

MVNO는 고객의 가입 서비스에 대해 완전한 지배권을 갖는다. 또 자체 상표로 독자적인 요금체계를 설정할 수 있으며, 이용자 측면에서 마치 새로운 서비스 사업자가 생긴 것처럼 보이는 효과가 있다. MVNO가 도입될 경우 기대되는 장점은 고객의 선택권 확대, 서비스 종류의 다양화, 요금인하 효과 등 세 가지를 들 수 있다. 1999년 11월 영국의 버진 모델이 처음 상용화했다.

통합개발환경
IDE :
Integrated Development
Environment

프로그램 개발에 관련된 코팅, 디버깅, 컴파일, 배포 등과 같은 모든 작업을 한번에 처리하도록 만든 개발용 소프트웨어

별도의 소프트웨어 환경을 하나로 묶어 제공하는 대화형 인터페이스 기반 소프트웨어이다. 비주얼 스튜디어, 이클립스, Xcode 등이 있다. 통합개발환경에 구성요소로는 코드 입력 · 편집을 하는 편집기, 작성코드를 기계가 인식가능한 코드로 변환하기 위한 빌드도구, 프로그램 실행오류를 찾아내는 디버거, 협업을 위한 프로젝트 관리가 있다.

ICT 발전 및 활용도와 경쟁력 등을 평가한 지표

세계경제포럼이 국제적인 경영대학인 인시아드(INSEAD)와 공동으로 개인과 정부, 기업의 정보통신기술의 발전도와 경쟁력을 국가별로 평가한 지수이다.

전체 데이터 블록을 패킷(Packet)이라고 부르는 일정한 크기 이하의 데이터단위로 나누어 처리하는 방식

전송 시스템들이 패킷단위로 전송선로를 공유하므로 전송선 점유의 공평성이 제공된다. 스위치는 하나의 패킷만 축적되면 바로 다음 스위치로 재전송할 수 있으므로 전체 메시지의 전송 시간을 줄이게 되어 대화형 방식의 통신지원이 가능하다. 패킷단위로 상황에 맞는 경로를 선택하므로 교환기 또는 회선에 장애가 발생되더라도 정상적인 다른 회선으로 우회전송이 가능하다. 디지털 전송을 기본으로 하고 있고 교환기에서 에러검출기능을 행할 수 있으므로 재전송을 실시할 수 있다. 네트워크 접속으로 많은 수의 사용자가 사용할 수 있다. 기본적으로 다중화처리이므로 회선의 사용효율이 높다. 축적기능이 갖는 기본적인 성질로서 전송 속도, 전송제어절차 등의 프로토콜은 단지 교환기에만 의존하므로 어떤 단말기기 사이에도 손쉬운 전송이 가능하다. 현재의 패킷전송기술로는 전송 속도가 64Kbps 정도이므로 근거리통신망(LAN)에서의 통신속도 1 ~ 10Mbps에 비해 매우 낮아 병목현상을 일으킨다. 서로 다른 경로를 선택하면 패킷의 도착순서가 다를 수 있으므로 송신순서대로 재정리하는 기능이 필요하다.

링형 토폴로지에 사용되는 근거리망의 방식

토큰패싱방식을 사용하고 토큰과 데이터 패킷은 전송링에서 한 방향으로 4Mbps, 16Mbps의 전송 속도로 전송된다. 연구소나 사무환경에서 사용한다. 전송할 데이터가 있는 각 DTE들이 빈 토큰(Free Token)을 기다리고, 빈 토큰을 가진 DTE는 전송로에 자신의 데이터를 전송할 수 있는 권한을 가진다. 전송이 끝난 DTE는 다른 DTE가 전송할 수 있도록 토큰을 빈 상태로 만들어 다시 링에 돌아다니게 한다.

> **상식PLUS⁺ 토큰 버스(Token Bus)**
> 버스구조에 토큰 패싱을 사용한다. 토큰을 사용하여 정해진 순서대로 송신권을 준다. 우선권 메커니즘에 의한 우선적인 송신권의 부여가 가능하다. 공장환경에서 사용한다. 동축(75ohm)케이블을 사용한다.

OSI 7계층
Open System
Interconnection 7 Layer

모든 네트워크에 생기는 충돌을 완화하기 위해 제시된 표준 네트워크 구조

응용 X에서 응용 Y로 전송할 데이터가 있을 때 응용 X는 이용자 데이터를 응용계층에 있는 응용실체(Entity)에 보낸다. 응용실체는 헤더(Header)를 이용자 데이터에 부착하여 (캡슐화) 표현계층으로 전달한다. 표현계층은 이것을 하나의 데이터로 간주하고 여기에 표현계층의 헤더를 붙인다. 이 과정이 계층 2까지 계속되고, 계층 2에서는 헤더뿐만 아니라 트레일러(Trailer)를 붙인다. 물리계층은 전송매체를 통해서 전송 시킨다. 수신측 시스템에서는 이와 역과정이 일어난다.

OSI 참조모델 7계층		TCP / IP 프로토콜 계층	
7계층	응용계층	4계층	응용계층[HTTP, TELNET, FTP(SMTP)]
6계층	표현계층		
5계층	세션계층		
4계층	전송(트랜스포트)계층	3계층	전송계층(TCP, UDP)
3계층	네트워크계층	2계층	네트워크계층(IP, ICMP, IGMP)
2계층	데이터링크계층	1계층	링크계층(이더넷, 토큰링, 토큰버스, FDDI)
1계층	물리계층		

종합정보통신망
ISDN :
Integrated Services
Digital Network

종합정보통신망, 디지털 전송방식, 여러 통신서비스를 하나의 회선으로 종합적으로 이용하는 고속 · 고품질 · 멀티미디어 통신

가입자선을 디지털화한다. 사용자 정보 전송채널과 제어신호용 채널을 따로 둔다. 동일채널을 회선교환(Circuit Switching) 및 패킷교환(Packet Switching)의 양쪽에서 사용한다. 계층화된 프로토콜 구조를 가진다. 음성 및 데이터를 포함한 다양한 서비스를 제공한다. 대규모의 전송용량(1.5Mbps까지 전송 가능)을 가진다. 트위스티드 페어 케이블을 사용한다.

> **상식PLUS** ISDN 사용자 서비스
> ㉠ 베어러 서비스(Bearer Service) : 가입자간의 정보의 전달기능을 제공한다.
> ㉡ 텔레 서비스(Tele Service) : 상위계층(OSI 계층 4, 5, 6, 7)의 기능을 포함하는 모든 계층의 표준화된 서비스를 제공한다.
> ㉢ 부가서비스(Supplementary Service) : 음성, 영상 등의 기본 서비스에 추가된 새로운 서비스를 제공한다.

IPv6
Internet Protocol
Version 6

IP주소 표현 방식의 차세대 버전

128비트의 주소체계를 가진 인터넷 프로토콜(IP) 버전 6(Internet Protocol Version 6)의 줄임말이다. 주소유형은 유니캐스트, 애니캐스트, 멀티캐스트이 있다.

동기식 광 네트워크
SONET :
Synchronous
Optical Network

WAN시스템의 광케이블로 동기식으로 데이터 전송을 하기 위한 표준 기술

미국에서 ANSI에 의하여 표준화되었다. CCITT에서는 SONET을 기본으로 SDH(Synchronous Digital Hierarchy : 동기식 디지털 계위)를 국제표준으로 권고하였다. 다중 디지털 전송 속도의 계층(Hierarchy)을 제공한다. 155.52Mbps를 기본속도로 하여 n배(n＝1, 4, 8, 16)의 속도가 가능하다. SDH에서는 이들의 각 속도단위를 STM－n(Synchronous Transport Module Level n)이라 부른다. 장치의 상호연결을 위한 광신호 표준을 규정하였다. 155.52Mbps의 SDH 전송 시스템에서는 270 × 9Octet의 묶음이 한 프레임 형식으로 규정된다.

> **상식PLUS⁺ ATM 스위치의 3가지 기본기능**
> ㉠ Routing : 셀을 출력단(Outlets)으로 경로를 배정하는 기능이다. 경로배정은 Translation Table에 준하여 이루어진다.
> ㉡ Queuing : 셀 충돌 시 저장기능을 제공한다. 같은 출력단을 향하는 셀이 동시에 여러 입력단으로부터 들어올 때 셀의 충돌이 발생할 수 있다. 이때 서비스되지 않는 셀을 임시로 저장함으로써 셀의 손실을 방지한다.
> ㉢ 셀 헤더의 번역 : Translation Table에 준하여 셀의 헤더값을 변환한다.

이더넷
Ethernet

버스형으로 연결된 LAN

DEC, INTEL, XEROX 3개 사에 의해 개발된 근거리 통신망이다. ISO의 7계층 구조의 1계층이 물리계층과 2계층인 데이터링크계층을 구성한다. 동축케이블에 송ㆍ수신하기 위한 송ㆍ수신기와 케이블을 이용하고 이더넷 제어기를 사용한다.

인트라넷
Intranet

인터넷의 WWW(World Wide Web : 웹) 기술을 그대로 사내정보시스템에 이용한 것

기업체ㆍ연구소 등의 조직 내부의 모든 업무를 인터넷으로 처리할 수 있는 새로운 개념의 네트워크 환경을 말한다. 인터넷 기술과 통신규약을 이용하여 업무를 통합한 정보시스템으로 어디에서든 정보에 편리하게 접근이 가능하고 자료교환도 수월하며 내ㆍ외부에서 정보교류가 편리하다는 장점이 있다.

> **상식PLUS⁺ 엑스트라넷(Extranet)**
> 인터넷 기술을 사용하여 기업과 고객, 공급업체 및 사업 파트너 등을 네트워크로 연결하여 정보를 공유하는 기업간 정보시스템을 말한다.

SMTP
Simple Mail
Transfer Protocol

전자메일을 전송할 때 사용하는 표준 프로토콜

인터넷 메일 호스트 사이에 메시지를 주고 받기 위해 사용하는 하위레벨 프로토콜로 메일 메시지를 ASCII화일로 한정한다.

> **상식PLUS** POP(Post Office Protocol)
> 전자우편 수신담당, 즉 사용자가 쉘 계정이 있는 호스트에 직접 접속하여 메일을 읽지 않고 자신의 PC에서 바로 유도라나 넷스케이프 메일을 이용하여 자신의 메일을 다운로드 받아서 보여주는 것을 정의한 프로토콜이다.

침입탐지시스템
IDS :
Intrusion Detection
System

방화벽에 기본적인 시스템으로 해킹을 탐지하는 시스템

다양한 해킹 수법을 내장하여 해킹을 실시간으로 탐지할 수 있다. 침입이 발생할 경우 관리자에게 침입상황을 전송하여 보안상태를 유지한다. 수동적으로 대처하는 방화벽과 달리 적극적으로 침입을 탐지하여 대처한다.

미들웨어
Middleware

분산되어있는 서로 다른 기종의 하드웨어나 프로토콜 등을 연결하여 응용프로그램과 운영환경의 중간에서 원활한 통신을 도와주는 소프트웨어

하드웨어, 네트워크 프로토콜, 응용프로그램, 운영체제 등에 존재하는 차이를 연결해주는 소프트웨어로 통신이나 트랜잭션 관리를 주로 실행한다. 분산 컴퓨터 환경에서 발생되는 문제를 해결하기 위한 것으로 TCP/IP, 분산컴포넌트객체기술(DCOM), 코바(CORBA) 등이 해당된다.

> **상식PLUS** TP – Monotor(Transaction Processing Monitor)
> 철도나 비행기 예약과 관련한 트랜잭션 업무를 처리·감시하는 미들웨어이다. 사용자가 증가하여도 빠르게 응답 속도 유지가 가능하다.

비동기 전송 모드
ATM :
Asynchronous
Transfer Mode

가상 회선 셀 릴레이(Virtual Circuit Cell Relay)방식으로 통신하는 프로토콜 방식

고정길이의 셀(53 Octets의 길이)을 전송단위로 사용한다. 셀은 5 Octets의 헤더필드와 48 Octets의 정보필드로 구성된다. 고속의 패킷(셀)교환 및 다중화기능을 제공한다. 연결형(Connection Oriented) 모드를 사용한다.

MAC 주소
Media Access
Control Address

모든 기기가 네트워크에서 사용하는 고유의 번호

네트워크상에서 컴퓨터나 모바일기기를 식별하기 위해서 사용하는 주소로 고유 번호이다. 국제전기전자기술자협회(IEEE)에 의해서 관리되고 있다. 사용자가 임의로 변경이 가능한 IP주소와 달리 MAC 주소는 쉽게 변경할 수 없다.

TCP
Transmission
Control Protocol/
Internet Protocol

인터넷 동작의 중심이 되는 프로토콜

TCP는 데이터의 흐름을 관리하고 데이터가 정확한지 확인하는 역할을 하며, IP는 데이터를 네트워크를 통해 한 장소에서 다른 장소로 옮기는 역할을 한다. 서브네트워크, 다중네트워크에서 전체를 구성하는 한 요소로 존재하는 네트워크이다. 토큰링과 같은 네트워크접속 프로토콜을 이용하여 서브네트워크에 연결한다. 이 프로토콜은 한 호스트에서 같은 서브네트워크에 있는 다른 호스트로 데이터를 보내거나 다른 서브네트워크에 있는 호스트의 경우 라우터로 데이터 전달을 가능하게 한다.

> **상식PLUS⁺** 인터넷 프로토콜의 4계층
> ㉠ 링크계층(Link Layer) : 데이터링크계층, 네트워크 인터페이스계층 등을 포함한 계층이다.
> ㉡ 네트워크계층(Network Layer) : 네트워크에서 패킷을 이동시키기 위해서 호스트 간의 데이터 이동경로를 구하는 계층(IP, ICMP, IGMP)이다.
> ㉢ 전달계층(Transport Layer) : 호스트 간의 데이터 흐름을 가능하게 하는 계층(TCP, UDP)이다.
> ㉣ 응용계층(Application Layer) : 사용자에게 각종 서비스를 제공하기 위한 계층으로 E-mail 전송을 위한 SMTP, 파일전송과 관련된 FTP, 원격컴퓨터 접속을 위한 TELNET, 웹 서비스를 위한 HTTP 등이 있다.

UDP
User Datagram Protocol

정보를 교류할 때 한쪽에서 일방적으로 데이터 흐름을 가능하게 하는 프로토콜

TCP와는 상대되는 개념으로 데이터를 받는 이용자가 확인을 하는 것과 상관없이 오직 전달만 하는 방식을 의미한다. 수신에 대한 책임이 없고 안정성이 떨어지나 TCP에 비해 속도가 빠르다.

> **상식PLUS⁺** SCTP(Stream Control Transmission Protocol)
> 스트림 제어 전송 프로토콜로 TCP와 UDP와 비슷하나 이 둘이 가진 단점을 개선하여 설계된 프로토콜이다. 메시지 지향적인 특성과 연결 지향적인 특성을 조합하여 만들어진 프로토콜로 멀티 스트리밍과 멀티호밍의 특성을 제공한다. VoIP 신호전달이나 실시간 다중미디어를 전송하는 등 다양하게 응용이 가능하다.

396 ■■■
MIME
Multipurpose Internet
Mail Extensions

인터넷 전자메일을 통하여 여러 다른 종류의 파일들을 전송가능하게 하기 위해 개발된 것

보통의 텍스트 데이터 이외의 확장코드, 화상, 음성 등을 인터넷 메일로 보내기 위한 방법이다. 인터넷 통신에서 여러 포맷의 문서를 전송하기 위해 사용된다. 이 프로토콜은 원래 문서내용의 포맷과 컴퓨터상에 나타나는 문서포맷 간의 관계를 설정하는 것으로 복잡한 파일포맷을 관리한다. 사용하는 응용 프로그램은 전송된 문서의 내용을 처리하기 위해 필요한 소프트웨어의 유형을 설정한다. 적절한 보조 프로그램 설정을 하고 소프트웨어의 도움을 받으려면 넷스케이프는 자동적으로 여러 가지의 포맷으로 전송되는 내용과 접속할 수 있도록 필요한 업무를 수행한다.

397 ■■■
**광대역
종합정보통신망**
B - ISDN :
Broadband Integrated
Services Digital Network

광범위한 서비스를 제공하는 공중 광역망(WAN)

음성 및 데이터뿐만 아니라, 이미지(Image) 및 동화상도 전송 가능한 고속 통신망이다. 광섬유를 사용한다. 고정크기의 셀(Cell)단위로 정보를 분할하여 전송한다. 제공되는 서비스로는 광대역 화상전화 서비스, 화상회의 서비스, 의료영상정보·예술작품 및 광고영상의 고속전송 서비스, 고속 고해상도의 팩시밀리 서비스, 칼라 팩시밀리 서비스, 화상·문서 탐색 서비스, 텔레비전 영상(기존의 TV 및 HDTV)의 분배 서비스, LAN의 상호접속 서비스, HiFi 오디오분배 서비스 등이 있다.

398 ■■■
채널
Channel

중앙처리기능을 가진 소형처리기를 DMA 위치에 두고 입·출력에 관한 제어사항을 전담하도록 하는 전용 프로세서

채널의 주요 기능으로는 입·출력 명령의 해독, 입·출력장치에 입·출력 명령지시, 지시된 명령의 실행제어가 있다. 채널명령어(CCW : Channel Command Word), 채널상태어(CSW : Channel Status Word), 채널번지워드(CAW : Channel Address Word) 등의 워드가 채널동작을 수행할 때 필요하다.

399 ■■■
신택스
Syntax

언어의 구성요소들을 결합하여 다른 요소를 만드는 방법을 설명한 것

언어의 신택스는 대부분 문맥무관형 문법으로써 정의한다. 단어, 토큰(예약서, 상수, 특수기호, 식별자로 구성)의 구조를 뜻한다. 자유포맷언어, 고정포맷언어가 있다.

스트로브 제어
Strobe 制御

데이터를 전송할 때 실제로 전송하는 것을 알려주기 위해 보내는 신호

두 개 이상의 장치가 비동기적일 경우에 데이터전송을 알리는 신호를 보내 데이터가 전송될 시간을 알려주어야 한다. 스트로브 신호를 보내기 위한 회선이 필요하며 송신 쪽에서 수신 쪽으로 보내는 방법과, 수신 쪽에서 송신 쪽으로 보내는 두 가지 방법이 있다. 전송한 데이터를 수신 쪽에서 확실하게 수신하였는지를 알 수 없다는 단점이 있다.

401 ■■■
라우터
Router

네트워크 트래픽을 메트릭으로 포워딩하여 최적의 경로를 결정하는 장치

프로토콜의 전환이 없거나 프로토콜이 다른 세 개 이상의 네트워크를 연결하여 데이터 전달통로를 제공해주는 Host LAN을 WAN에 접속시킬 때 유용한 장비이다. OSI 3계층(네트워크계층)에서 동작한다.

상식PLUS⁺ 네트워크 관련 장비	
장비명	**설명**
네트워크 인터페이스카드 (NIC)	• 컴퓨터와 컴퓨터 또는 컴퓨터와 네트워크를 연결하는 장치 • 정보 전송 시 정보가 케이블을 통해 전송될 수 있도록 정보 형태를 변경 • 이더넷 카드(LAN 카드) 혹은 어댑터라고 함
허브(Hub)	네트워크를 구성할 때 한꺼번에 여러 대의 컴퓨터를 연결하는 장치로, 각 회선을 통합적으로 관리
리피터 (Repeater)	거리가 증가할수록 감쇠하는 디지털 신호의 장거리 전송을 위해서 수신한 신호를 재생시키거나 출력전압을 높여 전송하는 장치
브리지 (Bridge)	단순 신호 증폭뿐만 아니라 네트워크 분할을 통해 트래픽을 감소시키며, 물리적으로 다른 네트워크를 연결할 때 사용
라우터 (Router)	• 인터넷에 접속할 때 반드시 필요한 장비로, 최적의 경로를 설정하여 전송 • 각 데이터들이 효율적인 속도로 전송될 수 있도록 데이터의 흐름을 제어
게이트웨이 (Gateway)	주로 LAN에서 다른 네트워크에 데이터를 보내거나 다른 네트워크로부터 데이터를 받아들이는 출입구 역할

402 ■■■
시큐어 코딩
Secure Coding

소프트웨어 보안의 취약점을 보완하는 프로그래밍을 하는 것

소프트웨어의 소스코드에 존재하는 위험을 제거하고 보안 위한 프로그래밍 활동이다. 일정 규모 이상의 기업에서는 시큐어 코딩을 의무화하고 있다. 시큐어 코딩의 규칙으로는 입력 데이터 검증, 보안기능, 에러처리기능, API오용, 캡슐화, 시간 및 상태, 코드 오류 등이 있다.

인터네트워킹
Internetworking

개개의 LAN을 연결하여 WAN, 또는 WAN에서 더 큰 WAN으로 연결시키는 이론이나 기술

다른 컴퓨터들에 있는 자원에 접근할 필요가 있고 단일네트워크로 모두를 결합하는 것은 불가능하므로, 다른 네트워크들을 상호 연결할 필요성이 존재한다. 사용자에게 상호 연결된 네트워크의 집합은 하나의 커다란 네트워크로 보인다. 인터네크 워킹에 요구되는 사항은 네트워크 간의 링크를 제공한다. 적어도 물리적이고 링크를 제어하는 연결이 필요하다. 서로 다른 네트워크상의 프로세스 간에 정보의 경로배정과 전달에 대한 것을 제공한다. 여러 종류의 네트워크들과 게이트웨이의 사용에 대한 트랙을 보존하며, 상태정보를 유지하고 요금 서비스를 제공한다. 임의로 구성된 네트워크들의 네트워크를 이루는 구조에 수정이 필요하지 않은 방법을 통하여 위에 설명되어 있는 서비스를 제공하며, 이것은 인터네트워킹 설비가 네트워크들 사이에서 다소의 차이점을 조정해야 한다는 것을 의미한다.

상식PLUS⁺ 인터네트워킹 용어

㉠ Communication Network(통신망) : 네트워크에 연결된 Station들 사이에 데이터 전송 서비스를 제공하는 설비이다.
㉡ Internet : 브릿지나 경로에 의해 상호 연결된 통신망들의 모임이다.
㉢ Subnetwork : 인터네트의 네트워크 구성요소로 Local Network라고도 일컫는다.
㉣ End System(ES) : 사용자 응용을 지원하는 서브네트워크에 부착된 Device(컴퓨터, 터미널)이다.
㉤ Intermediate System(IS) : 두 개의 서브네트워크를 연결하기 위해 사용하며, 서로 다른 서브네트워크에 부착된 ES사이에 통신을 허용한다.
㉥ Bridge : 같은 LAN Protocol을 사용하는 두 LAN을 연결하기 위하여 사용되는 IS, OSI 2계층 기능을 수행한다.
㉦ Router : 경로배정기로 유사하거나 그렇지 않은 두 네트워크를 연결하기 위하여 사용되는 IS, OSI 3계층 기능을 수행한다.
㉧ Port : 모뎀과 컴퓨터 사이에 데이터를 주고받을 수 있는 통로이다.

프록시 서버
Proxy Server

클라이언트와 서버 사이에서 데이터를 중계해주는 서버

시스템에 방화벽을 가지고 있는 경우 외부와의 통신을 위해 만들어놓은 서버이다. 방화벽 안쪽에 있는 서버들의 외부 연결은 프록시 서버를 통해 이루어지며 연결 속도를 올리기 위해서 다른 서버로부터 목록을 캐시하는 시스템이다. 웹에서 프록시는 우선 가까운 지역에서 데이터를 찾고, 만일 그곳에 데이터가 없으면 데이터가 영구 보존되어 있는 멀리 떨어진 서버로부터 가져온다.

405 ■■■
WAIS
Wide Area
Information Service

네트워크상의 분산된 데이터베이스를 대상으로 자료를 색인(Index)화한 정보검색 서비스

프로토콜은 Z39.50으로 도서관 자료검색 표준이다. Client / Server 구조이고 Wais에서 각 데이터베이스, 즉 서버에 관한 정보를 소유한 데이터베이스이다.

> **상식PLUS⁺ MBONE(Multicast Bone)**
> 인터넷상에서 화상회의와 같이 여러 참가자가 있고, 이들 간에 오디오나 비디오같은 멀티미디어 데이터를 전송하는 애플리케이션을 가동하기 위해 만들어진 '가상 네트워크' 혹은 '시범 네트워크'이다.

406 ■■■
HTTP
Hyper Text
Transfer Protocol

웹 서버와 사용자의 인터넷 브라우저 사이에 문서를 전송하기 위해 사용되는 통신 규약

마우스 클릭만으로 필요한 정보로 직접 이동할 수 있는 방식을 하이퍼 텍스트라고 하며, HTTP는 이 방식의 정보를 교환하기 위한 하나의 규칙으로, 웹사이트 중 HTTP로 시작되는 주소는 이런 규칙으로 하이퍼텍스트를 제공한다는 의미를 담고 있다.

407 ■■■
HTML
Hyper Text
Markup Language

하이퍼텍스트 문서의 형태를 만들기 위해 태그(TAG) 등을 이용하여 명령을 주는 언어

웹에서 사용되는 각각의 하이퍼텍스트 문서를 작성하는데 사용되며, 우리가 인터넷에서 볼 수 있는 수많은 홈페이지들은 기본적으로 HTML이라는 언어를 사용하여 구현된 것이다.

> **상식PLUS⁺ HTML의 기본구성**
>
> ```
> 〈HTML〉
>       〈HEAD〉
>                〈TITLE〉 문서 제목 〈/TITLE〉
>       〈/HEAD〉
>       〈BODY〉
>                실제로 표시되는 문서의 내용
>       〈/BODY〉
> 〈/HTML〉
> ```

DNS

Domain Name
System

인터넷에 연결된 특정컴퓨터의 도메인 네임을 IP Address로 바꾸어 주거나 또는 그 반대의 작업을 처리해주는 시스템

TCP/IP 네트워크에서 사용되는 서비스 구조이다. 한글이나 영문으로 구성되어 인터넷 주소를 숫자로 해석해주는 네트워크 서비스이다. 인터넷 주소는 기억하기 쉽도록 영문으로 구성되는데 컴퓨터가 이해할 수 있는 숫자 언어로 변경하여 인터넷에 접속이 편리하도록 도와주는 서버이다.

> **상식PLUS** 인터넷 관련 조직
> ㉠ ISOC(Intenet Society) : 인터넷 운영의 통일성과 표준유지를 위해 1983년 조직하였으며, 인터넷의 최종적인 일을 담당한다.
> ㉡ NIC(Network Information Center) : IP주소의 할당, 네트워크와 도메인 이름의 등록, 국가별로 분산하는 일을 한다.
> ㉢ LAB(Intenet Architecture Board) : 인터넷의 구조발전에 관련된 기술적이고 정책적인 문제를 다루는 위원회로, RFC 문서의 출판과정을 관리(IETF가 실제적인 관리)하고 IETF의 활동을 검토한다.
> ㉣ IETF(Inernet Engineering Task Force) : 누구나 가입이 가능하다. 10개의 분야로 나누어지며 이 분야 안에 다양한 워킹그룹(필요에 의한 조직)들이 있다.
> ㉤ IRTF(Internet Reseach Task Force) : 컴퓨터 통신망에 대한 연구 또는 기술개발 등을 위한 조직으로 주로 이론적인 관점의 연구조직이다.
> ㉥ KNC(Korea Networking Cound) : 한국전산망협의회로 전산망간의 상호 연동 및 조정을 한다.
> ㉦ ANC(Academic Network Cound) : 학술전산망 협의회이다.
> ㉧ KRNIC(Korea Network Center) : 한국망정보센터로 국내 IP주소 할당, 도메인 등록망 정비 관리 등을 한다.
> ㉨ CERT-Korea(Computer Emergency Response Team) : 전산관련 보안위원회

객체지향 설계 5원칙(SOLID)

객체지향적으로 설계하기 위한 다섯 가지 원칙

SRP(단일 책임원칙)인 하나의 클래스는 하나의 방법만을 가지므로 수정의 이유는 한 가지라는 원칙이다. OCP(개방 폐쇄원칙)인 수정할 때는 폐쇄하고 확장할 때는 개방해야 하는 원칙이다. LSP(리스코프 치환원칙)인 상속을 할 때 IS)A 관계 성립을 지켜야 하는 원칙이다. ISP(인터페이스 분리원칙)인 노출된 인터페이스가 사용자에 따라 다르게 제공되어야 하는 원칙이다. DIP(의존성 역전원칙)인 사용되고 있는 인터페이스가 변경되면 사용하는 인터페이스의 변경부분도 확인이 필요한 의존성을 가진다는 원칙이다.

게이트웨이
Gateway

사용자가 다른 네트워크로 접속하기 전에 지나가는 프로토콜 변환장치

두 개의 완전히 다른 프로토콜 구조를 가지는 7계층 사이를 결합하는 데 사용한다. 즉, 서로 다른 LAN 사이, 동일 LAN상의 서로 다른 프로토콜을 가지는 기기들 사이, LAN 과 다른 구조를 갖는 장거리 통신망 사이를 연결하는 장비이다.

URL
Uniform Resource
Locator

WWW 정보의 주소지정방식

WWW은 하이퍼텍스트 문서뿐만 아니라 FTP, Gopher, Usenet 등 인터넷에 존재하는 어떠한 형태의 정보라도 가져올 수 있다. 프로토콜 ://도메인 네임[:포트번호] / 경로명 / 파일명의 형식이다.

상식PLUS⁺ 프로토콜별 URL

서비스 종류	프로토콜 및 포트번호	형식 예
www	프로토콜 : http:// 기본 포트번호 : 80	http://www.dacom.net
telnet	프로토콜 : telnet:// 기본 포트번호 : 23	telnet://chollian.net
ftp	프로토콜 : ftp:// 기본 포트번호 : 21 사용자 ID와 비밀번호가 필요한 경우 : ftp://사용자ID : 비밀번호@서버주소	ftp://ftp.netscape.com
gopher	프로토콜 : gopher:// 기본 포트번호 : 70	gopher://gopher.kormet.net
news group	프로토콜 : news 기본 포트번호 : 119	news://news.kornet.net
e-mail	프로토콜 : mailto: 기본 포트번호 : 25	mailto:user_id@domain.name
file	file:///또는 없음	file:///c:/infor/index.htm

**그래픽 사용자
인터페이스**
GUI :
Graphical User Interface

컴퓨터와 사용자 사이에 정보교환을 할 때 그래픽으로 작업하는 환경

시각적 이미지로 이해가 잘가는 아이콘으로 지정하여 사용자 명령으로 프로그램을 가동하거나 파일을 확인하는 환경을 의미한다. 사용자가 직관적으로 조작하는 방법을 이해할 수 있다.

리눅스
LINUX

1991년 리누스 토르발즈가 공개한 운영체제

개인 컴퓨터용 공개 운영체제로 대형 기종에서만 작동하는 운영 체제인 유닉스를 개인용 컴퓨터에서도 작동할 수 있도록 만든 무료 운영 체계이다. 사용자가 원하는 방식으로 기능을 추가할 수 있고, 다양한 플랫폼에서 사용이 가능하다.

운영체제
OS :
Operating System

사용자에게 최대의 편리성을 제공하도록 하기 위한 사용자와 컴퓨터 하드웨어 간의 인터페이스를 담당하는 시스템 소프트웨어

사용자가 프로그램을 편리하고 효율적으로 수행할 수 있는 인터페이스 환경을 제공한다. 시스템 측면에서는 제한된 컴퓨터 하드웨어를 효율적으로 관리하여 시스템 성능을 극대화한다. 이를 위해 처리량 증대, 반응시간 단축, 사용가능성 증대, 신뢰성 향상 등을 목표로 설계되어야 한다. 동기화 및 프로세서 스케줄링을 관리하는 CPU관리, 메모리 할당 및 회수기능을 관리하는 기억장치관리, 입·출력장치의 활용과 입·출력수행을 관리하는 주변장치 관리, 파일의 생성 및 소멸 등을 유지하고 관리파일 관리 기능이 있다.

> **상식PLUS⁺ 운영체제 종류**
> ㉠ PC운영체제 : 윈도우(Windows), 맥(MAC)
> ㉡ 모바일 운영체제 : 안드로이드(Android), OS(Operating System)
> ㉢ 서버 운영체제 : 유닉스(UNIX), 리눅스(LINUX), 윈도우서버(Windows Server)

프레임워크
Framework

개발을 수월하게 하기 위한 협업형태로 제공되는 소프트웨어 플랫폼

소프트웨어 어플리케이션을 개발할 때 기능의 설계와 구현이 수월하게 가능하도록 한 소프트웨어이다. 개발·실행·테스트·운영 환경을 지원하여 개발기간을 단축할 수 있다. 소프트웨어의 프레임워크는 프로그램, 코드 라이브러리, 컴파일러, API 등이 있다.

트랜잭션
Transaction

데이터베이스의 상태를 일관적 상태로 유지하기 위한 동시성 제어 및 회복의 기본단위

어느 한 사용자가 제기하는 조작명령의 집단을 하나의 트랜잭션이라고 부른다. SQL(Structured Query Language)로 표현된다. 작업을 수행하기 위해서 필요한 데이터베이스의 연산을 수집한 것으로, 논리적인 작업단위이다. 장애가 발생하면 데이터를 복구하는 작업도 진행한다.

WWW
World Wide Web

분산 멀티미디어 하이퍼 시스템

인터넷에 존재하는 각종 형태의 문서 및 데이터를 통합적으로 연결하여 사용하는 시스템이다.

> **상식PLUS⁺** WWW 용어
> ㉠ 하이퍼미디어(Hypermedia) : 웹페이지에서 문서뿐만 아니라 사운드, 그래픽, 동영상 등 다른 형식의 데이터를 포함하고 있는 것
> ㉡ 하이퍼텍스트(Hypertext) : 특정 데이터 항목이 다른 문서와 링크관계를 가지고 있는 문서
> ㉢ 하이퍼링크(Hyperlink) : 하이퍼텍스트 문서 중 반전되어 있는 단어로 URL에 의해서 다른 문서로 지정해 놓은 것
> ㉣ HTML(Hypertext Markup Language) : 하이퍼텍스트 문서의 형태를 만들기 위해 태그 등을 이용하여 명령을 주는 언어
> ㉤ 북마크(Bookmark) : 인터넷상의 여러 사이트를 돌아다니다가 기억해 놓고 싶은 사이트를 보관하여 나중에 리스트에서 선택만 하면 바로 접속할 수 있게 하는 기능
> ㉥ 미러사이트(Mirror Site) : 거울이 되는 사이트로, 좋은 프로그램과 자료가 있는 사이트의 공개 자료를 다른 호스트에 복사해 두는 것

유닉스
UNIX

TCP/IP 프로토콜을 기본으로 하는 네트워크 시스템

사용자와의 인터페이스가 간단한 대화형의 시분할 시스템이다. 복수 개의 프로세스를 동시에 수행할 수 있는 다중 사용자, 다중 프로세스 시스템이다. 계층적 파일구조를 사용하여 사용자간 또는 그룹 간 디렉토리 및 파일 운용이 효과적이다. 고급언어인 C언어로 대부분 구성되어 높은 이식성과 확장성을 가지며, 모든 코드가 공개되어 있다. 시스템 구조로는 운영체제와 사용자 간의 인터페이스를 제공하는 부분으로, 명령을 입력받아 해석해 주는 명령어 해석기 쉘(Shell)과 운영체제에서 가장 핵심적인 기능을 담당하는 커널(Kernel), 유틸리티 프로그램(Utility Program)으로 구성되어있다. 파일구조는 부트 블록(Boot Block), 슈퍼 블록(Super Block), Inode 블록이 있다.

> **상식PLUS⁺** 운영체제
> ㉠ 도스(DOS) 운영체제 : Tree 구조를 갖춘 디렉토리를 관리한다. 바이트 단위로의 파일을 관리한다. 입·출력 방향을 전환(I/O Redirection)한다. Pipe를 처리한다. Batch 처리명령을 실행한다. UNIX 호환 시스템을 호출한다. 디바이스 드라이버를 조합한다.
> ㉡ 윈도우즈(Windows) 운영체제 : 단일 사용자의 다중작업이 가능하다. GUI(Graphic User Interface) 환경을 제공한다. P&P를 지원하여 주변장치 인식이 용이하다. 긴 파일이름을 지원한다. OLE(개체 연결 및 포함) 기능을 지원한다.

419 ■■■
주석문
Annotation

프로그래밍 언어를 작성할 때 정보 제공을 위해 사용하는 문장

코딩을 작성하다가 존재하는 난해하거나 어려운 문장을 쉽게 풀어서 쓴 설명이다. 복잡한 프로그램에 들어가는 다양한 변수와 함수를 혼동하지 않게 하기위해서 주석문을 작성한다. 실제 프로그램을 주지 않고 코드를 설명하는 목적만을 가진 것으로 C언어 프로그램에서는 '/*'와 '*/' 사이에 문장을 쓰고, 한 줄일 경우에는 '//' 뒤에 글을 써주면 주석문으로 인식한다.

420 ■■■
컴파일러
Compiler

고급언어로 쓰인 프로그램을 즉시 실행될 수 있는 형태의 프로그램으로 바꾸어 주는 번역 프로그램

고급언어로 쓰인 프로그램이 컴퓨터에서 수행되기 위해서는 컴퓨터가 직접 이해할 수 있는 언어로 바꾸어 주어야 하는데 이러한 일을 하는 프로그램을 컴파일러라고 한다. 예를 들어, 원시언어가 파스칼(Pascal)이나 코볼(Cobol)과 같은 고급언어이고 목적언어가 어셈블리 언어나 기계어일 경우, 이를 번역해 주는 프로그램을 컴파일러라고 한다.

421 ■■■
프로세스제어 블록
PCB :
Process Control Block

프로세스에 대한 중요한 정보를 포함하고 있는 자료구조

태스크제어 블록(Task Control Block), 작업제어 블록(Job Control Block), 프로세스 기술자(Process Descriptor)로 부르기도 한다. 프로세스에 대한 PCB의 정보는 보류, 준비, 실행, 대기, 중지 등의 프로세스의 현재 상태. 프로세스의 고유 식별자. 부모와 자식 프로세스에 대한 포인터. 프로세스가 다음에 실행할 명령어의 주소인 프로그램 카운터, 프로세스 스케줄링 시 실행될 우선순위, 프로세스가 적재된 기억장치의 주소에 대한 포인터, 프로세스에 할당된 자원에 대한 포인터, 누산기·인덱스 레지스터·스택 레지스터 등 범용 레지스터와 상태코드 정보, 경계 레지스터나 페이지 테이블 정보, CPU가 사용된 시간량, 시간의 범위, 계정번호, 작업 또는 프로세스 번호 등의 계정정보(회계정보), 입·출력 요구들, 입·출력장치들과 개방된 파일목록 등이 있다.

422 ■■■
MAC OS
Macintosh Operating
System

애플에서 1980년에 유닉스 기반으로 개발한 운영체제

애플에서 생산하는 아이맥, 맥북 등에서만 사용되는 운영체제이다. 매킨토시 OS로도 불렸고 그래픽 사용자 인터페이스를 제일 먼저 사용하여 주목을 받았다.

423 ■■■
로킹기법
Locking

직렬성 보장의 한 방법으로 데이터 항목의 액세스를 상호 배타적으로 하는 기법

한 트랜잭션이 액세스하는 동안 다른 트랜잭션이 데이터 항목에 대한 로크를 소유한 경우에만 액세스가 가능하다. 공유형태로는 트랜잭션 T가 항목 Q에 공유형태의 로크를 얻으면(S로 표기), T는 항목 Q를 읽을 수는 있으나 쓸 수는 없다. 배타형태로는 트랜잭션 T가 항목 Q에 배타형태의 로크를 얻으면(X로 표기), T는 항목 Q를 읽고 쓸 수 있다.

> **상식PLUS⁺ 두 단계 로킹규약**
> ㉠ 요청단계 : 로크를 얻을 수는 있으나 반납될 수 없다.
> ㉡ 반납단계 : 로크를 반납할 수는 있으나 얻을 수 없다.

424 ■■▨
리팩토링
Refactoring

결과를 변경하지 않고 프로그램 내부의 코드의 구조를 새로 개선하는 것

외부 기능 수정 없이 내부구조를 단순화하여 소프트웨어의 품질을 높이는 것으로 외부 프로그램 동작 변화 없이 내부 구조가 개선되는 것을 의미한다. 오류발견과 디버깅을 용이하게 하고 복잡한 코드를 가독성 높게 할 수 있다.

> **상식PLUS⁺ 리팩토링 기법(Refactoring)**
> 메소드 정리(Extract Method, Replace Parameter with Method), 메소드 추출(Extract Class, Extract Subclass, Extract Interface), 이름변경(Rename Method), 추측성 일반화(Inline Method, Collapse Hierarchy), 중복(Replace Magic Number with Symbolic Constant, Pull Up Field, Pull Up Method)

425 ■■▨
코드스멜
Code Smell

가독성이 떨어지는 코드

코드스멜에는 다양한 종류가 있다. 중복적으로 코드가 있는 경우, 메소드 내부가 긴 경우, 매개변수 개수가 많은 경우, 2가지 이유로 클래스가 수정되는 경우, 동시에 여러 클래스를 수정하는 경우, 데이터가 합쳐지지 않은 경우, 클래스를 만들지 않고 기본 타입만 사용한 경우, Switch문을 사용한 경우, 클래스의 역할이 없는 경우, 확장을 예상하고 사용하지 않는 클래스가 있는 경우. 클래스 인터페이스가 일치하지 않는 경우, 기존 라이브러리 클래스가 불완전하여 사용이 어려운 경우, 하위클래스가 평행상속을 하지 않는 경우, 코드의 주석이 자세한 경우 등이 코드스멜의 종류이다.

디지털 · IT 예상문제

정답 문항수		/ 25문항	풀이시간		/ 20분

1 네트워크상에 존재하는 패킷 정보를 도청하는 해킹 수법의 일종이다. 전화기 도청 장치 설치 과정과 유사한 이 해킹 수법을 뜻하는 용어는?

① 스니핑
② 스머핑
③ 스푸핑
④ 워터링홀

3 甲은 오랜만에 들어간 웹사이트의 비밀번호가 생각나지 않는다. 회원가입은 되어있지만 기억이 나지 않아 결국 비밀번호 찾기를 눌러 새로운 비밀번호를 입력한다. 시간이 지나 또 웹사이트에 로그인을 하지 못한 甲은 다시 비밀번호 찾기를 누른다. 이러한 현상을 방지하기 위하여 신속한 온라인 인증이라는 뜻의 생체인증을 주로 시행하는 이 인증을 의미하는 용어는?

① CPO   ② GDPR
③ RPA   ④ FIDO

2 암호화폐를 탈취한다는 것으로 사용자 PC를 해킹하여 가상화폐를 채굴하는 것은?

① 랜섬웨어
② 크립토재킹
③ 스피어 피싱
④ 부트키트

4 코로나로 화상회의와 온라인수업의 사용빈도가 높아졌다. 기업의 줌 화상회의나 학교의 온라인수업에 몰래 들어가 음란물을 보내거나 방해하는 행위를 나타내는 말은?

① 멀티캐스트(Multicast)
② 핀치 투 줌(Pinch To Zoom)
③ 줌 폭탄(Zoom Bombing)
④ 텔레프레전스(Telepresence)

5 국내회사에서 만든 클레이(KLAY), 루나(LUNA)의 시가총액이 순위권에 들어 K-코인이 성장세를 이루고 있다. 클레이, 루나와 같은 코인, NFT, 디파이는 이 기술을 사용하여 만들어졌다. 이 기술은 무엇인가?

① 데이터마이닝
② OLAP
③ 블록체인
④ 머신러닝

7 다음 중 MAANG에 해당하지 않는 기업은?

① Microsoft
② Amazon
③ Facebook
④ Google

6 코드 구조를 명확히 알지 못할 때 진행한다. 여러 버전의 프로그램에 동일한 검사 자료를 제공하여 동일한 결과가 출력되는지 검사하는 기법을 의미하는 용어는?

① 튜링 테스트
② 베타 테스트
③ 화이트박스 테스트
④ 블랙박스 테스트

8 뉴욕증권거래소(NYSE)에서 쿠팡, 스포티파이 등의 신규 상장 기업의 첫 거래를 기념하여 발행한 가상자산은?

① 비트코인
② NFT
③ 스테이블 코인
④ 라이트 코인

Answer ☀ 1.① 2.② 3.④ 4.③ 5.③ 6.④ 7.③ 8.②

9 〈보기〉의 설명에 해당하는 기술로 가장 적절한 것은?

보기

- 서비스 모델은 IaaS, PaaS, SaaS로 구분한다.
- 필요한 만큼 자원을 임대하여 사용할 수 있다.
- 가상화 기술, 서비스 프로비저닝(Provisioning) 기술, 과금 체계 등을 필요로 한다.

① 빅데이터(Bigdata)
② 딥러닝(Deep Learning)
③ 사물인터넷(Internet Of Things)
④ 클라우드 컴퓨팅(Cloud Computing)

10 다음 제시문에서 ㉠에 해당하는 설명으로 옳지 않은 것은?

전통적인 생산요소 세 가지가 노동, 토지, 자본이었다면 디지털 경제에서는 경영활동을 위해 '자본 투자'가 아닌 '디지털 투자'가 이루어지고, '실물 자산'보다는 '디지털 자산'이 생산되고 유통·저장된다. 즉, 디지털 플랫폼이라는 가상의 자산이 만들어지는 것이다. 이러한 상황에서 기존의 법인세가 물리적 고정사업장이 있는 기업에만 부과가 가능하여, 물리적 고장사업장이 큰 돈을 벌어들이는 디지털 기업에 대한 과세 형평성 문제가 제기되면서 (㉠)도입이 논의되기 시작하였다.

① 법인세와는 별도로 부과되며, 영업이익을 기준으로 부과되는 것이 특징이다.
② 2019년 프랑스가 최초로 도입하였다.
③ 구글, 페이스북, 아마존 등 IT기업이 주 대상이다.
④ 미국은 EU에서 자국 기업이 불리해질 것을 우려해 반대 입장을 취하고 있으며, EU 내에서도 글로벌 IT기업이 각국 내에서 가지는 위치에 따라 입장 차가 나타나고 있다.

11 다음에서 ㉠에 해당하는 설명으로 옳지 않은 것은?

클라우드 컴퓨팅이란 중앙의 데이터 센터에서 모든 컴퓨팅을 수행하고, 그 결과 값을 네트워크를 통해 사용자에게 전달하는 방식의 기술이다. 디바이스들에 대한 모든 통제가 데이터센터에서 중앙집중형으로 진행된다. 그러나 5G시대에(특히 IoT 장치가 확산되고 실용화되면서) 데이터 트래픽이 폭발적으로 증가할 경우 클라우드 컴퓨팅 기술로 대응하기 어려울 것에 대비하여 그 대체기술로서 (㉠)이 주목받기 시작하였다.

① ㉠은 프로세서와 데이터를 중앙 데이터센터 컴퓨팅 플랫폼에 보내지 않고 네트워크 말단의 장치 및 기기 근처에 배치하는 것을 의미한다.
② ㉠은 IoT 사물 등 로컬 영역에서 직접 AI, 빅데이터 등의 컴퓨팅을 수행하므로 네트워크에 대한 의존도가 높을 수밖에 없다.
③ 클라우드 컴퓨팅이 주로 이메일, 동영상, 검색, 저장 등의 기능을 소화했다면, ㉠은 그를 넘어 자율주행, 증강현실, IoT, 스마트팩토리 등 차세대 기술을 지원할 수 있다.
④ 클라우드 컴퓨팅에 비해 연산능력이 떨어지더라도 응답속도가 빠르고, 현장에서 데이터를 분석·적용하기 때문에 즉시성이 높다는 장점이 있다.

12 세계경제포럼(WEF)은 '전 세계 은행의 80%가 블록체인 기술을 도입할 것이며, 2025년 전 세계 GDP의 10%는 블록체인을 통해 이뤄질 것'이라는 전망을 내놓았다. 블록체인에 대한 설명 및 금융 분야에서의 활용에 대한 설명으로 가장 적절하지 않은 것은?

① 중앙에서 관리되던 장부 거래 내역 등의 정보를 탈중앙화하여 분산·저장하는 기술이기 때문에 참여자들이 모든 거래 정보에 접근할 수는 없다.

② 체인화된 블록에 저장된 정보가 모든 참여자들의 컴퓨터에 지속적으로 누적되므로, 특정 참여자에 의해 정보가 변경되거나 삭제되는 것은 사실상 불가능하다.

③ 거래 상대방에게도 거래 당사자의 신원을 공개하지 않고도 거래가 가능하다.

④ 고객이 보유하고 있는 금융, 의료, 신용정보 등의 디지털 자산을 안전하게 보관할 수있는 모바일 금고 개념으로 '디지털 자산 보관 서비스'를 제공할 수 있을 것이다.

13 첨단 기기에 익숙해진 현대인의 뇌에서 회백질 크기가 감소하여 현실에 무감각해지는 현상을 의미하는 용어는?

① 팝콘 브레인
② 디지털 치매
③ 필터 버블
④ 소셜 큐레이션

14 다음 중 전자화폐 및 가상화폐에 대한 설명으로 옳지 않은 것은?

① 전자화폐는 전자적 매체에 화폐의 가치를 저장한 후 물품 및 서비스 구매 시 활용하는 결제 수단이며, 가상화폐는 전자화폐의 일종으로 볼 수 있다.

② 전자화폐는 발행, 사용, 교환 등의 절차에 관하여 법률에서 규정하고 있으나, 가상화폐는 별도로 규정하고 있지 않다.

③ 가상화폐인 비트코인은 분산원장기술로 알려진 블록체인을 이용한다.

④ 가상화폐인 비트코인은 전자화폐와 마찬가지로 이중 지불(Double Spending)문제가 발생하지 않는다.

15 일론 머스크는 뇌에 칩을 이식한 거트루드(Ger−trude)를 공개하였다. 거트루드의 뇌에서 보낸 신호를 컴퓨터로 전송하여 모니터에서 볼 수 있는 것을 가능하게 만들 때 사용된 기술은?

① ANN(Artificial Neural Network)
② 딥러닝(Deep Learning)
③ BCI(Brain Computer Interface)
④ GAN(Generative Adversarial Network)

Answer ☀ 9.④ 10.① 11.② 12.① 13.① 14.④ 15.③

16 컴퓨터를 유지하고 있는 두 가지 구성요소는?

① 시스템, 정보
② 하드웨어, 소프트웨어
③ 기억장치, 제어장치
④ 기억장치, 소프트웨어

17 조합 논리회로에 대한 설명으로 옳지 않은 것은?

① 반가산기 – 두 비트를 더해서 합(S)과 자리올림수(C)를 구하는 회로
② 전가산기 – 두 비트와 하위 비트의 자리올림수(Cin)를 더해서 합(S)과 상위로 올리는 자리올림수(Cout)을 구하는 회로
③ 디코더 – 사람이 사용하는 문자 체계를 컴퓨터에 맞게 변환시키는 회로
④ 멀티플렉서 – 여러 곳의 입력선(2n개)으로부터 들어오는 데이터 중 하나를 선택하여 한 곳으로 출력시키는 회로

18 데이터베이스에서 데이터가 발생하는데도 중복을 통제하지 않을 때 단점이 아닌 것은?

① 일관성 문제
② 공유성 문제
③ 보안성 문제
④ 경제성 문제

19 TCP/IP 프로토콜에 대한 설명으로 옳지 않은 것은?

① ARP(Address Resolution Protocol)는 IP주소를 물리주소로 변환해 준다.
② RARP는 호스트의 논리주소를 이용하여 물리주소인 IP주소를 얻어 오기 위해 사용되는 프로토콜이다.
③ IGMP는 인터넷 그룹 관리 프로토콜이라 하며, 멀티캐스트를 지원하는 호스트나 라우터 사이에서 멀티캐스터 그룹 유지를 위해 사용된다.
④ TCP는 데이터의 흐름을 관리하고 데이터가 정확한지 확인하고 IP는 데이터를 네트워크를 통해 한 장소에서 다른 장소로 옮기는 역할이다.

20 플립플롭(Flip-Flop)의 설명으로 옳지 않은 것은?

① 플립플롭(Flip-Flop)은 이진수 한 비트 기억소자이다.
② 레지스터 상호 간 공통선들의 집합을 버스(Bus)라 한다.
③ 병렬전송에서 버스(Bus) 내의 선의 개수는 레지스터를 구성하는 플립플롭의 개수와 일치하지 않는다.
④ M비트 레지스터는 M개의 플립플롭으로 구성된다.

21 HTML에 대한 설명으로 옳지 않은 것은?

① UL은 순서가 있는 목록의 시작과 종료를 알려주는 태그이다.

② BACKGROUND는 웹페이지의 배경그림을 나타낸다.

③ FONT는 문자의 크기나 색상 등을 지정한다.

④ TABLE은 표를 만들때 사용한다.

22 동일 빌딩 또는 구내, 기업 내의 비교적 좁은 지역에 분산 배치된 각종 단말장치는?

① WAN   ② LAN

③ VAN   ④ ISDN

23 다음에서 설명하는 용어로 가장 옳은 것은?

> 프랭크 로젠블라트(Frank Rosenblatt)가 고안한 것으로 인공신경망 및 딥러닝의 기반이 되는 알고리즘이다.

① 빠른 정렬(Quick Sort)

② 맵리듀스(MapReduce)

③ 퍼셉트론(Perceptron)

④ 하둡(Hadoop)

24 네트워크 장치에 대한 설명으로 옳지 않은 것은?

① 허브(Hub)는 여러 대의 단말 장치가 하나의 근거리 통신망(LAN)에 접속할 수 있도록 지원하는 중계 장치이다.

② 리피터(Repeater)는 물리 계층(Physical Layer)에서 동작하며 전송 신호를 재생·중계해 주는 증폭 장치이다.

③ 브리지(Bridge)는 데이터 링크 계층(Data Link Layer)에서 동작하며 같은 MAC 프로토콜(Protocol)을 사용하는 근거리 통신망 사이를 연결하는 통신 장치이다.

④ 게이트웨이(Gateway)는 네트워크 계층(Network Layer)에서 동작하며 동일 전송 프로토콜을 사용하는 분리된 2개 이상의 네트워크를 연결해주는 통신 장치이다.

25 코드 작성상의 유의점이 아닌 것은?

① 자릿수가 짧을수록 좋다.

② 데이터 분류기준이 코드에 적용되어야 한다.

③ 데이터 증감을 고려하지 않는다.

④ 컴퓨터 처리가 용이하여야 한다.

PART

05

정답 및 해설

Chapter. 01

2023.01.08. 기출복원문제

정답 문항수		/14문항	회독 횟수	☐ ☐ ☐ ☐ ☐

2023.01.08. 기출복원문제									
1	2	3	4	5	6	7	8	9	10
②	①	①	③	②	②	③	④	③	④
11	12	13	14						
①	②	①	④						

1 ②

우박을 의미한다. 인삼(작물)은 우박 피해를 보장한다.

① 조수해 피해 보장은 명시되어 있지 않다.

③ 제3항에서 보험의 목적 중에 인삼은 잔존물 제거비용은 지급되지 않는다고 적혀있다.

④ 제4항에 제3호에서 시비관리(수확량 또는 품질을 높이기 위혜 비료성분을 토양 중에 공급하는 것)를 하지 않아 발생한 손해를 보상하지 않는다고 적혀있다.

2 ①

선택계약(특약)에 가입한 경우 보장된다.

② 기본계약 자동차사고부상치료비에 해당한다.

③ 보장기간 동안 납입하는 전기납이 가능하다.

④ 제4항 제2호에서 확인할 수 있다.

3 ①

② 가금(닭, 오리, 꿩 등)은 가입대상에 포함되지 않는다.

③ 냉해는 포함되지 않는다.

④ 풍·수재, 설해·지진이 최저 50만원의 자기부담금에 해당한다. 화재는 손해액에 따라 다르다.

4 ③

① FSB는 NBFI 복원력 강화를 위한 포괄적인 작업을 진행하고 있다.

② 유동성불균형의 축적요인 및 확산경로는 3가지로 식별할 수 있다.

④ 레버리지를 감축하는 것이다.

5 ②

신흥시장국의 대외채무와 함께 대외자금조달의 특징을 설명하고 있다.

6 ②

$xyz = 2450 = 2 \times 5^2 \times 7^2$에서, 세 사람의 나이로 가능한 숫자는 2, 5, 7, 10, 14, 25, 35이다. 이 중 세 수의 합이 46인 조합은 (7, 14, 25)만 가능하고, 이 때 최고령자의 나이는 25세이다.

7 ③

순서를 고려하지 않고 3명을 뽑으므로

$$_5C_3 = \frac{5!}{3! \times (5-3)!} = \frac{5 \times 4 \times 3 \times 2 \times 1}{3 \times 2 \times 1 \times 2 \times 1} = 10(가지)$$

8 ④

신입직원 4명이 회의실Ⅰ과 회의실Ⅱ에 들어가게 되는 2명의 인원을 선택하는 것은 $_4C_2 = 6$이다.

9 ③

5개의 숫자에서 숫자 '1' 2개, 숫자 '2' 2개, 숫자 '3' 1개가 있다.

$$\frac{5!}{2!2!1!} = \frac{5 \times 4 \times 3 \times 2 \times 1}{2 \times 2 \times 1} = 30$$

5개의 숫자를 일렬로 나열하는 순열의 수는 30가지이다.

10 ④

주어진 표는 100g(5봉)에 대한 정보이므로 10봉을 섭취해야 1일 영양소 기준치 이상의 포화지방을 섭취하게 된다.

① 1회 제공량(1봉)은 20g이므로 탄수화물의 함량은 30/5 = 6g이다.

② K사 아몬드초콜릿 100g에서 지방이 제공하는 열량은 45g × 9kcal/g = 405kcal이다. 총 605kcal 중 지방이 제공하는 열량의 비율은 $\frac{405}{605} \times 100 ≒ 66.9\%$이다.

③ 1봉당 지방의 '% 영양소 기준치'는 18%이므로 100% 이상 섭취하려면 6봉 이상 섭취해야 한다.

11 ①

$$\frac{\text{회사원 수}}{\text{전체 창업지원금 신청자}} \times 100$$

• 2018년 : $\frac{357}{790} \times 100 = 45.19\%$

• 2019년 : $\frac{297}{802} \times 100 = 37.03\%$

• 2020년 : $\frac{481}{1,166} \times 100 = 41.25\%$

• 2021년 : $\frac{567}{1,460} \times 100 = 38.84\%$

12 ②

① 사업자 수가 제일 많은 것은 총 합계가 68,141인 치과이다.

③ 연도별로 사업자 수가 줄고 있는 것은 산부인과이다.

④ 치과 다음으로 사업자 수가 증가한 것은 내과 · 소아과이다.

13 ①

구분	학년	1	2	3	4	5	6	합계
오후 돌봄교실	학생 수(명)	124,000	91,166	16,421	7,708	3,399	2,609	245,303
	비율(%)	50.5	37.2	6.7	3.1	1.4	1.1	100.0
저녁 돌봄교실	학생 수(명)	5,215	3,355	772	471	223	202	10,238
	비율(%)	50.9	32.8	7.5	4.6	2.2	2.0	100.0

① 2학년 오후 돌봄교실 학생비율은 37.2%이다.

② 학년이 올라갈수록 학생 수는 전체적으로 감소하고 있다.

③ 오후 돌봄교실을 이용하는 전체 학생 수 245,303명 저녁 돌봄교실 전체 학생 수가 10,238명이다.

④ 3학년 오후 돌봄교실 학생 수 비율은 6.7%이고 저녁 돌봄교실은 7.5%로 저녁 돌봄교실 비율이 더 높다.

14 ④

④ 총매출액 35,801,000원으로 백금례 사원의 매출액이 가장 크다.

2021.05.08. 기출복원문제

정답 문항수	/ 30문항	회독 횟수	☐ ☐ ☐ ☐ ☐

2021.05.08. 기출복원문제									
1	**2**	**3**	**4**	**5**	**6**	**7**	**8**	**9**	**10**
①	②	②	③	④	①	③	③	①	④
11	**12**	**13**	**14**	**15**	**16**	**17**	**18**	**19**	**20**
①	②	③	④	③	②	④	①	③	④
21	**22**	**23**	**24**	**25**	**26**	**27**	**28**	**29**	**30**
③	③	②	①	④	③	③	③	④	①

1 ①

① TSMC : 대만의 반도체 파운드리로 세계에서 가장 큰 반도체 기업 중 하나이다.

② SMIC : 중국의 대표적 파운드리 국영기업이다.

③ UMC : 대만에 본사가 위치한 파운드리 회사 중 하나이다.

④ 에이팩트 : 반도체 OSAT 업체로 반도체 후 공정과 테스트를 하는 기업 중 하나이다.

2 ②

② CISO(Chief Information Security Officer) : 최고정보보호책임자이다.

① CPO(Chief Privacy Officer) : 개인정보보호책임자로 고객의 개인정보 보호를 책임진다.

③ CMO(Chief Marketing Officer) : 최고마케팅책임자로 마케팅부문을 관리한다.

④ CFO(Chief Financial Officer) : 최고재무관리자로 기업 내 재무관련 업무를 관리한다.

3 ②

① 스페이스X : 일론 머스크가 설립한 민간 우주선 개발업체이다.

③ 테슬라모터스 : 미국의 전기자동차 제조업체로 일론 머스크가 경영진으로 있다.

④ 솔라시티 : 태양 에너지 서비스 기업으로 테슬라의 자회사 중 하나이다.

4 ③

① 로봇세 : 로봇의 노동으로 이익에 부과하는 세금이다.

② 버핏세 : 워런 버핏이 부유층의 세금 증세를 주장한 것이다.

④ 에너지세 : 에너지 절약을 위해 화석에너지 발전소의 전기에 부과하는 세금이다.

5 ④

① 리터루족 : 결혼을 하고 독립한 자녀가 부모님의 집으로 들어가 사는 세대를 의미한다.

② 알파세대 : 2011~2015년 태어난 세대로 기계와 소통이 익숙한 세대를 의미한다.

③ 파이어족 : 조기은퇴를 목표로 극단적으로 절약하며 회사생활을 하는 이들을 의미한다.

6 ①

① 리테일테크 : 소매점을 의미하는 Retail과 기술을 의미하는 Technology가 결합한 용어이다. 소매점에 첨단 기술을 접목한 기술을 의미한다.

② 핀테크 : 금융과 기술이 결합한 서비스를 의미한다.

③ 빅테크 : 아마존, 구글, 애플 등과 같이 대형 정보기술 IT 기업을 의미한다.

④ 사물인터넷 : 사물과 사물 간의 정보를 소통하는 지능형 기술을 의미한다.

7 ③

① 블랙박스 테스트 : 프로그램 내부 구조가 아닌 기능의 오류를 확인하는 기능 테스트 기법이다.

② 그레이박스 테스트 : 내부 구조와 기능을 동시에 확인하는 테스트 기법이다.

④ 스모크 테스트 : 중요 기능의 작동여부를 파악하기 위해 소프트웨어 빌드를 하고나서 수행하는 소프트웨어 테스팅이다.

8 ③

① 환차익거래 : 환시세가 균형이 맞지 않는 시점에 차익을 위해 실행되는 외환거래를 의미한다.

② FX마진거래 : 외환을 개인이 직접 거래하는 현물시장으로 유사해외통화선물을 의미한다.

④ 대차거래 : 기관에서 다른 기관투자가에게 주식을 유상으로 빌려주는 거래를 의미한다.

9 ①

② 회색코뿔소 : 위험 요인은 경고를 하지만 신호를 간과하여 큰 위험에 처한다는 것을 의미한다.

③ 검은코끼리 : 결과를 예상하지만 무시하여 문제가 해결되지 않음을 의미한다.

④ 하얀코끼리 : 큰 비용이 소모되지만 사용할 가치가 없는 것을 의미한다.

10 ④

④ **일대일로** : 정책소통, 인프라 연결, 무역 확대, 자금 조달, 민심 상통의 5가지 이념을 바탕으로 추진되고 있는 프로젝트이다.

① **중국몽** : 위대한 중화민족의 부흥을 의미하는 것으로 국가 부강, 민족 진흥, 인민 행복 세가지 목표 실현을 목표로 한다.

② **선전경제특구** : 광둥성 선전시에 1980년에 설치된 경제특구로 홍콩이나 마카오 등에서 자본 유치를 위해 설치하였다.

③ **중국제조2025** : 2015년 5월 제조업 활성화를 위해 발표한 산업고도화 전략을 의미한다.

11 ①

① 착오송금 반환지원신청은 예금보험공사 홈페이지이나 예금보험공사 본사에서 신청한다.

12 ②

① **딥러닝** : 인공지능이 데이터를 분류하고 학습하여 배우는 기술을 의미한다.

③ **챗봇** : 인공지능이 빅데이터를 기반으로 사람과 일산언어로 대화하는 메신저이다.

④ **빅데이터** : 대규모 데이터의 집합이다.

13 ③

① **오퍼레이션 트위스트** : 중앙은행에서 장기 국채를 매입하고 단기 국채는 매도하면서 금리를 조절하는 것으로 금리 인하가 목적이다.

② **스테이킹** : 암호화폐 일정량을 보유하여 블록체인 네트워크 거래소에 예치하고 플랫폼 운영에 참여하여 가격의 등락과 관련 없이 암호화폐 보상을 받는 것이다.

④ **스태그플레이션** : 경기가 침체와 물가상승을 의미하는 용어의 합성어로 경기가 침체되는 상황에 물가가 상승하는 상태를 의미한다.

14 ④

① **K − ICS(Korea − Insurance Capital Standard)** : 보험사의 자산과 부채를 평가할 수 있는 표준을 의미한다.

② **스토어 로열티** : 상점에 충성한다는 것으로 소비자가 상점에 가진 신뢰도를 의미한다.

③ **특허박스** : 기업이 특허를 통해 이익을 창출하면 낮은 세율을 적용해주는 제도이다.

15 ③

① **리걸테크** : 법률과 기술의 결합을 의미하는 용어로 법률 서비스 산업을 의미한다.

② **애드테크** : 광고와 기술의 결합을 의미하는 용어로 IT기술을 접목한 광고 기법이다.

④ **섭테크** : 감독과 기술의 결합을 의미하는 용어로 최신 기술로 금융감독 업무를 수행하는 기법이다.

16 ②

② **제페토** : 네이버에서 운영하는 메타버스 플랫폼으로 증강현실 아바타 서비스이다.

①③④ 자신의 재능을 공유 판매하는 플랫폼이다.

17 ④

① **인구보너스** : 생산가능인구(15 ～ 64세)가 증가하여 경제가 성장하는 것을 의미한다.

② **인구절벽** : 생산가능인구가 급격하게 줄어드는 현상을 의미한다.

③ **인구배당효과** : 생산가능인구가 증가하면 경제성장률이 증가하는 현상이다.

18 ①

① **버추얼 휴먼(Virtual Human)** : 컴퓨터 3D그래픽으로 만든 가상의 인물이다. 국내에는 '로지'가 있고, 미국에서 '릴 미켈라', 일본에서는 '이마' 등이 있다. 버추얼 인플루언서, 버추얼 유튜버 등 다양한 형태가 있다.

② **메타버스** : 가상과 추상의 세계와 현실세계를 혼합한 3차원 가상세계를 의미한다.

③ **휴머노이드** : 인간과 유사한 생김새를 가진 로봇을 의미한다.

④ **딥페이크** : 인공지능 기술을 이용하여 동영상이나 사진을 합성하는 제작 프로세스를 의미한다.

19 ③

③ **마이데이터** : 각종 기업에 흩어진 정보를 통합하여 확인하여 서비스를 제공받을 수 있는 것이다.

① **가명정보** : 이름이나 전화번호 등 개인정보의 일부를 가명으로 대체하여 개인이 알아볼 수 없는 개인정보를 의미한다.

② **GDPR(General Data Protection Regulation)** : 2018년 5월 시행된 유럽연합 개인정보 보호규정이다.

④ **데이터 거버넌스** : 데이터 통합관리 체계를 의미한다.

20 ④

① **블록딜** : 시장에 영향이 미치지 않도록 장이 끝나고 매도자와 매수자가 대량의 주식 매매거래를 하는 것이다.

② **마진 콜** : 선물계약의 투자원금 손실이 우려되어 추가 담보를 요청하는 것을 의미한다.

③ **스톡론** : 금융기관에서 예수금을 담보로 하여 주식투자자금을 빌려주는 것을 의미한다.

21 ③

① 개인종합자산관리계좌(ISA) : 투자자가 투자종목·수량을 지정하여 상품을 운용하는 계좌로 예금자보험법에 의해 보호받는다.

② 개인형 퇴직연금(IRP) : 노후를 준비하기 위해 여유자금을 적립하여 퇴직·이직 시 수령받을 수 있는 퇴직연금제도로 예금자보호법에 의해 보호받는다.

④ 표지어음 : 몇 가지 어음으로 대표적인 표지를 만드는 것으로 예금자보험법에 의해 보호받는다.

22 ③

※ 수요의 가격탄력성 결정 요인

　　㉠ 대체재의 수가 많을수록 그 재화는 일반적으로 탄력적이다.

　　㉡ 사치품은 탄력적이고 생활필수품은 비탄력적인 것이 일반적이다.

　　㉢ 재화의 사용 용도가 다양할수록 탄력적이다.

　　㉣ 수요의 탄력성을 측정하는 기간이 길수록 탄력적이다.

23 ②

② 요소 간 대체성이 높을수록(대체탄력도가 클수록) 등량곡선은 우하향의 직선에 가까워지고, 대체성이 낮을수록(대체탄력도가 작을수록) 등량곡선이 L자에 가까워진다.

　※ **등량곡선(Isoquant)**

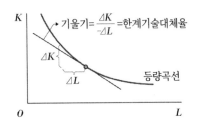

　　㉠ 동일한 양의 재화를 생산할 수 있는 L(노동)과 K(자본)의 조합을 연결한 곡선을 의미한다. 등량곡선은 모든 생산요소가 가변요소일 때의 생산함수인장기생산함수를 그림으로 나타낸 것이다.

　　㉡ 등량곡선은 우하향의 기울기를 가지며 원점에서 멀리 떨어져 있을수록 높은 산출량을 나타낸다.

　　㉢ 등량곡선은 서로 교차할 수 없고, 원점에 대해 볼록한 형태(한계기술체감의 법칙)이다.

　　㉣ 무차별곡선은 원점에서 멀어질수록 높은 효용수준을 나타낸다. 이때, 효용의 크기는 서수적으로 표시한다. 반면에, 등량곡선은 요소투입량과 산출량 간의 기술적인 관계를 나타내는 생산함수에서도 도출된다. 이때, 산출량의 크기는 기수적으로 표시한다.

24 ①

① Fast Identity Online의 약자로 FIDO는 인증 프로토콜과 인증기법이 분리되어 보안성이 높다.

② 서버에 정보가 저장되지 않고 인증 프로토콜과 인증수단이 분리되어 있어서 보안성이 높다.

③ Universal 2nd Factor (U2F) 프로토콜은 아이디와 비밀번호로 로그인한 온라인 서비스에서 인증하는 방법이다.

④ Universal Authentication Framework (UAF) 프로토콜은 사용자 기기에 저장된 인증방법이 온라인과 연동되어 생체정보로 인증이 가능하다.

25 ③

④ 5G 이동통신 기술의 특징으로는 초광대역 서비스, 고신뢰·초저지연 통신, 대량연결이 있다.

① IMT – 2020으로 칭한다.

② 4G 속도이다. 5G에서는 20Gbps 속도이다.

③ 안테나를 활용하는 빔포밍 기술은 5G 표준 기술로 도입되었다.

26 ③

③ 사업주보다는 프로젝트 그 자체에 수익성을 보고 투자하는 금융기법이다.

  ※ **프로젝트 파이낸싱(Project Financing)**
  금융기관이 프로젝트의 미래 현금흐름을 기준으로 자금을 지원하는 기법이다. 석유, 탄광, 부동산개발 등 대규모 자금이 들어가는 프로젝트에 자주 사용된다. 사업주나 기업의 신용이 아닌 프로젝트의 가치를 담보로 대출을 해주는 것이다.

27 ③

③ 사물인터넷(IoT) 기기들이 폭발적으로 사용하는 데이터 양을 처리하기 위해서 엣지 컴퓨팅 기술이 개발되었다.

① 분산된 소형 서버에서 실시간으로 데이터를 처리한다. 네트워크 끝자리에서 데이터를 처리한다 하여 엣지 컴퓨팅이라 한다.

② 엣지 컴퓨팅은 안개처럼 퍼져 있어 발생 지점 근처에서 데이터에 쉽게 접근이 가능한 포그 컴퓨팅으로도 부른다.

④ 모든 데이터가 중앙 클라우드에서만 움직이는 클라우드 컴퓨팅보다 분산 서버로 데이터 부하량이 대폭 감소한다.

28 ③

㉠㉡㉢㉥ 유량

㉣㉤ 저량

　※ **저량(Stock)**
　　비축·존재량을 말한다. 특정시점 기준으로 파악하는 경제조직의 재화양이다. 통화량, 자산, 자본, 국부, 인구 등은 저량변수이다.

　※ **유량(Flow)**
　　일정 기간 동안 경제조직에서 측정한 양을 말한다. 근로자 임금, 임대료 수입, 투자, 소비, 수입, 임금, 거래량, 이자비용 등은 유량변수이다.

29 ④

④ **신용부도스와프(CDS)** : 기업이 파산하여 채권이나 대출 원리금을 회수하지 못할 위험에 대비한 신용파생상품으로 부채담보부증권(CDO)이다.

① **채권담보부증권(CBO)** : 고수입 – 고위험 채권을 담보로 발행하는 증권으로 회사채담보부 증권이라고도 한다.

② **대출채권담보부 증권(CLO)** : 은행에서 대출채권을 담보로 발행하는 증권으로 채권 담보부증권이라고도 한다.

③ **주택저당증권(MBS)** : 주택을 담보로 장기대출을 하는 것으로 주택저당채권 담보부증권이라고도 한다.

　※ **자산유동화증권(ABS)**
　　기업이나 은행이 보유하고 있는 자산을 담보로 발행하는 증권이다.

30 ①

① **대체재** : 쇠고기나 돼지고기, 버터나 마가린과 같이 유사한 효용을 가져서 서로 대체가 가능한 재화로 경쟁재로 칭하기도 한다.

② **보완재** : 두 재화를 동시에 소비하면 효용이 높아지는 재화로 협동재라고도 한다. 펜과 잉크, 바늘과 실 등 둘 중 한 개의 재화가 수요가 증가하면 다른 재화도 함께 증가하는 것이다.

③ **열등재** : 소득이 증가하면 수요가 감소하는 재화로 소득탄력성이 0보다 작은 재화이다.

④ **정상재** : 소득이 증가하면서 수요가 증가하는 재화로 소득탄력성이 0보다 높은 재화이다.

NCS직업기초능력평가

의사소통능력		수리능력	
정답 문항수	/ 20문항	정답 문항수	/ 20문항
회독 횟수	☐ ☐ ☐ ☐ ☐	회독 횟수	☐ ☐ ☐ ☐ ☐

문제해결능력			
정답 문항수	/ 20문항		
회독 횟수	☐ ☐ ☐ ☐ ☐		

의사소통능력

1	2	3	4	5	6	7	8	9	10
②	③	①	④	④	②	④	①	④	③

11	12	13	14	15	16	17	18	19	20
④	③	①	②	④	②	②	④	①	④

1 ②

마지막 문단에서 '데카르트가 뉴턴과 마찬가지로 공간을 정신과 독립된 객관적 실재로 보았던 반면, 라이프니츠는 공간을 정신과 독립된 실재라고 보지 않았다.'라고 하였으므로 ②가 적절하다.

2 ③

위 내용에서는 "해외 업체의 경우에는 주로 불법영업 단속 요청이 많다"는 것은 그래프를 통해 알 수가 없다.

3 ①

① 발신인이 불명확하거나 의심스러운 메시지 및 메일은 열어보지 말고 즉시 삭제해야 한다.

4 ④

④ 제시된 지문 중 밑에서 셋째 줄에 있는 '하지만 걷기도 나름대로의 규칙을 가지고 있다.'라는 내용을 통해 걷기에도 엄연히 규칙이 존재함을 알 수 있다.

5 ④

㉠ 15% 할인 후 가격에서 5%가 추가로 할인되는 것이므로 20%보다 적게 할인된다.

㉡ 위 안내문과 일치한다.

㉢ 같은 기종이 아닌 LED TV가 증정된다.

㉣ 노트북, 세탁기, TV는 따로 K카드를 사용해야 한다는 항목이 없으므로 옳지 않다.

6 ②

㉡의 앞부분에서 '원체'가 등장했고 ㉡의 뒷부분에는 당나라 한유의 사례를 들어 원체 양식에 대한 부연설명을 하고 있다. 그러므로 ㉡ 부분에 '원체'의 개념 설명이 들어가는 것이 논리적으로 적합하다.

7 ④

④ ○○은행에서는 본 안내장 외엔 문자를 발송하지 않는다.

8 ①

Ⅱ의 구조에 대응하여 Ⅲ에 정부 차원에서의 문제점을 추가하는 것은 바람직하지만, 정규직 파트타임제에 관해 다루고 있으므로 '비정규직의 증가로 인한 고용 불안 가능성'이라는 내용은 적절하지 않다.

9 ④

일부 제품에서 표시 · 광고하고 있는 사항이 실제와 다른 것이며 G사와 H사의 경우 제품의 흡수싱이 좋은 것으로 확인되었기 때문에 거의 모든 제품이라고 단정하면 안 된다.

10 ③

㉠ 문장은 짧고 간결하게 작성하도록 한다.

㉢ 부정문이나 의문문은 되도록 피하고 긍정문으로 작성한다.

11 ④

김 씨는 검토하는 습관을 길러 자신의 부족함을 보완하여 모두에게 인정을 받게 되었다.

12 ③

내용을 뒷받침해 줄 수 있는 근거가 부족하다고 하였으므로 자료를 더 수집해야 한다.

13 ①

상사가 부탁한 지시사항을 다른 사람에게 부탁하는 것은 옳지 못하며 설사 그렇다고 해도 그 일의 과오에 대해 책임을 전가하는 것은 지양해야 할 자세이다.

14 ②

'철수는'이라는 주어가 맨 앞으로 와서 '철수는 울면서 떠나는 영희에게 손을 흔들었다.'라고 표현하기 쉬우며, 이것은 우는 주체가 철수인지 영희인지 불분명한 경우가 될 수 있으므로 주의하여야 한다.

① 성진이가 모자를 쓰고 있는 '상태'인지, 모자를 쓰는 '동작'을 한 것인지 불분명하다.

③ 내가 철수와 영희 두 사람을 만난 것인지, 나와 철수가 함께 영희를 만나러 간 것인지 불분명하다.

④ 하영과 원태가 부부가 된 것인지, 각각 다른 사람과 결혼을 한 것인지 불분명하다.

15 ④

비보완적 방식 가운데 결합 방식과 분리 방식은 서로 다른 평가 기준에서도 브랜드 평가 점수를 비교하고 있음을 알 수 있다.

16 ②

제시 글을 통해 알 수 있는 합리적 기대이론의 의미는, 가계나 기업 등 경제주체들은 활용가능한 모든 정보를 활용해 경제상황의 변화를 합리적으로 예측한다는 것으로, 이에 따르면 공개된 금융, 재정 정책은 합리적 기대이론에 의한 경제주체들의 선제적 반응으로 무력화되고 만다. 보기 ②에서 언급된 내용은 이와 정반대로 움직이는 경제주체의 모습을 설명한 것으로, 경제주체들이 드러난 정보를 무시하고 과거의 실적치만으로 기대를 형성하는 기대오류를 범한다고 보는 견해이다.

17 ②

위 문서는 기안서로 회사의 업무에 대한 협조를 구하거나 의견을 전달할 때 작성하며, 흔히 사내 공문서라고도 한다.

18 ④

제시된 글들은 모두 상황이나 어법에 맞지 않는 표현을 사용한 것이다. 상황에 따라 존대어, 겸양어를 적절히 사용하고 의미가 분명하게 드러나도록 어법에 맞는 적절한 언어표현이 필요하다.

19 ①

내용을 뒷받침해 줄 수 있는 근거가 부족하다고 하였으므로 자료를 더 수집해야 한다.

20 ④

④ 결원을 보충할 경우 예비합격자를 최종합격자로 선발할 수 있다.

① 모든 응시자는 기관 간, 전형 간, 직렬 간 중복지원이 불가하며 1인 1분야만 지원할 수 있다.

② 채용관련 인사 청탁 등 채용비리 또는 기타 부정합격 확인 시 채용이 취소될 수 있다.

③ 지원자가 채용예정인원 수와 같거나 미달하더라도 적격자가 없는 경우 선발하지 않을 수 있다.

1	2	3	4	5	6	7	8	9	10
④	②	③	①	③	③	④	①	②	③

11	12	13	14	15	16	17	18	19	20
②	④	①	②	④	④	①	①	②	①

1 ④

처음 숫자를 시작으로 3, 4, 5, 6,.....9까지 오름차순으로 더해나간다.

2 ②

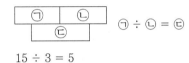

$㉠ ÷ ㉡ = ㉢$

$15 ÷ 3 = 5$

3 ③

③ $6,312 ÷ 3,524 ≒ 1.76$으로 2배가 안 된다.

4 ①

① 1, 2월 증가하다 3월부터 5월까지는 하향세, 6월부터 다시 증가했다. 그러므로 지속적으로 증가하고 있다는 설명은 옳지 않다.

5 ③

③ $\dfrac{1,869+544}{19,134+2,339} \times 100 ≒ 11.23$이므로 12%를 넘지 않는다.

① $\dfrac{11,680+463}{19,134+2,339} \times 100 ≒ 56.55\%$

② $\dfrac{400}{19,134+2,339} \times 100 ≒ 18.62\%$

④ $\dfrac{1,300}{19,134+2,339} \times 100 ≒ 6.05\%$

6 ③

③ 두 상품을 따로 경매한다면 A는 戊에게 50,000원에, B는 己에게 70,000원에 낙찰되므로 얻는 수입은 120,000원이다.

① 두 상품을 묶어서 경매한다면 최고가 입찰자는 己이다. 己가 낙찰 받는 금액은 110,000원으로 5% 할인을 해주어도 그 금액이 100,000원이 넘는다. 입찰자는 낙찰가의 총액이 100,000원을 초과할 경우 구매를 포기한다는 조건에 의해 己는 구매를 포기하게 되므로 낙찰자는 丙이 된다.

② 경수가 얻을 수 있는 예상 수입은 두 상품을 따로 경매할 경우 120,000원, 두 상품을 묶어서 경매할 경우 95,000원으로 동일하지 않다.

④ 두 상품을 따로 경매한다면 A의 낙찰자는 戊이다.

7 ④

갑씨가 선택할 수 있는 방법은 총 세 가지이다.

• 오늘 상·하의를 모두 구입하는 방법(추가할인적용)
$(250,000 \times 0.7) \times 0.95 + 5,000 = 171,250$(원)

• 오늘 상의를 구입하고, 세일기간이 아닌 기간에 하의를 구입하는 방법(할인쿠폰사용)
$(100,000 \times 0.7) + (150,000 \times 0.6) + 10,000 = 170,000$(원)

• 오늘 하의를 구입하고, 세일기간이 아닌 기간에 상의를 구입하는 방법(할인쿠폰사용)
$(150,000 \times 0.7) + (100,000 \times 0.6) + 10,000 = 175,000$(원)

∴ ㉠ 가장 싸게 구입하는 방법은 오늘 상의를 구입하고, 세일기간이 아닌 기간에 하의를 구입하는 것이다.
㉡ 상하의를 가장 싸게 구입하면 17만 원의 비용이 소요된다.

8 ①

총 광고효과 = 1회당 광고효과 × 1년 광고횟수

$$= (1\text{회당 수익 증대 효과} + 1\text{회당 브랜드 가치 증대 효과}) \times \frac{3,000\text{만 원} - 1\text{년 계약금}}{1\text{회당 광고비}}$$

A : $(100 + 100) \times \dfrac{3,000 - 1,000}{20} = 20,000$만 원

B : $(60 + 100) \times \dfrac{3,000 - 600}{20} = 19,200$만 원

C : $(60 + 110) \times \dfrac{3,000 - 700}{20} = 19,550$만 원

D : $(110 + 110) \times \dfrac{3,000 - 1,200}{20} = 19,800$만 원

9 ②

　① 2018년 : 1,101,596 ÷ 8,486 = 약 129명

　② 2019년 : 1,168,460 ÷ 8,642 = 약 135명

　③ 2020년 : 964,830 ÷ 8,148 = 약 118명

　④ 2021년 : 1,078,490 ÷ 8,756 = 약 123명

10 ③

KAL 항공사의 2021년 항공기 1대당 운항 거리는 8,905,408 ÷ 11,104 = 802로, 2022년 한 해 동안 9,451,570km의 거리를 운항하기 위해서는 9,451,570 ÷ 802 = 11,785대의 항공기가 필요하다. 따라서 KAL 항공사는 11,785 − 11,104 = 681대의 항공기를 증편해야 한다.

11 ②

주당 4시간 이하로 응답한 교사의 수는 총 2,520명이고, 무응답한 교사의 수는 130명이다.

따라서 약 19배 차이가 난다.

12 ④

ⓒ의 값은 0명이고, ㉠의 값이 18명이므로 ⓒ의 값은 216명이다.

13 ①

　① 1888년, 1890년 : 719 − 709 = 10(백 달러)

　② 1887년, 1885년 : 188 − 94 = 94(백 달러)

　③ 1890년, 1892년 : 1,498 − 709 = 789(백 달러)

　④ 1889년, 1890년 : 1,097 − 709 = 388(백 달러)

14 ②

$$\frac{315153 - 54000}{54000} \times 100 ≒ 484\%$$

15 ④

인자	연도별 중요도				평균값
	2015	2016	2017	2018	
지형	70	50	70	60	62.5
대기질	50	70	50	70	60
수질	40	60	40	50	47.5
소음	20	20	30	10	20

16 ④

기본 급여	2,240,000	갑근세	46,370
직무수당	400,000	주민세	4,630
명절 상여금		고용보험	12,330
특별수당		국민연금	123,300
차량 지원금	100,000	건강보험	79,460
교육 지원		기타	
급여계	2,740,000	공제합계	266,090
		지급총액	2,473,910

17 ①

① 무의 독서량은 을의 독서량의 4배이다.

② 기의 독서량은 10권으로 병과 정의 독서량의 합과 같다.

③ $\dfrac{4}{30} \times 100 ≒ 13.3\%$

④ 기와 병의 독서량 차이는 10 − 6 = 4권이다.

18 ①

왼쪽부터 x의 값에 1부터 차례대로 정수를 대입할 경우 'x를 포함하는 수'도 같은 정수가 된다. 즉, x가 1이면 'x를 포함하는 수'도 1, x가 2이면 'x를 포함하는 수'도 2가 된다. 따라서 마지막에는 5를 넣어서 5가 되는 수가 와야 하므로 3 × 5 − 10 = 5인 보기 ①이 정답이 된다.

19 ②

주어진 조건에 의해 다음과 같이 계산할 수 있다.

{(1,700,000 + 100,000 + 200,000) × 12 + (1,000,000 × 4) + 500,000} ÷ 365 × 30 = 2,342,465원

따라서 소득월액은 2,342,465원이 된다.

20 ①

② 지역별 인원수가 제시되어 있지 않으므로, 각 지역별 응답자 수는 알 수 없다.

③ 2019년에는 경상도에서, 2020년에는 충청도에서 가장 높은 비율을 보인다.

④ 2019년과 2020년 모두 '자기 개발을 하고 있다'고 응답한 비율이 가장 높은 지역은 서울시이며, 2020년의 경우 자기개발 비용을 직장이 100% 부담한다고 응답한 사람의 비율이 가장 높은 지역은 경상도이다.

1	2	3	4	5	6	7	8	9	10
③	①	③	②	③	③	②	④	②	②

11	12	13	14	15	16	17	18	19	20
②	③	④	①	③	②	④	④	④	②

1 ③

주어진 조건에 따라 선택지의 날짜에 해당하는 당직 근무표를 정리해 보면 다음과 같다.

구분	갑	을	병	정
A	2일, 14일		8일	
B		3일		9일
C	10일		4일	
D		11일		5일
E	6일		12일	
F		7일		13일

따라서 A와 갑이 2일 날 당직 근무를 섰다면 E와 병은 12일 날 당직 근무를 서게 된다.

2 ①

세 사람은 모두 각기 다른 동에 사무실이 있으며, 어제 갔던 식당도 서로 겹치지 않는다.

• 세 번째 조건 후단에서 갑동이와 을순이는 어제 11동 식당에 가지 않았다고 하였으므로, 어제 11동 식당에 간 것은 병호이다. 따라서 병호는 12동에 근무하며 11동 식당에 갔었다.

• 네 번째 조건에 따라 을순이는 11동에 근무하므로, 남은 갑동이는 10동에 근무한다.

• 두 번째 조건 전단에 따라 을순이가 10동 식당에, 갑동이가 12동 식당을 간 것이 된다.

따라서 을순이는 11동에 사무실이 있으며, 어제 갔던 식당은 10동에 위치해 있다.

3 ③

우선 A와 B를 다른 팀에 배치하고 C, D, E, F를 두 명씩 각 팀에 배치하되 C, E, F는 한 팀이 될 수 없고 C와 E 또는 E와 F가 한 팀이 되어야 하므로 (A, C, E/B, D, F), (B, C, E/A, D, F), (A, E, F/B, C, D), (B, E, F/A, C, D)의 네 가지 경우로 나눌 수 있다.

4 ②

ⓒ 참가자는 무작위로 선정한 것이 아니라 시음회의 참여를 원하는 직원을 대상으로 선정하였기 때문에 전체 직원에 대한 대표성이 확보되었다고 보기는 어렵다.

ⓔ 대표성을 확보하기 위해서는 우리나라의 남녀 비율이 아닌 A회사의 남녀 비율을 고려하여 선정하는 것이 더 적절하다.

5 ③

	연필	지우개	샤프심	매직
갑	O	X	O	X
을	O	X	O	X
병	X	O	X	O
정	X	X	O	X

6 ③

① $\dfrac{360}{(85,000-10,000)} \times 100 \times 12 = 5.76\%$

② $\dfrac{420}{(85,000-5,000)} \times 100 \times 12 = 6.3\%$

③ $\dfrac{750}{(130,000-10,000)} \times 100 \times 12 = 7.5\%$

④ $\dfrac{350}{(125,000-60,000)} \times 100 \times 12 = 6.46\%$

7 ②

② 최단 기간에 업무를 끝내기 위해 필요한 최소 인력은 8명이다.

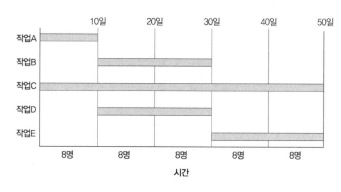

- **작업장 사용료** : 50일 × 50만 원 = 2,500만 원
- **인건비** : {(8인 × 30일) + (6인 × 20일)} × 10만 원 = 3,600만 원

8 ④

④ 고객이 다른 제품을 구입하겠다는 계획에 적극적인 대응을 해야 한다. 고객 답변에 호응하는 언어를 구사하고, 다른 회사제품에 종류나 왜 그 제품을 구매하는 이유에 대해서도 반드시 물어보아야 하므로 문맥 상 적절한 내용이다.

① 이 경우에는 고객이 집에 없는 경우에 사용해야 하는 부분으로 상담원 본인의 소개 및 전화를 한 이유가 언급되어 있다. 하지만, C의 경우에 상담원과 고객이 대화를 하고 있으므로 이 또한 해당 상황에 대한 답으로는 부적절하다.

② 고객은 마음속으로 다른 이유 때문에 상담에 호응할 수 없는 단계에서 나타난 대답이다. 하지만 정황 상 고객은 상담원과의 대화가 지속되는 것에 대해서는 무리가 없으므로 역시 부적절한 내용이다.

③ 상담의 도입단계로서 인사 표현을 명확히 하고, 상담원의 신원을 밝힌 후 전화를 건 이유와 전화통화 가능 여부를 확인하는 부분으로 이는 부적절하다

9 ②

〈보기〉의 각 내용을 살펴보면 다음과 같다.

㉠ 생산 전력량은 순서대로 각각 450, 320, 380천 Mwh로 H발전소가, 전송받은 전력량은 순서대로 각각 400, 380, 370천 Mwh로 지역A가 가장 많다.

㉡ W발전소에서 지역A로 공급한 전력의 30%가 지역C로 전송된다는 것은 지역A로 전송된 전력량이 140→98천 Mwh, 지역C로 전송된 전력량이 70→112천 Mwh가 된다는 것이므로 이 경우, 전송받은 전력량 순위는 지역A와 지역C기 서로 바뀌게 된다.

㉢ H발전소에서 전송한 전력량을 세 지역 모두 10%씩 줄이면 450→405천 Mwh가 되어 발전소별 생산 전력량 순위는 바뀌지 않고 동일하게 된다.

㉣ 발전소별 평균 전송한 전력량은 순서대로 각각 450÷3=150, 320÷3=약 107, 380÷3=약 127천 Mwh이며, 지역별 평균 전송받은 전력량은 순서대로 각각 400÷3=약 133, 380÷3=약 127, 370÷3=약 123천 Mwh이므로 모든 평균값이 100 ~ 150천 Mwh의 범위 내에 있음을 알 수 있다.

10 ②

㉠ 태풍경보 표를 보면 알 수 있다. 비가 270mm이고 풍속 26m/s에 해당하는 경우는 태풍경보 2급이다.

㉡ 6시간 강우량이 130mm 이상 예상되므로 호우경보에 해당하며 산지의 경우 순간풍속 28m/s 이상이 예상되므로 강풍주의보에 해당한다.

11 ②

3C 분석 … 환경 분석 방법의 하나로 사업환경을 구성하고 있는 요소인 자사(Company), 경쟁사(Competitor), 고객(Customer)을 분석하는 것이다.

12 ③

① 어떤 그룹이나 집단이 의사결정을 잘 하도록 도와주는 방법이다.

② 구성원들이 주제에 대한 아이디어를 제시하는 방법이다.

④ 문제해결을 위해서 직접적인 표현보다는 암시를 통하여 의사를 전달하는 방법이다.

13 ④

토지대금 : 80만 × 3.3 × 60 = 15,840만 (원)

건축비 : 99만 ÷ 3.3 × 85 = 2,550만 (원)

총액 : 15,840만 + 2,550만 = 18,390만 (원)

계약금 : 18,390만 × 0.3 = 5,517만 (원)

14 ①

SWOT 분석

① SO : 내부강점과 외부기회 요인을 극대화한다.

② WO : 외부기회를 이용하여 내부약점을 강점으로 전환한다.

③ ST : 외부위협을 최소화하기 위해 내부강점을 극대화한다.

④ WT : 내부약점과 외부위협을 최소화한다.

15 ③

차등금리결정방식은 각각의 투자자가 제시한 금리를 순차적으로 나열한 후 일정한 간격으로 그룹화하는 방식이다. 〈보기〉의 경우 발행 예정액이 700억 원이므로 ⓕ를 제외한 나머지 투자자들이 낙찰자로 결정되며, 그룹화 간격이 0.03%p이므로 [ⓐ와 ⓑ], [ⓒ], [ⓓ와 ⓔ]로 그룹화 된다. 이때 기준이 되는 금리는 최종 낙찰자인 ⓔ가 제시한 2.06%이며, 그룹별 금리는 각 구간의 최고 금리 2.06%, 2.03%, 2.00%으로 결정된다.

16 ②

① 복사기를 같이 쓴다고 해서 같은 층에 있는 것은 아니다. 영업부가 경리부처럼 위층의 복사기를 쓸 수도 있다.

③ 인사부가 2층의 복사기를 쓰고 있다고 해서 인사부의 위치가 2층인지는 알 수 없다.

④ 제시된 조건으로 기획부의 위치는 알 수 없다.

17 ④

결론이 '자동차는 1번 도로를 지나오지 않았다.'이므로 결론을 중심으로 연결고리를 이어가면 된다.

자동차가 1번 도로를 지나오지 않았다면 ㉠에 의해 이 자동차는 A, B마을에서 오지 않았다. 흙탕물이 자동차 밑바닥에 튀지 않고 자동차를 담은 폐쇄회로 카메라가 없다면 A마을에서 오지 않았을 것이다. 도로정체가 없고 검문소를 통과하지 않았다면 B마을에서 오지 않았을 것이다. 폐쇄회로 카메라가 없다면 도로정체를 만나지 않았을 것이다. 자동차 밑바닥에 흙탕물이 튀지 않았다면 검문소를 통과하지 않았을 것이다.

따라서 자동차가 1번 도로를 지나오지 않았다는 결론을 얻기 위해서는 폐쇄회로 카메라가 없거나 흙탕물이 튀지 않았다는 전제가 필요하다.

18 ④

디젤 발전은 내연력을 통한 발전이므로 친환경과 지속가능한 에너지 정책을 위한 발전 형태로 볼 수 없다. 오히려 디젤 발전을 줄여 신재생에너지원을 활용한 전력 생산 및 공급 방식이 에너지 신산업 정책에 부합한다고 볼 수 있다.

19 ④

5개의 건물이 위치한 곳을 그림과 기호로 표시하면 다음과 같다.

첫 번째 조건을 통해 목욕탕, 미용실, 은행은 C, D, E 중 한 곳, 교회와 편의점은 A, B 중 한 곳임을 알 수 있다.

두 번째 조건에 의하면 목욕탕과 교회 사이에 편의점과 또 하나의 건물이 있어야 한다. 이 조건을 충족하려면 A가 교회, B가 편의점이어야 하며 또한 D가 목욕탕이어야 한다. C와 E는 어느 곳이 미용실과 은행의 위치인지 주어진 조건만으로 알 수 없다.

따라서 보기 ④에서 언급된 바와 같이 미용실이 E가 된다면 은행은 C가 되어 교회인 A와 45m 거리에 있게 된다.

20 ②

먼저 아래 표를 항목별로 가중치를 부여하여 계산하면,

구분	1/4 분기	2/4 분기	3/4 분기	4/4 분기
유용성	$8 \times \dfrac{4}{10} = 3.2$	$8 \times \dfrac{4}{10} = 3.2$	$10 \times \dfrac{4}{10} = 4.0$	$8 \times \dfrac{4}{10} = 3.2$
안전성	$8 \times \dfrac{4}{10} = 3.2$	$6 \times \dfrac{4}{10} = 2.4$	$8 \times \dfrac{4}{10} = 3.2$	$8 \times \dfrac{4}{10} = 3.2$
서비스 만족도	$6 \times \dfrac{2}{10} = 1.2$	$8 \times \dfrac{2}{10} = 1.6$	$10 \times \dfrac{2}{10} = 2.0$	$8 \times \dfrac{2}{10} = 1.6$
합계	7.6	7.2	9.2	8
성과평가 등급	C	C	A	B
성과급 지급액	80만 원	80만 원	110만 원	90만 원

성과평가 등급이 A이면 직전분기 차감액의 50%를 가산하여 지급한다고 하였으므로, 3/4분기의 성과급은 직전분기 차감액 20만 원의 50%인 10만 원을 가산하여 지급한다.

따라서, 80 + 80 + 110 + 90 = 360(만 원)이다.

직무 전공 맛보기

경영					경제				
정답 문항수				/ 25문항	정답 문항수				/ 25문항
회독 횟수	☐	☐	☐	☐ ☐	회독 횟수	☐	☐	☐	☐ ☐
민법					전산 이론				
정답 문항수				/ 25문항	정답 문항수				/ 25문항
회독 횟수	☐	☐	☐	☐ ☐	회독 횟수	☐	☐	☐	☐ ☐

경영

1	2	3	4	5	6	7	8	9	10
④	④	③	④	②	④	①	③	②	④
11	12	13	14	15	16	17	18	19	20
③	①	①	③	④	③	①	③	①	②
21	22	23	24	25					
④	④	①	①	①					

1 ④

④ FMS는 운영의 효과 발휘까지 시간이 많이 소요된다.

※ 유연생산시스템(FMS) … 특정 작업계획으로 여러 부품들을 생산하기 위해 컴퓨터에 의해 제어 및 조절되며 자재취급시스템에 의해 연결되는 작업장들의 조합이며, 보다 넓은 개념으로 보면 다품종 소량의 제품을 짧은 납기로 해서 수요변동에 대한 재고를 지니지 않고 대처하면서 생산효율의 향상 및 원가절감을 실현할 수 있는 생산시스템을 의미한다.

2 ④

④ 단위 구입가는 물량에 관계없이 일정하다.

※ **경제적주문량(EOQ)의 기본가정**

    ㉠ 제품의 수요가 일정하고 균일하다.

    ㉡ 조달기간이 일정하며, 조달이 일시에 이루어진다.

    ㉢ 품절이나 과잉재고가 허용되지 않는다.

    ㉣ 주문비와 재고유지비가 일정하며, 재고유지비는 평균재고에 기초를 둔다.

3 ③

③ 제시된 내용은 명목집단기법에 대한 설명이다. 명목집단기법은 여러 대안들을 마련하고 그중 하나를 선택하는 데 초점을 두는 구조화된 집단의사결정 기법으로, 집단의사결정 기법임에도 불구하고 의사결정이 진행되는 동안 참가자들 간의 토론이나 비평이 허용되지 않기 때문에 '명목'이라는 수식어가 붙었다.

① **팀빌딩기법** : 능력이 우수한 인재들이 모인 집단이 그만한 능력을 발휘하지 못할 때, 그 원인을 찾아 문제를 해결하는 경영기법이다.

② **브레인스토밍** : 어떤 문제의 해결책을 찾기 위해 여러 사람이 생각나는 대로 마구 아이디어를 쏟아내는 방법이다.

④ **델파이기법** : 전문가들을 대상으로 반복적인 피드백을 통한 하향식 의견 도출로 문제를 해결하려는 미래 예측 기법이다.

4 ④

④ 신뢰성은 잘못되거나 실패할 가능성의 정도를 나타낸다.

※ **가빈의 품질 8가지 개념**

    ㉠ **성능** : 제품이 가지고 있는 운영적인 특징이다.

    ㉡ **특징** : 특정의 제품이 가지고 있는 경쟁적 차별성이다.

    ㉢ **신뢰성** : 잘못되거나 실패할 가능성의 정도이다.

    ㉣ **적합성** : 고객들의 세분화된 요구를 충족시킬 수 있는 능력이다.

    ㉤ **지속성** : 제품이 고객에게 지속적으로 가치를 제공할 수 있는 기간이다.

    ㉥ **서비스 편의성** : 기업이 고객을 통하여 가질 수 있는 경쟁력으로 속도, 친절, 경쟁력, 문제해결 능력이다.

    ㉦ **심미성** : 제품의 스타일, 색상, 모양 등 외관에서 느껴지는 특성이다.

    ㉧ **인지품질** : 기업 혹은 브랜드의 명성이다.

5 ②

총괄생산계획의 결정변수

㉠ 생산율의 조정

㉡ 하도급

㉢ 노동인력의 조정

㉣ 재고수준

6 ④

④ MRP는 종속수요품목의 재고관리시스템이다.

※ MRP(Material Requirement Planning) … 소요량에 의해 최초의 주문을 계획하는데, 자재요소의 양적ㆍ시간적인 변화에 맞춰 기주문을 재계획함으로써 정확한 자재의 수요를 계산하는 방법이다.

7 ①

① 제품속성에 의한 포지셔닝은 자사제품의 속성이 경쟁제품에 비해 차별적 속성을 지니고 있어서 그에 대한 혜택을 제공한다는 것을 소비자에게 인식시키는 전략을 의미한다. ㉠에서 자사의 치약은 경쟁사들의 일반적인 치약이 가져다주는 치약과는 속성이 다르고 차이가 있다는 것(단순 치약이 아닌 잇몸질환 치료 치약이라는)을 많은 소비자들에게 알리고 있음을 알 수 있다.

8 ③

③ 고객관계관리(CRM)는 신규고객 확보, 기존고객 유지 및 고객수익성 증대를 위해 지속적인 커뮤니케이션(또는 피드백)을 통해 고객 니즈 및 개별특성을 파악하려는 것이다. 과거의 구매고객은 모두 고객관계관리의 대상이 된다.

9 ②

② 관계마케팅은 개별고객과의 관계를 유지하고 강화시키는 것이며, 또한 장기간 동안의 상호작용, 개별화와 부가가치 부여 등을 통해 상호간의 이익을 위한 네트워크를 지속적으로 강화시키는 것을 의미한다. 단기적 거래가 아닌 관계적 거래라는 것에 초점을 둔다. 결국 장기적 거래를 가능케하는 관계적 거래를 만들어 냄으로써 거래비용을 최소화하고, 전체 비용의 효율성을 높이는데 큰 기여를 할 수 있는 사실을 중히 여긴다.

10 ④

④ 침투가격전략의 문제점을 설명한 것이다.

11 ③

③ 마케팅믹스의 4P 요소는 Product, Promotion, Price, Place 이다.

12 ①

제품수명주기에서 도입기의 경우에는 제품이 시장에 처음 소개된 시기로, 제품이 처음으로 출시되고 해당 제품에 대한 인지도나 수용도가 낮고, 판매성장률 등이 매우 낮은 단계이다.

13 ①

① 소멸성에 대한 설명이다.

※ 서비스의 특성

　　㉠ **무형성** : 서비스는 형태가 없다. 이로 인해 저장 및 진열이 불가능하고 특허 등으로 보호하기 어렵다.

　　㉡ **이질성** : 서비스를 제공하는 제공자에 따라 품질이 달라진다.

　　㉢ **비분리성** : 서비스는 생산과 소비가 분리되지 않고 동시에 일어난다.

　　㉣ **소멸성** : 저장이 곤란하여 한번 생산된 서비스는 소비되지 않으면 곧바로 소멸한다.

14 ③

③ **디마케팅(Demarketing)** : 기업 조직들이 자사의 제품을 많이 판매하기보다는 반대로 소비자들의 시장에서의 구매를 의도적으로 줄임으로 인해 적절한 수요를 창출하게 되고, 장기적으로는 보았을 때 수익의 극대화를 꾀하는 마케팅 기법이다.

① **터보 마케팅** : 마케팅 활동에서 시간을 가장 중요한 변수로 간주하여 시간적 우위에서 경쟁력을 확보하려는 마케팅 활동이다.

② **노이즈 마케팅** : 자신들의 상품을 각종 구설수에 휘말리도록 함으로써 소비자들의 이목을 집중시켜 판매를 늘리려는 마케팅 기법이다.

④ **애프터 마케팅** : 고객이 제품을 구매한 후 느낄 수 있는 인지부조화, 불안함 등을 방지해 주기 위하여 고객에게 제품에 대한 확신을 심어 주는 마케팅 활동을 의미한다.

15 ④

④ 그림은 푸시(Push Strategy)전략에 대한 것이다. 이러한 전략은 제품 브랜드에 대한 선택이 점포 안에서 이루어진다.

※ 푸시 전략(Push Strategy)

ㄱ 제조업자가 소비자를 향해 제품을 밀어낸다는 의미로 제조업자는 도매상에게 도매상은 소매상에게, 소매상은 소비자에게 제품을 판매하게 만드는 전략을 말한다.

ㄴ 중간상들로 하여금 자사의 상품을 취급하도록 하고, 소비자들에게 적극 권유하도록 하는 데에 목적을 가진다.

ㄷ 소비자들의 브랜드 애호도가 낮고, 브랜드 선택이 점포 안에서 이루어지며, 동시에 충동구매가 잦은 제품의 경우에 적합한 전략이다.

16 ③

명목척도는 빈도수를 활용하는 계산의 경우에는 의미가 있는 척도이다.

※ **명목척도** … 마케팅 조사 자료의 측정 방법 중 하나이다. 상징적으로 명칭을 붙이는 것으로 대상을 파악하고 분류하기 위해 라벨이나 꼬리표처럼 숫자를 부여하는 것이다. 설문에 응답한 사람들 중 남성에게 1번을, 여성에게 2번을 부여하는 것이 그 예이다. 즉, 측정대상이 속한 범주나 종류를 구분하기 위해 부여한 척도이다.

17 ①

① 판매가격 순응임률제는 제품의 가격과 구성원에 대한 임금률을 연관시켜서 제품에 대한 판매가격이 변동하면 그에 따라 임률도 변동하도록 하는 제도를 의미한다.

18 ③

ㄱ **내부 공정성** : 기업 내부의 공정성을 의미하는 것으로 조직의 직무 · 직능 · 근속 및 성과에 따라 보상을 달리함으로써 공정성을 유지 · 확보하는 것이다. 내부공정성 확보는 개인의 만족과 효용성 증대에 중요한 역할을 한다.

ㄴ **개인공정성** : 근로자 자신의 노력에 대한 적정보상 차원의 공정성이고, 대인비교 공정성은 다른 사람이 받는 보상과 나의 것을 비교하는 공정성을 말한다.

ㄷ **외부공정성** : 기업이 종업원에게 나누어 줄 임금총액의 크기와 관련되는 것으로 해당 기업의 임금수준이 동종경쟁기업의 임금수준과 비교하였을 때 공정성을 확보하고 있느냐에 관한 것이다.

19 ①

① 소거란 바람직하지 않은 행위가 일어났을 때 긍정적인 자극을 제거함으로써 그 행위를 감소시키는 강화전략이다.

② 부적강화

③ 체벌

④ 정적강화

20 ②

② 행위기준고과법은 직무성과에 초점을 맞추기 때문에 높은 타당성을 유지하며, 피고과자의 구체적인 행동 패턴을 평가 척도로 사용하므로 신뢰성 또한 높고, 고과자 및 피고과자 모두에게 성공적인 행동 패턴을 알려줌으로써, 조직의 성과향상을 위한 교육효과도 있어 수용성 또한 높은 편이므로, 다양하면서도 구체적인 직무에의 활용이 가능하다.

21 ④

④ 고용보험은 인간의 실업을 예방하고 나아가 고용의 촉진 및 종업원들의 직업능력의 개발 및 향상을 도모하는 역할을 수행한다.

22 ④

오픈 숍(Open Shop)은 사용자가 노동조합에 가입한 조합원 말고도 비조합원도 자유롭게 채용할 수 있도록 하는 제도를 의미한다.

23 ①

② **흑기사** : M&A를 시도하지만 단독으로 필요한 주식을 취득하는데 현실적으로 무리가 있는 개인이나 기업에게 우호적으로 도움을 주는 제3자로서의 개인이나 기업을 의미한다.

③ **포이즌 필** : 기업의 경영권 방어수단의 하나로, 적대적 M&A나 경영권 침해 시도가 발생하는 경우에 기존 주주들에게 시가보다 훨씬 싼 가격에 지분을 매입할 수 있도록 미리 권리를 부여하는 제도이다.

④ **황금주** : 보유한 주식의 수량이나 비율에 관계없이 기업의 주요한 경영 사안에 대하여 거부권을 행사할 수 있는 권리를 가진 주식을 의미한다.

※ **적대적 M&A에 대한 방어 방법**

정관수정	정관을 수정하는 등 새로운 규정을 만드는 것으로 합병승인에 대한 주주총회의 의결요건을 강화하는 방법이다.
불가침계약	인수를 목적으로 상당한 지분을 확보하고 있는 기업 또는 투자자와 시장가격보다 높은 가격으로 자사주를 매입해주는 대신 인수를 포기하도록 계약을 맺는 방법이다.
왕관의 보석	왕관의 보석과 같이 기업이 가장 핵심적인 자산을 매각함으로써 기업 인수의 위험을 피하는 방법이다.
독약처방	기업인수에 성공할 경우 인수기업에게 매우 불리한 결과를 가져다주도록 하는 내규나 규정을 만들어서 인수에 대비하는 방법이다.
황금낙하산	기업이 인수되어 기존 경영진이 퇴진하게 될 경우 이들에게 정상적인 퇴직금 외에 거액의 추가보상을 지급하도록 하는 고용계약을 맺는 방법이다.
팩맨	방어자가 거꾸로 공격자의 주식을 매집하는 등 정면 대결을 하는 방법이다.
사기업화	상장된 목표기업의 주식 대부분을 매입하여 공개기업을 사유화하여 M&A시도를 좌절시키는 방법이다.

24 ①

① 완전한 분산투자는 모든 위험을 제거할 수 없다. 분산투자를 통하여 제거할 수 있는 각 주식들의 위험을 고유위험, 체계적위험 또는 분산가능위험이라 부르며, 분산투자를 통하여 제거되지 않는 위험을 시장위험, 체계적 위험, 또는 분산불가능위험이라 부른다.

25 ①

① ETF는 보다 적은 투자자금만으로도 분산투자가 가능하다는 특성이 있다.

1	2	3	4	5	6	7	8	9	10
②	④	①	②	④	①	②	④	①	②
11	12	13	14	15	16	17	18	19	20
①	②	④	④	④	④	②	①	④	①
21	22	23	24	25					
④	③	③	①	④					

1 ②

② 재화는 피자를 먹을 때 같이 먹는 콜라처럼 서로 보완해주는 관계가 있으며, 반대로 영화와 DVD처럼 서로 대체가 가능한 관계의 관련 재화가 있다. 서로 보완해주는 관계의 피자와 콜라에서 피자의 가격이 상승하게 되면, 자연스럽게 콜라에 대한 수요도 감소하게 되는데 이처럼 서로 보완할 수 있는 관계의 재화를 보완재라 부른다. 이와 반대로 영화 감상 요금이 올라가면 영화관을 대체할 수 있는 DVD 수요가 늘어나는 현상이 나타나기도 하는데, 이처럼 서로 대체해서 사용할 수 있는 재화를 대체재라 부른다.

콜라와 피자는 보완재의 관계로, 피자의 가격이 상승하면 피자 수요는 감소할 것이며, 피자의 수요가 감소함에 따라 콜라의 수요도 감소하게 된다. 또한 콜라 수요의 감소로 가격 역시 하락을 하게 된다.

수요변화 요인		수요변화	수요곡선 이동
소비자 소득수준 향상	징상재	수요증가	우측이동
	열등재	수요감소	좌측이동
	중립재	수요불변	불변
다른 상품의 가격 상승	대체재	수요증가	우측이동
	보완재	수요감소	좌측이동
	독립재	수요불변	불변

2 ④

④ 균형상태에서 가격이 상승하면 수요가 감소하고 공급이 증가하므로 공급이 더 많아지는 초과공급이 발생하며, 반대로 가격이 하락하면 수요가 증가하고 공급이 감소하므로 수요가 더 많아지는 초과수요가 발생한다. 보기는 부동산의 공급보다 수요가 많은 초과수요에 대한 내용이다.

※ **초과공급과 초과수요**

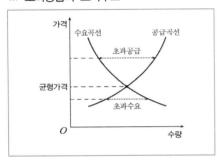

초과공급은 곧 과잉공급을 의미하므로 이는 다시 가격을 하락시키는 요인이 된다. 초과수요는 곧 과잉수요를 의미하므로 이는 다시 가격을 상승시키는 요인이 된다.

3 ①

① 소비할 수 있는 재화가 X재와 Y재뿐이라고 하면 다음의 등식이 성립하도록 소비량을 정할 때 소비자효용이 극대화된다.

$\dfrac{M_X}{P_X} = \dfrac{M_Y}{P_Y}$(한계효용균등의 법칙)으로 알 수 있듯이 각 재화의 가격단위당 한계효용이 균등할 때 소비자효용이 극대화된다고 볼 수 있다.

4 ②

② 상품의 시장가격은 수요와 공급의 상관관계에 의해서 결정된다. 따라서 공급곡선의 위치만으로는 어떤 상품의 시장가격이 높은지는 알 수 없다. 제시된 그림에서 X재 수요곡선이 Y재 수요곡선보다 높으면 X재 가격이 Y재 가격보다 높다. 그러나 Y재 수요곡선이 더 높으면 Y재 가격이 X재 가격보다 높을 수 있다.

5 ④

④ 일반적으로 생산은 생산의 2단계(평균생산물이 극대인 점부터 한계생산물이 0인 점까지)에서 이루어진다.

6 ①

㉠ 가격이 평균가변비용과 같으므로 손실이 총고정비용과 같다.

㉢ 가격이 평균가변비용보다 작으므로 조업이 중단되고 손실이 총고정비용과 같다.

㉡ 가격이 평균비용과 같으므로 손실이 0이다.

㉣ 가격이 평균가변비용보다 높으므로 조업은 하지만 평균비용보다 작으므로 고정비용의 일부만큼 손실을 얻는다.

7 ②

② 노동시장이 수요독점화 되면 수요독점기업이 상대하는 노동공급곡선은 노동시장 전체의 노동공급곡선(L^s)
과 같으므로 우상향한다. 이때 한계요소비용곡선(MFC)은 노동공급곡선보다 위에 놓인다. 주어진 문제에서
생산물시장형태에 대한 언급이 없으므로 일단 생산물시장을 완전경쟁시장으로 가정하면, 노동수요곡선은
VMP(한계생산물가치)로 나타나며 이는 MRP(한계수입생산물)곡선과 일치한다. 기업이 이윤극대화를 목표
로 하면 이윤극대화고용량은 MRP = MFC가 성립하는 A를 기준으로 정해진다($L_{독점}$). 이때 임금은 노동공
급곡선상의 B를 기준으로 정해진다($W_{수요독점}$). 노동시장이 완전경쟁 상태에 있다고 가정하면 임금과 고용량
은 노동수요곡선과 노동공급곡선의 교차점(E)에서 결정될 것이다. 따라서 노동시장이 수요독점화 되면 고
용량은 감소하고 임금은 하락한다.

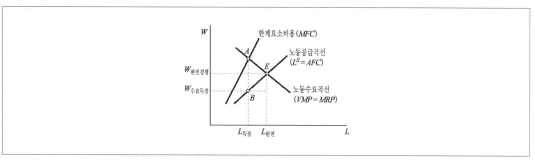

8 ④

④ 편익원칙이란 각 납세자가 정부가 제공하는 서비스로부터 얻는 혜택만큼 세금을 내야 한다는 것으로 시장
실패와는 거리가 있다. 소비자들과 생산자들이 자유롭게 경쟁하는 시장에서는 수요와 공급의 원리에 의해
시장 가격이 형성되는데 이처럼 시장 가격은 자원의 희소성을 효율적으로 배분하는 역할을 한다. 그러나
독점기업, 공공재의 무임승차 등이 일어나면 시장이 올바르게 작동하지 못하게 된다.

※ 시장한계와 실패

구분	내용
독점 출현	시장 참여자들 사이에서 자유로운 경쟁이 이루어지지 않으면 시장 실패가 나타나게 된다. 이와 같이 경쟁을 제한하는 대표적인 예로 독과점 기업을 들 수 있다. 독과점 기업은 다른 기업들이 시장에 새롭게 진입할 수 없도록 다양한 장벽을 마련하여 경쟁을 제한한다. 독과점 기업은 이윤을 극대화하기 위해 재화나 서비스의 공급량을 적절히 줄여 나감으로써 시장 가격을 올리려고 할 것이다. 그 결과 시장에서 수많은 공급자들이 경쟁하면서 상품을 공급할 때보다는 훨씬 적은 수의 재화와 서비스가 공급되고 더욱 비싼 가격에 판매를 하는 폐해가 발생하게 되는 것이다.
외부 효과 발생	외부 효과란 어떤 시장 참여자의 경제적 행위가 다른 사람들에게 의도하지 않은 혜택이나 손해를 가져다 주는데도 불구하고 이에 대해 아무런 대가를 받지도, 지불하지도 않는 현상을 말한다. 외부 효과는 다른 사람들에게 긍정적인 영향을 주었는지 아니면 부정적인 영향을 주었는지로 구분할 수 있다. 외부 효과가 나타나는 경우에 개인이 부담하는 비용과 사회 전체가 부담하는 비용이 다르고, 이에 따라 사회 전체적으로 필요한 재화와 서비스의 생산량과 실제 생산량 사이에 차이가 나기 때문에 시장 실패가 발생한다.

	치안, 국방, 보건, 의료, 사회간접자본처럼 여러 사람의 사용을 위해 생산된 재화나 서비스를 공공재라 하는데 이러한 공공재적인 특성을 나타내는 공공재도 무임승차라는 문제점이 있어 시장 실패를 가져올 수 있다. 무임 승차자의 문제란 사람들이 어떤 재화와 서비스의 소비를 통해 일정한 혜택을 보지만, 이런 혜택에 대해 어떤 비용도 지불하지 않는 것으로 생산된 재화나 서비스에 대해 아무런 비용을 지불하지 않기 때문에 시장의 실패가 일어난다고 볼 수 있다.
공공재의 무임승차	

9 ①

① 주인 – 대리인 사이에 발생하는 도덕적 해이는 대리인이 주인의 의지와는 반대로 자신의 이익을 높이기 위해서 이윤을 높이기보다는 매출액을 높이는 등 안전 위주의 전략을 취한다든가, 근무태만 등의 허술한 행동을 보이는 것을 뜻한다. 주인 – 대리인문제를 해결하기 위해서는 대리인이 열심히 노력하여 많은 이윤을 얻을수록 대리인에게도 많은 보수가 주어지도록 하면 해소될 수 있다.

※ 주인 – 대리인 문제(Principal – Agent Problem)

    ㉠ 개념 : 감추어진 행동이 문제가 되는 상황에서 주인의 입장에서 볼 때 대리인이 바람직스럽지 못한 행동을 하는 현상이다.

    ㉡ 사례

구분	내용
주주와 경영자	최고경영자가 선임되고 나면 굳이 주주의 목표인 이윤극대화를 위하여 노력하지 않는 현상을 말한다.
국민과 정치인	당선된 이후에 국민의 이익을 위하여 노력하지 않는 현상을 말한다.
의뢰인과 변호사	변호사 선임 이후에 외뢰인의 이익을 위하여 노력하지 않는 현상을 말한다.

    ㉢ 발생원인 : 대리인이 주인의 목적을 달성하기 위하여 노력할 유인(Incentive)이 없기 때문이다.

    ㉣ 해결방안 : 대리인이 주인의 이익을 극대화하도록 행동하는 것이 대리인 자신에게 유리하도록 보수체계를 설계하는 것을 유인설계(Incentive Design)라고 한다.

10 ②

① 미국의 GDP에는 변화가 없다.

③ 양국의 GNP가 모두 감소한다.

④ 한국의 GDP는 감소하나 미국의 GDP는 변화하지 않는다.

※ GNP와 GDP

구분	내용
GNP(Gross National Product)	한 국가의 국민들이 일정기간 동안 생산한 재화와 용역의 시장 가치
GDP(Gross Domestic Product)	한 국가의 영토 내에서 일정기간 동안 생산된 재화와 용역의 시장 가치

11 ①

① 임시소비와 임시소득 간의 상호독립성을 가정하고 있다.

※ 프리드만(Friedman)의 항상소득가설

   ㉠ 항상소득과 임시소득

구분	내용
항상소득(Yp)	정상적인 소득흐름으로 볼 때 확실하게 기대할 수 있는 장기적인 기대소득으로 어떤 개인이 자신의 인적 자산과 금융자산에서 매기마다 발생하리라고 예상하는 평균수입을 의미한다. 일반적으로 현재 및 과거의 소득을 가중평균하여 구한다(적응적 기대).
임시소득(Yt)	비정상적인 소득으로 예측 불가능한 일시적인 소득이다. 단기적으로는 (+) 혹은 (−)이나 장기적으로는 평균이 0이다.

   ㉡ 소비의 결정요인 : 실제소비는 주로 항상소득(Yp)에 의하여 결정되며, 임시소득(Yt)은 소비에 별로 영향을 미치지 않는다. 그러므로 임시소득의 변화는 저축에 큰 영향을 미친다.

12 ②

② 금융시장은 금융기관을 통해 자금중개가 이루어지는 대출시장, 장단기 금융상품이 거래되는 전통적 의미의 금융시장, 외환시장, 파생금융상품시장으로 구성되어 있다.

※ 금융시장 유형

   ㉠ 대출시장 : 은행, 상호저축은행, 상호금융, 신용협동조합 등과 같은 예금취급 금융기관을 통해 다수의 예금자로부터 자금이 조달되어 최종 자금수요자에게 공급되는 시장을 말한다. 또한 신용카드회사와 같은 여신전문금융회사가 제공하는 현금서비스나 판매신용도 대출시장에 포함된다. 대출시장은 차주에 따라 기업대출시장과 가계대출시장으로 구분할 수 있다.

   ㉡ 전통적 금융시장 : 거래되는 금융자산의 만기에 따라 자금시장과 자본시장으로 구분된다. 자금시장은 단기금융시장이라고도 하는데 콜시장, 한국은행 환매조건부증권매매시장, 환매조건부증권매매시장, 양도성예금증서시장, 기업어음시장 등이 자금시장에 해당된다. 자본시장은 장기금융시장이라고도 하며 주식시장과 국채, 회사채, 금융채 등이 거래되는 채권시장 그리고 통화안정증권시장 등이 여기에 속한다.

   ㉢ 외환시장 : 외환의 수요와 공급에 따라 외화자산이 거래되는 시장으로 우리나라에서는 교역규모 확대, 외환자유화 및 자본시장 개방, 자유변동환율제 도입 등에 힘입어 주로 원화와 달러화를 중심으로 이종통화 간의 거래가 활발히 이루어지고 있다. 한편 외환시장은 전형적인 점두시장의 하나로서 거래 당사자에 따라 외국환은행 간 외환매매가 이루어지는 은행 간 시장과 은행과 비은행 고객 간에 거래가 이루어지는 대고객시장으로 구분된다. 은행 간 시장은 금융기관, 외국환중개기관, 한국은행 등의 참여하에 대량의 외환거래가 이루어지고 기준환율이 결정되는 도매시장으로서 일반적으로 외환시장이라 할 때는 은행 간 시장을 말한다.

   ㉣ 파생금융상품시장 : 전통 금융상품 및 외환의 가격변동위험과 신용위험 등 위험을 관리하기 위해 고안된 파생금융상품이 거래되는 시장이다. 우리나라의 경우 외환파생상품 위주로 발전되어 왔으나 1990년대 중반 이후에는 주가지수 선물 및 옵션, 채권선물 등이 도입되면서 거래수단이 다양화되고 거래규모도 크게 확대되고 있다.

13 ④

④ 기준 금리는 한국은행의 최고 의사 결정 기구인 금융통화위원회에서 연간 물가 목표와 실물 경제 및 금융 시장 전망 등을 종합적으로 고려하여 결정한다. 기준 금리는 한국은행이 금융 기관과 거래 시 기준이 되는 금리이며, 기준 금리 변동에 따라 물가가 어떤 영향을 받는지를 판단하여 결정한다.

※ 한국은행의 기능과 역할

구분	내용
화폐 발행	한국은행은 우리나라의 화폐를 발행하는 유일한 발권 기관으로 우리가 일상생활에서 사용하는 화폐 곧 지폐와 동전은 모두 한국은행에서 발행된 것이다.
통화신용정책 수립	통화신용정책이란 화폐(돈)의 독점적 발행 권한(발권력)을 부여 받은 중앙은행이 다양한 정책수단을 활용하여 돈의 양이나 금리가 적정한 수준에 머물도록 영향을 미치는 정책을 말한다. 유통되는 돈의 양 또는 금리 수준은 가계나 기업의 경제활동 그리고 물가 등에 영향을 미친다는 점에서 통화신용정책의 중요성은 매우 크다고 할 수 있다.
은행의 은행	한국은행은 금융기관을 상대로 예금을 받고 대출을 해주며, 금융기관을 상대로 예금을 받고 대출을 해 주는 '은행의 은행'이다.
금융시스템의 안정	한국은행은 금융시스템의 안정성을 유지·강화하는 책무를 수행하는데, 이를 위해 한국은행은 국내외 경제여건, 금융시장의 안정성, 금융시스템의 건전성 상황 등을 종합적으로 점검한다. 또한 금융시스템의 이상 징후를 제때에 알아내어 그 위험성을 평가하고 조기에 경보하기 위해 다양한 지표를 개발하여 활용하기도 한다. 이를 토대로 금융시스템에 잠재해 있는 취약요인과 그 영향을 분석하고 시스템 전반의 안정성을 평가하는 금융안정보고서를 발표한다.
정부의 은행	한국은행은 국고금을 수납하고 지급하며, 국민이 정부에 내는 세금 등 정부 수입을 국고금으로 받아 두었다가 정부가 활동상 필요로 할 때 자금을 내주는 업무를 하는 한편 정부가 자금이 일시적으로 부족할 때 돈을 빌려주기도 하는 정부의 은행이다.
지급결제제도 운영	상품이나 서비스를 구입할 때 신용카드나 계좌이체와 같은 금융기관의 서비스를 이용하는 경우 금융기관을 이용하여 대금을 지급하면 금융기관 사이에는 서로 주고받을 채권과 채무가 발생한다. 또한 금융기관 상호 간의 금융거래를 통해서도 채권·채무가 발생할 수 있는데 이러한 금융기관들은 은행의 은행인 한국은행에 계좌를 개설하고, 이를 이용하여 서로 간의 채권·채무를 결제하는 지급결제제도를 운영한다.
외환 보유	우리나라 환율은 외환시장에서의 외환 수급에 따라 자유롭게 결정되어 투자금 유입으로 인한 지나친 쏠림현상 등으로 환율이 급격하게 변동할 경우 한국은행은 이를 완화하기 위해 미세조정 등의 시장안정화조치를 수행한다.

14 ④

④ 이자율이 오르면 투기적 동기의 화폐수요가 감소한다.

※ LM곡선

  ㉠ 개념 : 화폐(금융)시장의 균형(화폐수요와 화폐공급이 일치)을 나타내는 이자율과 국민소득의 조합을 나타낸다.

  ㉡ LM곡선의 기울기(대개 우상향)

    • 화폐수요의 이자율탄력도가 클수록 LM곡선이 완만하다.

    • 경기가 침체하면 LM곡선이 완만하고 경기가 상승하면 LM곡선이 가파르다.

    • 유동성함정에서는 LM곡선이 수평이다.

  ㉢ 화폐(금융)시장의 균형과 불균형 : LM곡선상의 점들은 모두 화폐(금융)시장의 균형이 이루어지는 점들이고, LM곡선 상방에서는 공급초과, 하방에서는 수요초과가 발생한다.

  ㉣ LM곡선의 이동 : 통화량이 증가하면 LM곡선은 우측으로, 화폐수요가 증가하거나 물가상승으로 인한 실질통화량이 감소하면 좌측으로 이동한다.

15 ④

④ 래퍼곡선(Laffer Curve)은 미국의 경제학자 아더 B. 래퍼 교수가 주장한 세수와 세율 사이의 역설적 관계를 나타낸 곡선으로 그의 이름을 따 명명되었다. 일반적으로는 세율이 높아질수록 세수가 늘어나는 게 보통인데, 래퍼 교수에 따르면 세율이 일정 수준(최적조세율)을 넘으면 반대로 세수가 줄어드는 현상이 나타난다고 한다. 세율이 지나치게 올리가면 근로의욕의 감소 등으로 세원 자체가 줄어들기 때문이다. 그러므로 이때는 세율을 낮춤으로써 세수를 증가시킬 수 있다는 것이다. 1980년대 미국 레이건 행정부의 조세인하정책의 이론적 근거가 되었으며, 이로 인해 미국 정부의 거대한 재정적자 증가를 초래하는 결과를 가져왔다. 위의 래퍼곡선에서 t_0의 세율을 제외하고는 동일한 세수를 거둘 수 있는 세율은 두 가지가 존재한다. 즉, R_1의 세수를 확보하는 방법은 t_1의 세율을 책정하거나 t_2의 세율을 설정하면 된다. 그러나 R_0의 조세수입을 가져오는 세율은 t_0 한 가지밖에 존재하지 않는다.

※ 래퍼곡선(Laffer Curve)

래퍼(A. Laffer)에 의하면 조세수입이 극대화되는 세율이 t_0일 때 세율이 이보다 높으면(저축과 투자 및 근로의욕이 낮아져서) 조세수입이 감소한다. 세율이 t_0 이상인 영역은 금지영역(Prohibited Zone)이며 이 상황에서는 세율을 낮출수록 생산과 조세수입이 오른다. 이를 선으로 나타낸 것을 래퍼곡선이라 한다.

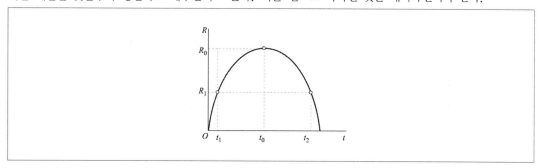

16 ④

④ 물가가 단기간에 빠른 속도로 지속적으로 상승하는 현상을 인플레이션이라 한다. 통화량의 증가로 화폐가치가 하락하고, 모든 상품의 물가가 전반적으로 꾸준히 오르는 경제 현상인 인플레이션은 수 퍼센트의 물가 상승률을 보이는 완만한 것에서부터 수백 퍼센트 이상의 상승률을 보이는 초인플레이션까지 종류도 다양하다.

①② 인플레이션에서는 기업의 메뉴비용(Menu Cost)이나 가계의 구두창비용(Shoe Leather Cost)과 같은 사회적 비용이 발생한다. 메뉴비용이란 가격이 달라지면 기업이 변경된 가격으로 카탈로그 등을 바꾸기 위해 소요되는 비용을 가리킨다. 일반인들은 인플레이션이 예상되면 되도록 현금보유를 줄이고 예금하기 위해 은행을 자주 찾게 되는데 구두창비용이란 은행에 발걸음하는 것과 관련하여 시간이나 교통비 등이 소요되기 때문에 붙여진 용어이다.

※ 인플레이션의 종류

경제 전체의 공급에 비해서 경제 전체의 수요가 빠르게 증가할 때 발생하는 '수요 견인 인플레이션'과 생산 비용이 상승하여 발생하는 '비용 인상 인플레이션' 등이 있으며, 인플레이션이 지속되는 상황에서 부동산 같은 실물자산을 많이 소유한 사람이 재산을 증식하는 데 유리하다. 왜냐하면 아파트ㆍ가구 등 부동산 실물자산은 인플레이션이 발생해도 실물자산의 가치가 화폐의 가치처럼 떨어지는 것은 아니기 때문이다. 따라서 인플레이션 하에서 수익성이 높은 부동산을 매입해 월세를 통한 현금화와 인플레이션에 의한 자산가치 상승을 노리는 투자가 많아진다.

17 ②

㉠ 경제활동참가율 $= \dfrac{\text{경제활동인구}}{\text{15세 이상의 인구}} \times 100$

$= \dfrac{2,500 - 1,000}{2,500} \times 100 = 60\%$

㉡ 실업률 $= \dfrac{\text{실업자수}}{\text{경제활동인구}} \times 100$

$= \dfrac{50}{1,500} \times 100 ≒ 3.3\%$

18 ①

① 경기종합지수는 생산, 소비, 고용, 금융, 무역, 투자 등 경제부문별로 경기대응성이 양호한 경제지표들을 선정한 후, 이를 가공ㆍ종합하여 작성한 종합경기지표로 경기변동의 국면 및 전환점과 속도 및 진폭 측정에 주로 활용된다. 제조업 재고율지수는 경기선행지수이다.

※ 경기종합지수 구성지표

㉠ **선행종합지수** : 투자관련 건설수주지표나 재고순환, 금융 등의 지표처럼 실제 경기순환에 앞서 변동하는 개별지표를 가공ㆍ종합하여 만든 지수로 향후 경기변동의 단기 예측에 이용된다.

㉡ **동행종합지수** : 공급측면의 광공업생산지수, 취업자 수 등과 수요측면의 소매판매액지수 등과 같이 실제 경기순환과 함께 변동하는 개별지표를 가공ㆍ종합하여 만든 지수로 현재 경기상황의 판단에 이용된다.

ⓒ **후행종합지수** : 재고, 소비지출 등 실제 경기순환에 후행하여 변동하는 개별지표를 가공·종합하여 만든 지표로 현재 경기의 사후 확인에 이용된다.

구분	종류
경기선행지수	건축허가면적, 기계수주액, 건설용 중간재 생산지수, 수출신용장 내도액, 수입승인액, 총유동성, 예금은행대출금, 제조업 재고율지수, 중간재 출하지수, 구인구직비율(고용)
경기동행지수	산업생산지수, 제조업 가동률지수, 생산자 출하지수, 도소매 판매액지수, 비내구소비재 출하지수, 수입액(무역), 시멘트 소비량, 비농가 취업자수(고용)
경기후행지수	이직자 수, 상용근로자 수, 도시가계소비지출, 소비재수입액, 생산자제품제고지수, 회사채 유통수익률

19 ④

④ 자본에 대해서도 수확체감의 법칙이 성립하므로 외자도입으로 국내의 자본량이 많아지면 자본의 한계생산물도 점점 감소한다. 직접투자 형태로 외국자본이 도입되는 경우에는 생산기술과 경영기법도 함께 국내로 유입되므로 외국의 생산기술과 경영기법을 습득할 수 있게 된다.

※ **외자도입**

ⓐ **개념과 종류** : 직접투자는 외국인이 직접 국내산업에 투자하는 것을 말하고, 차입은 우리나라의 정부 혹은 민간이 외국에서 빌려오는 돈을 의미한다. 해외차입을 통해 자금을 조달하면 독자적으로 이를 활용할 수 있으나 투자가 실패할 경우 외채문제가 발생할 수 있고, 직접투자를 유치하면서 자금의 상환의무는 발생하지 않으나 투자수익이 해외로 유출되고 외국기업의 영향력이 증대되는 문제가 있다.

ⓑ **긍정적인 효과**

• 투자증가로 자본스톡이 증가하고, 국민소득과 고용도 증가한다.

• 직접투자의 형태로 외자가 도입되면 생산기술, 경영기법 등도 함께 도입되므로 국내기업의 생산성도 높아질 수 있다.

• 도입된 외자가 도로, 항만 등의 사회간접자본 건설에 사용되면 경제 전반의 생산성 향상이 이루어진다.

• 외자가 도입되는 시점에서는 자본수지가 개선된다.

ⓒ **부정적인 효과**

• 외자를 공여한 국가에 대한 의존도가 높아진다.

• 외자가 국내저축을 대체하여, 단기적으로 국내저축이 감소할 가능성이 있다.

• 외채가 누적되면 원리금 상환부담이 상당히 커질 수 있다.

20 ①

① 국제간 무역거래에는 여러 가지 위험이 따를 수 있으며 그 중 가장 대표적인 것으로 수출자 입장에서는 수출 대금 회수불능의 위험, 수입자 입장에서는 상품의 적기 입수불능의 위험이 있다. 신용장이란 이와 같이 국제 간 무역거래에 따르는 위험을 해소하기 위하여 공공성을 띤 은행이 수출자와 수입자 사이에 개입하여 무역거래에 수반하는 대금지불과 상품입수의 원활을 기하고자 도입된 제도로서 국제상업회의소(ICC ; International Chamber of Commerce)가 제정하였다.

※ **신용장통일규칙(UCP)**

신용장통일규칙(Uniform Customs and Practice for Documentary Credits)은 신용장 업무 취급 시 준수사항 및 해석기준에 관한 국제적인 통일규칙을 말한다. 국제상업회의소가 1933년 제정하였고 현재 사용되고 있는 것은 제6차 신용장통일규칙(UCP 600)이다.

21 ④

소비자가 부담하는 후생손실영역은 다음에 따라 구할 수 있다.
㉠ 소비자잉여감소분 : Ⅰ + Ⅱ + Ⅲ + Ⅳ
㉡ 생산자잉여증가분 : Ⅰ
㉢ 정부의 관세수입 : Ⅲ
㉣ 관세로 인한 후생손실 : Ⅱ + Ⅳ

22 ③

③ 보기는 북미자유협정(NAFTA)에 대한 설명이다.

※ **세계 주요 지역경제통합체**

구분	내용
아시아 – 태평양 경제협력체 (APEC)	환태평양 국가들의 경제적 · 정치적 결합을 돈독하게 하고자 만든 국제기구이다. 1989년 11월 5일부터 7일까지 오스트레일리아의 캔버라에서 12개 나라가 모여 결성하였다. 2005년 11월 우리나라 부산에서 제13회 APEC 정상회의가 개최되었다.
유럽연합 (European Union)	1957년 유럽경제공동체가 출범한 이후 단일 유럽법과 마스트리히트조약에 의한 EC (European Community)의 새로운 명칭이다. 유로화라는 통화를 사용할 정도로 경제 통합의 정도가 가장 강한 지역경제통합체로 역내 회원국 사이에는 관세를 철폐하여 무역의 자유화를 실현하며, 비회원국의 수입 상품에 대해서는 공동의 관세를 부과한다.
메르코수르 (MERCOSUR)	1995년 남아메리카의 자유 무역과 경제 협력을 위해 설립한 경제 공동체로 정회원국은 아르헨티나, 브라질, 파라과이, 우루과이 4개국이며, 준회원국은 칠레, 페루, 베네수엘라, 볼리비아 등이 있다.
북미자유 무역협정 (NATFA)	1994년 미국, 캐나다, 멕시코의 3개국으로 결성된 지역경제통합체이다. 미국의 자본과 기술, 캐나다의 풍부한 자원, 멕시코의 값싼 노동력 등 각 국가가 가진 효율적인 생산 요소의 결합을 통해 시너지 효과 창출하고 있다.
케언즈 그룹 (Cairns Group)	농산물 수출 시 보조금을 지급하지 않거나 혹은 미미한 보조만을 지급하는 국가그룹. 1986년 호주의 동북구 케언즈(Cairns)라는 도시에서 공식 결성되어 케언즈 그룹이라고 한다. 회원국은 호주를 위시하여 뉴질랜드, 캐나다, 브라질, 아르헨티나, 우루과이, 칠레, 콜롬비아, 필리핀, 말레이시아, 태국, 인도네시아, 피지, 파라과이, 남아공 등의 15개국이나 피지가 UR농산물협상에서 자국의 제안을 내놓지 않은 관계로 14개국으로 보기도 한다.

23 ③

③ 환율이 상승하여 수출이 증가하면 생산과 고용이 증대되어 경제 성장을 촉진시킨다. 그러나 수입 원자재 가격이 상승하여 국내 물가가 상승하고, 외채를 상환할 때는 환율 상승 전보다 더 많은 원화를 부담해야 한다. 반대로 환율이 하락하여 수출이 감소하면 생산과 고용이 감소되어 경제 성장이 둔화된다. 그러나 수입 원자재 가격의 하락으로 국내 물가가 떨어질 수 있으며, 외채를 상환할 때는 환율 하락 전보다 더 적은 원화를 부담하게 된다.

※ 환율의 상승과 하락

구분	환율 하락	환율 상승
수출	감소	증가
수입	수입상품 가격 하락으로 수입 증가	수입 상품 가격 상승으로 수입 감소
국내 물가	물가 안정	물가 상승

24 ①

① 자본수지는 자산 소유권의 무상이전, 채권자에 의한 채무면제 등을 기록하는 자본이전과 브랜드네임, 상표 등 마케팅자산과 기타 양도가능한 무형자산의 취득과 처분을 기록하는 비생산 · 비금융자산으로 구분한다.

※ 국제수지

　㉠ 개념 : 국가 경제의 수입과 지출 등의 살림살이 내용을 기록하는 국민계정은 국민소득통계, 산업연관표, 자금순환표, 국제수지표, 국민대차대조표의 다섯 가지로 구성되어 있다. 이 중에서 국제수지표는 한 나라가 외국과 거래한 것을 기록한 장부라고 할 수 있다. 국제수지에는 한 나라의 거주자가 일정기간 동안 세계의 거주자와 행한 모든 경제거래가 체계적으로 분류되어 있다. 국제수지는 복식부기(Double Entry System) 원칙에 의해 모든 개별거래를 동일한 금액으로 대 · 차 양변에 동시에 계상하고 있으며 국가 간에 비교가 가능하도록 IMF가 국제수지통계의 포괄범위, 분류, 평가 등에 관해 정해 놓은 국제수지매뉴얼(BPM ; Balance of Payments Manual)에 의해 체계적으로 기록되고 있다.

　㉡ 구분 : 국제수지는 크게 경상수지와 자본 · 금융계정으로 나누고, 경상수지는 다시 상품수지, 서비스수지, 본원소득수지 그리고 이전소득수지로 구분한다.

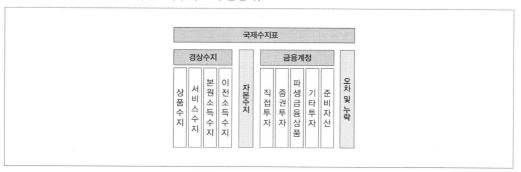

구분		내용
경상수지	상품수지	상품의 수출과 수입의 차이를 나타낸다.
	서비스수지	운수, 여행, 통신, 보험, 특허권사용료 등과 같이 서비스수지는 외국과 서비스를 거래해서 벌어들인 돈과 지급한 돈의 차이를 나타낸다.
	본원소득수지	본원소득수지는 외국과 자본, 노동 등 생산요소를 거래해서 벌어들인 돈과 지급한 돈을 기록하는 것으로 배당, 이자, 급료 및 임금이 해당된다.
	이전소득수지	이전소득수지는 거주자와 비거주자 사이에 아무런 대가 없이 주고받은 거래의 수지 차이로 즉, 국외송금, 자선단체의 기부금과 구호물자, 정부 간의 무상 원조 등의 수입과 지급의 차이를 말한다.
자본수지		자본수지는 자산 소유권의 무상이전, 채권자에 의한 채무면제 등을 기록하는 자본이전과 브랜드네임, 상표 등 마케팅자산과 기타 양도가능한 무형자산의 취득과 처분을 기록하는 비생산·비금융자산으로 구분한다.
금융계정		금융계정은 거주자가 외국기업에 대해 혹은 비거주자가 국내기업에 대해 경영참여 등을 목적으로 하는 직접투자, 주식과 채권 거래를 나타내는 증권투자, 파생금융상품 거래를 계상하는 파생금융상품, 기타투자 및 준비자산으로 구분된다.

25 ④

④ 자본이동이 불가능한 경우 BP곡선은 수직선의 형태이고, 자본이동이 완전한 경우에는 BP곡선이 수평선으로 도출된다.

※ BP곡선

　㉠ 개념 : BP곡선이란 국제수지 균형을 나다내는 이자율과 국민소득의 조합으로 일반적으로 우상향의 형태이다.

$$bP = X(e) - M(y, e) + CA(r) = 0$$
(X : 수출, M : 수입, CA : 자본수주, e : 환율, Y : 국민소득, r : 이자율)

　㉡ BP곡선의 기울기

　　• 외환의 국제적 이동이 가능하면 우상향한다.
　　• 외환의 국제적 이동이 완전탄력적이면 수평선이다.
　　• 외환의 국제적 이동이 완전비탄력적이면 수직선이다.
　　• 환율이 인상되어 수출이 증가하면 BP곡선은 우측으로 이동한다.

민법									
1	2	3	4	5	6	7	8	9	10
④	④	④	③	③	③	①	③	①	④
11	12	13	14	15	16	17	18	19	20
③	①	③	②	④	③	④	④	③	②
21	22	23	24	25					
③	④	④	②	③					

1 ④

개인의 자유와 평등을 강조하는 근대민법은 계약자유의 원칙, 소유권 절대의 원칙, 과실 책임의 원칙이라는 3대원리로 구체화되었다. 현대복지국가에서는 3대원칙에 대한 수정을 하게 되었고 공공복리의 원칙이 등장하게 되었다. 공공복리의 원칙은 신의성실의 원칙, 권리남용의 원칙, 거래의 안전, 사회질서의 원칙을 구체적 실천원리로 하고 있다.

2 ④

민법은 국내에 있는 모든 내·외국인에게 그 효력이 있다.

3 ④

③ 대판 1989.9.29, 88다카17181

④ 신의성실의 원칙은 권리행사뿐만 아니라 의무이행에도 적용되는 것으로서, 급부의무 또는 명시적으로 규정된 종된 의무에 적용하여 이를 확장함으로써 부수적 의무와 이에 상응하는 권리를 발생하게 한다.

4 ③

권리남용금지 위반의 효과

㉠ **형성권** : 권리가 발생하지 않는다.

㉡ **청구권** : 이행을 거부하면 된다.

㉢ **위법행위 성립** : 손해배상청구권이 발생하는 경우가 있다.

㉣ **권리박탈** : 일정한 경우(제924조 친권상실의 선고) 권리를 박탈하는 경우가 있다.

5 ③

③ 제한능력자가 아직 능력자가 되지 못한 경우에는 그의 법정대리인에게 제1항의 촉구를 할 수 있고, 법정대리인이 그 정하여진 기간 내에 확답을 발송하지 아니한 경우에는 그 행위를 추인한 것으로 본다〈제15조(제한능력자의 상대방의 확답을 촉구할 권리) 제2항〉. 따라서 능력자가 되지 않은 제한능력자는 유효한 최고의 상대방이 아니다.

① 제한능력자의 상대방은 제한능력자가 능력자가 된 후에 그에게 1개월 이상의 기간을 정하여 그 취소할 수 있는 행위를 추인할 것인지 여부의 확답을 촉구할 수 있다. 능력자로 된 사람이 그 기간 내에 확답을 발송하지 아니하면 그 행위를 추인한 것으로 본다〈제15조(제한능력자의 상대방의 확답을 촉구할 권리) 제1항〉.

② 제한능력자가 맺은 계약은 추인이 있을 때까지 상대방이 그 의사표시를 철회할 수 있다. 다만, 상대방이 계약 당시에 제한능력자임을 알았을 경우에는 그러하지 아니하다〈제16조(제한능력자의 상대방의 철회권과 거절권) 제1항〉.

④ 미성년자나 피한정후견인이 속임수로써 법정대리인의 동의가 있는 것으로 믿게 한 경우 그 행위를 취소할 수 없다〈제17조(제한능력자의 속임수) 제2항〉.

6 ③

③ 실종선고가 있은 후 실종자의 생존이 확인되면 실종선고를 취소함으로써 실종선고로 인한 법률관계는 원상회복 또는 재조정된다.

① 실종선고를 받은 자는 전조의 기간이 만료한 때에 사망한 것으로 본다〈제28조(실종선고의 효과)〉.

② 실종자의 생존한 사실 또는 전조의 규정과 상이한 때에 사망한 사실의 증명이 있으면 법원은 본인, 이해관계인 또는 검사의 청구에 의하여 실종선고를 취소하여야 한다. 그러나 실종선고 후 그 취소 전에 선의로 한 행위의 효력에 영향을 미치지 아니한다〈제29조(실종선고의 취소) 제1항〉.

④ 실종선고로 인한 사망의 효과는 실종자의 종래의 주소를 중심으로 하는 사법적 법률관계에 한한다. 따라서 공법관계이거나 실종자가 실제로 살아있는 곳에서의 법률관계에는 영향이 없다.

7 ①

법인의 불법행위능력〈제35조〉

㉠ 법인은 이사 기타 대표자가 그 직무에 관하여 타인에게 가한 손해를 배상할 책임이 있다. 이사 기타 대표자는 이로 인하여 자기의 손해배상책임을 면하지 못한다.

㉡ 법인의 목적범위 외의 행위로 인하여 타인에게 손해를 가한 때에는 그 사항의 의결에 찬성하거나 그 의결을 집행한 사원, 이사 및 기타 대표자가 연대하여 배상하여야 한다.

8 ③

③ 재단법인을 설립하고자 할 때에는 일정한 재산을 출연하고 정관을 작성하여야 하므로 요식행위라고 볼 수 있다.

① 생전처분으로 재단법인을 설립하는 때에는 증여에 관한 규정을 준용한다〈제47조(증여, 유증에 관한 규정의 준용) 제1항〉.

② 유언으로 재단법인을 설립하는 때에는 유증에 관한 규정을 준용한다〈제47조(증여, 유증에 관한 규정의 준용) 제2항〉.

④ 유언으로 재단법인을 설립하는 때에는 출연재산은 유언의 효력이 발생한 때로부터 법인에 귀속한 것으로 본다〈제48조(출연재산의 귀속시기) 제2항〉.

9 ①

법인의 감독 … 법인이 설립된 이후에 법인의 사무는 주무관청의 검사·감독을 받도록 하고 있으며, 법인의 해산 및 청산은 법원이 검사·감독한다.

10 ④

④ 천연과실은 그 원물로부터 분리하는 때에 이를 수취할 권리자에게 속한다〈제102조(과실의 취득) 제1항〉.
②③ 제101조(천연과실, 법정과실)

11 ③

③ 소멸시효의 대상은 채권 등의 권리이다.

※ **양자의 취급상 차이**

구분	부동산	동산
공시의 방법	등기	인도(引渡)
공신력 인정	공신력 부인	공신력 인정
무주물 선점	무주물의 부동산은 국유	선점자가 소유 가능
선의취득 여부	불인정	인정
첨부 가능성	부합만이 가능	부합, 혼화, 가공 모두 가능
용익물권 설정	모든 용익물권 설정 가능	용익물권 설정 불가능
담보물권 설정	유치권, 저당권 설정만 가능	유치권, 질권 설정만 가능
환매기간	5년	3년

12 ①

① 주유소의 주유기가 비록 독립된 물건이기는 하나 유류저장탱크에 연결되어 유류를 수요자에게 공급하는 기구로서 주유소 영업을 위한 건물이 있는 토지의 지상에 설치되었고 그 주유기가 설치된 건물은 당초부터 주유소 영업을 위한 건물로 건축되었다는 점 등을 종합하여 볼 때, 그 주유기는 계속해서 주유소 건물 자체의 경제적 효용을 다하게 하는 작용을 하고 있으므로 주유소 건물의 상용에 공하기 위하여 부속시킨 종물이다(대판 1995.6.29, 94다6345).

② 종물은 주물의 처분에 따른다는 규정은 임의규정으로 당사자의 특약이 있으면 그 특약에 따른다.

③ 종물과 주물관계는 상용에 이바지하고 있어야 하므로 항상 효용을 돕는 것이어야 한다.

④ 주물이든 종물이든 모두 부동산일 경우도 있다.

13 ③

법정과실 … 물건의 사용대가로 받는 금전, 기타의 물건으로 이자, 집세 등이 이에 속한다. 법정과실은 원물과 과실이 모두 물건이어야 하므로 노동의 대가인 임금, 권리사용의 대가인 특허권의 사용료, 주식의 배당금, 지연이자 등은 과실이 아니다.

14 ②

유효(효력발생)요건

㉠ 일반적 유효요건 : 모든 법률행위에 필요한 공통적 유효요건

• 당사자가 능력을 가질 것

• 목적이 확정되고, 가능하며, 적법하고, 사회적 타당성을 가질 것

• 의사표시에 결함이 없을 것(의사와 표시가 일치하고 의사표시에 하자가 없을 것)

㉡ 특별 유효요건 : 특정 법률행위에서 별도로 요구되는 유효요건

• 유언에 있어서 유언자의 사망

• 대리행위에 있어서 대리권의 존재

• 조건 · 기한부 법률행위에 있어서 조건의 성취, 기한의 도래 등

15 ④

강행규정의 예

㉠ 법질서의 기본구조에 관한 규정 : 권리능력, 행위능력, 법인, 소멸시효 제도

㉡ 사회일반의 중대한 이해에 직접 영향을 미치는 규정 : 물권법의 규정

㉢ 사회윤리관이나 가족관계 질서에 관한 규정 : 가족법의 규정

㉣ 경제적 약자를 보호하기 위한 사회 정책적 규정 : 주택임대차보호법의 규정

㉤ 거래의 안전을 위한 규정 : 유가증권 제도

16 ③

③ 강박수단이 법질서에 위배된 경우라면 언제나 위법성이 있다.

① 강박에 의한 법률행위가 하자 있는 의사표시로서 취소되는 것에 그치지 않고 무효가 되기 위해서는, 강박의 정도가 단순한 불법적 해악의 고지로 상대방으로 하여금 공포를 느끼도록 하는 정도가 아니고, 의사표시자로 하여금 스스로 의사결정을 할 수 있는 여지를 완전히 박탈한 상태에서 의사표시가 이루어져 단지 법률행위의 외형만이 만들어진 것에 불과한 정도이어야 한다(대판 2003.5.13, 2002다73708 · 73715).

② 어떤 해악을 고지하는 강박행위가 위법하다고 하기 위해서는, 강박행위 당시의 거래관념과 제반 사정에 비추어 해악의 고지로써 추구하는 이익이 정당하지 아니하거나 강박의 수단으로 상대방에게 고지하는 해악의 내용이 법질서에 위배된 경우 또는 어떤 해악의 고지가 거래관념상 그 해악의 고지로써 추구하는 이익의 달성을 위한 수단으로 부적당한 경우 등에 해당하여야 한다(대판 2000. 3.23, 99다64049).

④ 강박에 의한 의사표시의 취소는 선의의 제삼자에게 대항하지 못한다〈제110조(사기, 강박에 의한 의사표시) 제3항〉.

17 ④

④ 의사표시의 상대방이 의사표시를 받은 때에 제한능력자인 경우에는 의사표시자는 그 의사표시로써 대항할 수 없다. 다만, 그 상대방의 법정대리인이 의사표시가 도달한 사실을 안 후에는 그러하지 아니하다〈제112조(제한능력자에 대한 의사표시의 효력)〉.

① 도달주의 원칙상 의사표시가 도달해야 효력이 발생하므로 도달 전에는 철회할 수 있다.

② 의사표시자가 그 통지를 발송한 후 사망하기나 제한능력자가 되어도 의사표시의 효력에 영향을 미치지 아니한다〈제111조(의사표시의 효력발생시기) 제2항〉.

③ 의사표시의 상대방이 의사표시를 받은 때에 제한능력자인 경우에는 의사표시자는 그 의사표시로써 대항할 수 없다. 다만, 그 상대방의 법정대리인이 의사표시가 도달한 사실을 안 후에는 그러하지 아니하다〈제112조(제한능력자에 대한 의사표시의 효력)〉.

18 ④

법정대리는 복임권이 자유로운 데 반하여, 임의대리는 본인의 사전 승낙이 존재하거나 부득이한 사유가 존재하는 경우에만 예외적으로 인정된다.

19 ③

③ 법률행위가 무효와 취소 모두에 해당하는 경우에는 당사자가 각각 그 요건을 증명하여 무효 또는 취소를 자유롭게 주장할 수 있다. 사기 또는 강박에 의하여 사회질서에 반하는 행위를 한 경우 등도 이에 해당한다. 제한능력자의 법률행위는 취소할 수 있고 그가 의사능력을 가지고 있지 않았다면 무효와 취소가 경합한다.

① 조건이 선량한 풍속 기타 사회질서에 위반한 것인 때에는 그 법률행위는 무효로 한다.

② 상대방이 표의자의 진의 아님을 알았거나 이를 알 수 있었을 비진의 표시는 무효이다.

④ 강행법규에 위반하는 법률행위는 무효이다.

20 ②

② 동기의 착오가 법률행위의 중요부분의 착오로 되려면 표의자가 그 동기를 당해 의사표시의 내용으로 삼을 것을 상대방에게 표시하고 의사표시의 해석상 법률행위의 내용으로 되어 있다고 인정되면 충분하고 당사자들 사이에 별도로 그 동기를 의사표시의 내용으로 삼기로 하는 합의까지 이루어질 필요는 없다 할 것이다 (대판 1989.12.26. 88다카31507).

① 대판 1992.2.14. 91다36062.

③ 취소된 법률행위는 처음부터 무효인 것으로 본다. 다만, 제한능력자는 그 행위로 인하여 받은 이익이 현존하는 한도에서 상환(償還)할 책임이 있다〈제141조(취소의 효과)〉.

④ 대판 1998.11.27. 98다7421.

21 ③

①② 부관이 붙은 법률행위에 있어서 부관에 표시된 사실이 발생하지 아니하면 채무를 이행하지 아니하여도 된다고 보는 것이 상당한 경우에는 조건으로 보아야 하고, 표시된 사실이 발생한 때에는 물론이고 반대로 발생하지 아니하는 것이 확정된 때에도 그 채무를 이행하여야 한다고 보는 것이 상당한 경우에는 표시된 사실의 발생 여부가 확정되는 것을 불확정기한으로 정한 것으로 보아야 한다. 따라서 이미 부담하고 있는 채무의 변제에 관하여 일정한 사실이 부관으로 붙여진 경우에는 특별한 사정이 없는 한 그것은 변제기를 유예한 것으로서 그 사실이 발생한 때 또는 발생하지 아니하는 것으로 확정된 때에 기한이 도래한다(대판 2003.8.19. 2003다24215).

③ 취소된 법률행위는 처음부터 무효인 것으로 본다. 다만, 제한능력자는 그 행위로 인하여 받은 이익이 현존하는 한도에서 상환(償還)할 책임이 있다〈제141조(취소의 효과)〉.

④ 대판 1989.09.29. 88다카14663.

22 ④

어음(수표)행위에 조건을 붙이는 것은 공익상 허용되지 않으므로 조건에 친하지 않으나, 어음(수표)행위에 시기(이행기)는 붙일 수 있으므로 기한에는 친하다.

23 ④

제157조 단서에 의하여 초일인 4월 6일도 산입되므로 오는 4월 6일부터 1주일이라 하면 4월 12일까지이다.

※ **기간의 기산점**〈제157조〉…기간을 일, 주, 월 또는 연으로 정한 때에는 기간의 초일은 산입하지 아니한다. 그러나 그 기간이 오전 영시로부터 시작하는 때에는 그러하지 아니하다.

24 ②

소멸시효의 기산점

권리의 종류	시효의 기산점
확정기한부 권리	기한 도래 시부터
불확정기한부 권리	객관적 기한 도래 시부터
기한 미정의 권리	채권 발생시부터
정지조건부 권리	조건 성취시부터
부작위 및 불법행위로 인한 채권	위반행위 및 불법행위를 한 때로부터
할부금채권	• 1회 불이행이 있더라도 각 변제기 도래 시마다 순차적으로 소멸시효 진행 • 다만, 채권자가 잔존채무 전부의 변제를 구하는 의사표시를 한 경우에는 그 전액에 대하여 그때부터 소멸시효 진행
물 권	물권 성립시부터
동시이행 항변권이 붙은 권리	이행기의 도래 시부터
구상권	권리 발생하여 행사시부터
청구 · 해지통고 후 소정의 유예기간이 필요한 권리	청구 · 해지통고할 수 있는 때로부터 소정의 유예기간 경과 후

25 ③

표현대리는 외관주의, 의사 · 금반언 · 신뢰책임이며, 거래의 안전을 위한 제도이나.

전산 이론									
1	2	3	4	5	6	7	8	9	10
②	②	⑤	③	⑤	①	⑤	②	⑤	④
11	12	13	14	15	16	17	18	19	20
①	④	②	④	⑤	①	③	①	③	②
21	22	23	24	25					
④	③	①	①	⑤					

1 ②

스키마는 데이터베이스를 구성하는 데이터의 개체, 이들의 속성, 이들 간에 존재하는 관계, 데이터 조작 시이들 데이터 값들이 갖는 제약 조건에 관한 정의 등을 총칭한 것이다.

2 ②

후보키란 유일성과 최소성을 만족하는 속성 또는 속성들의 집합이다.

㉠ **유일성** : 하나의 릴레이션에서 키로 지정된 속성의 값은 투플마다 달라야한다는 의미이다. 즉, 릴레이션 투플들의 키 값은 모두 다르고 유일하다.

㉡ **최소성** : 키를 구성하고 있는 여러 속성 중에서 하나라도 없으면 투플을 유일하게 구별할 수 없는, 각 투플을 유일하게 식별하는데 꼭 필요한 최소한의 속성으로만 구성되어야 하는 성질이다.

3 ⑤

① SELECT 학번, 성명 FROM 학생 WHERE 학년 IN(3, 4)

② SELECT 성명 FROM 학생 WHERE 연락처 LIKE '%2535';

③ SELECT 학번 FROM 학생 WHERE 연락처 IS NULL;

④ SELECT 주문제품, SUM(수량) AS 총주문수량 FROM 주문 GROUP BY 주문제품;

4 ③

해밍코드는 오류를 검출하여 교정할 수 있는 에러검출코드이다.

5 ⑤

플립플롭은 순서논리회로를 구성하는 기본 기억소자로 1비트를 기억할 수 있는 2진 Cell을 의미한다.

6 ①

인터럽트(Interrupt)란 정상적인 프로그램 수행 도중 어떤 예기치 않은 일이 발생했을 때 이에 대응할 수 있도록 미리 정의된 기억장치의 주소로 프로그램이 자동적으로 분기된 후 슈퍼바이저 내의 처리루틴이 상황을 처리한 후 본래의 프로그램을 이어서 수행하는 것이다. 인터럽트의 종류로는 외부 인터럽트, 내부 인터럽트, 소프트웨어 인터럽트가 있다.

7 ⑤

매크로 프로세서는 하나의 프로그램 내에서 동일한 어셈블리어 명령들이 반복되는 경우, 이를 피하기 위해서 사용하는 것으로 중앙처리 장치 내에 저장하여 매크로논리부 시스템에 의해 변환되어지는 기본 명령어들의 집합이다.

8 ②

운영체제의 평가기준
ㄱ 처리능력
ㄴ 응답시간
ㄷ 사용가능도
ㄹ 신뢰도

9 ⑤

다중 프로그래밍 시스템은 하나의 CPU를 이용하여 여러 개의 프로그램을 실행시킴으로써 짧은 시간에 많은 작업을 수행할 수 있게 하여 시스템의 효율을 높여 주는 방식을 말한다.

10 ④

프로세스(Process) … 동작중인 프로그램으로 정의하며 프로그램은 디스크에 저장되어 있는 실행 가능한 파일의 형태를 말한다.

11 ①

탐색시간은 읽기/쓰기 헤드가 원하는 데이터가 있는 트랙까지 이동하는데 걸리는 시간이다.

12 ④

유닉스 시스템의 파일구조는 부트 블록, 슈퍼 블록, inode 블록, 데이터 블록이 있다.

13 ②

1개월 코딩량은 10명 × 500line = 5,000line이다. 총 라인은 50,000이므로 개발 기간은 10개월이 된다.

14 ④

기능점수는 소프트웨어 비용 산정 계획, CPM과 간트 차트는 일정 계획시에 사용되는 방법이다.

15 ⑤

브룩스의 이론 … 개발 일정이 지연된다고 해서 말기에 새로운 인원을 투입하면 프로젝트 일정이 더욱 지연된다는 이론이다.

16 ①

블랙박스 테스트는 프로그램의 내부구조나 알고리즘을 보지 않고, 요구사항 명세서에 기술되어 있는 소프트웨어 기능을 토대로 실시하는 테스트이다.

17 ③

PCM 순서는 아래와 같다.

표본화 → 양자화 → 부호화 → 복호화 → 여파화(필터링)⑤ 비동기식 시분할 다중화

18 ①

프로토콜은 컴퓨터와 단말기 사이에서 효율적이고 신뢰성 있는 정보를 주고받기 위해 송수신 측사이에 정해둔 통신규약이다.₩

19 ③

스테가노그래피는 전달하려는 기밀 정보를 이미지 파일이나 MP3파일 등에 암호화해 숨기는 암호화 기술이다.

20 ②

캡차는 로봇 프로그램과 사람을 구분하는 방법의 하나로 사람이 인식할 수 있는 문자나 그림을 활용하여 자동 회원 가입 및 게시글 포스팅을 방지하는데 사용하는 방법이다.

21 ④

버퍼 오버플로우는 버퍼에 입력되는 정보에 대해 한계 체크가 실행되지 않을 경우 데이터의 긴 문자열이 받아들여질 수 있는데, 이로 인해 입력된 데이터가 할당된 메모리 버퍼보다 크다면 데이터는 또 다른 메모리 세그먼트로 흘러넘치게 된다. 이를 통하여 프로그램의 복귀주소를 조작, 궁극적으로 해커가 원하는 코드가 실행하게 하는 공격방법이다.

22 ③

전자서명의 조건은 다음과 같다.
- **재사용 불가** : 전자 문서의 서명은 타 전자 문서의 서명으로 활용이 불가능하다.
- **부인 불가** : 서명자는 서명 이후에 해당 서명 부인이 불가능하다.
- **변경 불가** : 서명한 전자문서의 내용은 변경이 불가능하다.
- **위조 불가** : 합법적 서명자만이 전자 문서에 관한 전자 서명이 가능하다.
- **서명자 인증** : 어느 누구든지 전자 서명의 서명자를 검증할 수 있어야 한다.

23 ①

데크는 선형리스트 중 가장 일반적인 것으로 스택과 큐를 혼합한 형태로 리스트의 양쪽에서 삽입과 삭제가 모두 이루어진다.

24 ①

고급언어는 사람이 인식할 수 있는 언어로서 사용자의 입장에서는 사용이 편하지만 기계로 처리하려면 기계가 인식할 수 있는 언어로 번역하여야 한다.

25 ⑤

객체지향 언어로는 자바, 파이썬, C++, C# 등이 있다.

Chapter. 05

문제 p.186

금융 · 디지털 상식 예상문제

금융 · 경제		디지털 · IT	
정답 문항수	/ 25문항	정답 문항수	/ 25문항
회독 횟수	☐ ☐ ☐ ☐ ☐	회독 횟수	☐ ☐ ☐ ☐ ☐

금융 · 경제

1	2	3	4	5	6	7	8	9	10
②	①	③	①	②	①	④	③	①	①

11	12	13	14	15	16	17	18	19	20
④	①	②	④	④	①	③	①	①	③

21	22	23	24	25
①	②	④	③	①

1 ②

② 리카도 효과(Ricardo Effect) : 호경기에 소비재 수요증가와 더불어 상품의 가격상승이 노동자의 화폐임금보다 급격히 상승하게 되면서 노동자의 임금이 상대적으로 저렴해지는데, 이런 경우 기업은 기계를 대신 사용하려는 경향이 발생한다.

① 전시 효과(Demonstration Effect) : 미디어 등 사회의 소비 영향을 받아 타인의 소비를 모방하려는 성향을 말한다.

③ 톱니 효과(Ratchet Effect) : 생산 또는 수준이 일정 수준에 도달하면 이전의 소비 성향으로 돌아가기 힘든 현상을 말한다.

④ 베블런 효과(Veblen Effect) : 가격상승에도 과시욕이나 허영심 등으로 수요가 줄지 않는 현상을 말한다.

2 ①

① 블랙 스완(Black Swan) : 극단적 예외사항이라 발생 가능성이 없어 보이지만 발생하면 엄청난 충격과 파급
효과를 가져오는 것을 말한다.

② 그레이 스완(Gray Swan) : 이미 알고 있는 사항이지만 대처 방법이 모호하여 위험 요인이 계속 존재하는 상
태를 말한다.

③ 어닝 쇼크(Earning Shock) : 기업이 예상보다 저조한 실적을 발표하여 주가에 영향을 미치는 현상을 말한다.

④ 더블 딥(Double Dip) : 경기침체 후 잠시 회복기를 보이다가 다시 침체에 빠지는 이중침체 현상을 말한다.

3 ③

③ 사채는 일정 기간 내에 일정 금액으로 상환된다.

※ 주식 … 주식회사가 발행한 출자증권이다. 사채(社債)는 주식회사가 일반 대중에게 자금을 모집하기 위해
발행하는 채권을 말한다.

4 ①

① 크라우드펀딩 : 플랫폼 매체를 활용하여 자금을 모으는 투자방식이다. 대부분 MD상품 등을 판매하며 이에
따른 후원 및 투자를 받는다.

② 파생금융상품 : 외환 · 예금 · 채권 · 주식 등과 같은 기초자산으로부터 파생된 금융상품이다.

③ 액면병합 : 액면분할의 상대적 개념으로 액면가가 적은 주식을 합쳐 액면가를 높이는 것을 말한다.

④ 온디맨드 : 모바일 기술 및 IT 인프라를 통해 소비자의 수요에 즉각적으로 서비스나 제품을 제공한다.

5 ②

국내에서 이뤄지는 활동을 통한 비용만 GDP에 영향을 준다. 우리나라에 위치하는 농림어업, 제조업, 광공업,
전기가스 수도업, 건설업, 서비스업, 세금 등은 GDP에 영향을 준다.

6 ①

② **보완재(Complement Goods)** : 한 재화씩 따로 소비하는 것보다 두 재화를 함께 소비하는 것이 더 큰 만족을 주는 재화의 관계를 말한다.

③ **독립재(Independent Goods)** : 한 재화의 가격이 다른 재화의 수요에 아무런 영향을 주지 않는 재화의 관계를 말한다.

④ **정상재(Normal Goods)** : 우등재 또는 상급재라고도 하며 소득이 증가(감소)하면 수요가 증가(감소)하여 수요곡선 자체가 우상향(좌상향)으로 이동한다.

7 ④

일반 은행업무

㉠ **고유업무** : 자금을 중개하는 금융기관의 본질적인 3대 업무(수신업무, 여신업무, 환업무) 등이 있다.

㉡ **부수업무** : 고유업무를 영위함에 있어 필요한 업무로 팩토링, 보호예수 등이 있다.

㉢ **겸영업무** : 은행업이 아닌 업무로, 파생상품 업무, 보험대리점 업무, 신용카드 업무 등이 있다.

8 ③

예금자보호법 … 뱅크 런 사태를 막고자 예금보험공사가 해당 금융기관을 대신하여 예금자에게 원리금의 전부 또는 일부를 지급하는 제도이다. 1,000 ~ 5,000만 원까지 보호된다. 은행의 예금은 보호되나 투자는 보호되지 않는다. 은행의 주택청약종합저축은 국민주택기금조성 재원으로 정부가 대신 관리하며, 은행의 후순위채권 및 양도성예금증서, 보험회사의 보증보험계약은 보호되지 않는다.

9 ①

㉠ 실직 뒤에 구직 노력을 포기하면 비경제활동인구에 속한다.

㉢ 가족이 경영하는 가게에서 무보수로 일하는 사람도 취업자에 속한다.

10 ①

환율이 상승하면 수출이 증가하고, 수입은 줄어들게 된다. 환율이 하락할 시 물가 안정 및 외채 부담 감소 등의 긍정적인 효과가 있는 반면에 수출과 해외 투자가 줄어들고 핫머니 유입 등 부정적인 효과를 가져 올 수 있다.

11 ④

가계부실위험지수(HDRI) … 가구의 DSR과 DTA가 각각 40%, 100%일 때 100의 값을 갖도록 설정되어 있으며, 동 지수가 100을 초과하는 가구를 '위험가구'로 분류한다. 위험가구는 소득 및 자산 측면에서 모두 취약한 '고위험가 구', 자산 측면에서 취약한 '고DTA가구', 소득 측면에서 취약한 '고DSR가구'로 구분할 수 있다.

12 ①

비교우위론(Theory of Comparative Advantage) … 영국의 경제학자 데이비드 리카도가 주장한 이론으로, 다른 나라에 비해 더 작은 기회비용으로 재화를 생산할 수 있는 능력을 뜻한다. 한 나라에서 어떤 재화를 생산하기 위해 포기하는 재화의 양이 다른 나라보다 적다면 비교 우위가 있는 것이다. 비교 우위는 경제적 능력이 서로 다른 국가 간에 무역이 이루어질 수 있게 해 주는 원리이다. 각 나라의 경제 여건의 차이는 비교 우위를 결정 하는 요인이 된다. 애덤 스미스의 절대 우위론에 미루어 본다면 양국은 모두 재화를 특화하기 어렵다. 반면, 데이비드 리카도의 비교 우위론에 따르면 한 나라가 상대적으로 어떤 재화를 다른 나라보다 더 유리하게 생산 할 수 있을 때 비교 우위를 가진다고 할 수 있으며, 각 나라가 자국에 비교 우위가 있는 재화를 특화 생산하 여 무역을 하면 서로 이득을 얻을 수 있다.

13 ②

최고가격제(Maximum Price System) … 물가 안정과 소비자보호를 위하여 정부가 최고가격을 설정하고, 설정된 최고가격 이상을 받지 못하도록 하는 제도이다. 최고가격제의 사례로는 이자율 규제, 아파트 분양가 규제, 임 대료 규제 등을 들 수 있다. 최고가격제를 실시하게 되면 가격이 낮아지므로 공급량은 감소하고 수요량은 증 가하여 초과수요가 발생하게 된다. 그리고 초과수요가 발생하게 되면 암시장이 출현할 가능성이 있으며, 생산 자들은 제품의 질을 떨어뜨릴 가능성이 높다.

14 ④

① 깨진 유리창의 법칙(Broken Window Theory) : 프랑스 경제학자 프레데릭 바스티아의 에세이 「보이는 것과 보이지 않는 것」에서 기회비용을 우회적으로 다룬 법칙이다.

② 죄수의 딜레마(Prisoner's Dilemma) : 자신의 이익만을 고려하다가 결국 자신과 상대방까지 불리한 결과를 유 발하는 상황이다.

③ 트롤리 딜레마(Trolley Dilemma) : 다수를 위한 소수의 희생이 도덕적으로 허용되는 것인지에 관한 질문이다.

15 ④

매파는 물가 안정(인플레이션 억제)을 위해 긴축정책과 금리인상을 주장하는 세력이다. 긴축정책을 통해 금리 를 올려 시중의 통화량을 줄이고 지출보다 저축의 비중을 높여 화폐 가치를 올리자는 주장이다. 반면 비둘기 파는 경제성장을 위해 양적완화와 금리인하를 주장하는 세력이다. 금리를 인하하면 대출 및 투자와 소비가 증 가하여 시장경제가 활성화시켜야 한다는 주장이다.

16 ①

① 경영권을 가지고 있는 대주주의 주식에 대해 보통주보다 많은 의결권을 주는 제도이다.

17 ③

금리의 기능
㉠ 자금배분기능
㉡ 경기조절기능
㉢ 물가조정기능

18 ①

피구 효과(Pigou Effect) ··· 금융자산의 실질가치증가가 실질 부의 증가로 연결되어 그 결과 소비지출이 증가하는 효과를 말한다. 따라서 물가가 완전신축적인 경우에는 물가하락이 소비자들의 실질부를 증가시켜 완전고용 국민소득을 달성할 수 있게 되는데, 이를 피구 효과(실질잔고 효과)라고 한다. 이 피구 효과는 유동성 함정구간에서는 반드시 확대재정정책을 실시해야 한다는 케인즈의 주장에 대한 고전학파의 반론이다.

19 ①

② **채찍 효과(Bullwhip Effect)** : 수요정보가 전달될 때마다 왜곡되는 현상이다.
③ **캘린더 효과(Calendar Effect)** : 일정 시기에 증시가 등락하는 현상이나.
④ **쿠퍼 효과(Cooper Effect)** : 금융정책 효과의 시기가 다르게 나타나는 현상이다.

20 ③

③ **저축의 역설(Paradox of Thrift)** : 개인이 소비를 줄이고 저축을 늘리면 그 개인은 부유해질 수 있지만 모든 사람이 저축을 하게 되면 총수요가 감소해 사회 전체의 부는 감소하는 것을 말한다. 사회 전체의 수요·기업의 생산 활동을 위축시키며 국민 소득은 줄어들게 된다. 이때 저축은 악덕이고 소비는 미덕이라는 역설이 성립하게 된다.
① **구축효과(Crowd Out Effect)** : 정부의 재정지출 확대가 기업의 투자 위축을 발생시키는 현상이다.
② **절대우위론(Theory of Absolute Advantage)** : 다른 생산자에 비해 적은 비용으로 생산할 수 있을 때 절대우위에 있다고 한다.
④ **유동성 함정(Liquidity Trap)** : 시중에 화폐의 공급을 크게 늘려도 기업의 생산이나 투자, 가계 소비가 늘지 않아 경기가 나아지지 않는 현상이다.

21 ①

① 디폴트(Default) : 채무자가 민간 기업인 경우에는 경영 부진이나 도산이 원인이 될 수 있으며, 채무자가 국가인 경우에는 전쟁, 내란, 외화 준비의 고갈에 의한 지급 불능 등이 원인이 된다.

② 환형유치(換刑留置) : 벌금이나 과료를 내지 못하는 범죄자에게 교도소에서 노역으로 대신하도록 하는 제도이다.

③ 엠바고(Embargo) : 일정 시점까지 한시적으로 보도를 중지하는 것을 말한다.

④ 워크아웃(Workout) : 기업의 재무구조 개선 작업을 말한다.

22 ②

디플레이션(Deflation) … 인플레이션의 반대 개념으로 물가가 지속적으로 하락하는 것을 말한다. 소비가 위축되면서 재화의 가격치 하락하고 화폐가치가 상승하게 된다. 기업도 생산과 고용을 줄여 실업률이 증가하고 이로 인해 경기침체가 가속되어 채무자는 부채 상환의 어려움을 느끼고 결국 악순환이 반복된다.

23 ④

경쟁 관계에 있는 제품이란 소비자가 잠재적으로 대체하여 선택할 수 있는 재화이다. 소비자가 A2022를 선택함에 있어서 다른 회사의 휴대폰을 쓸 것인지, 과거의 제품을 그대로 사용할 것인지, 또는 새로운 제품의 발매를 기다릴지를 고려해야 한다.

24 ③

③ 희소성의 원칙 : 자원은 한정되어 있으나 더 많이 생산하고 더 많이 소비하려는 인간의 욕망은 자원의 희소성으로 인하여 제한되므로, 경제활동은 항상 선택의 문제에 직면하게 된다.

① 이윤극대화의 원칙 : 기업이 수입과 비용의 차액인 이윤을 극대화 하는 행동원리를 말한다.

② 한계효용의 체감의 법칙 : 재화나 서비스 소비량이 증가할수록 재화와 서비스가 가져다주는 한계효용이 감소하는 현상을 말한다.

④ 3면 등가의 원칙 : 국민소득을 측정할 때 생산국민소득과 분배국민소득, 지출국민소득의 세 가지 값이 동일하다는 원칙을 말한다.

25 ①

②③④ 소득을 평등하게 만드는 요인이다.

※ 지니계수(Gini's Coefficient)

계층 간 소득분포의 불균형과 빈부격차를 보여주는 수치이다. 0에서 1까지의 값을 가지는 것으로 이 값이 클수록 소득분배가 불균등하다.

1	2	3	4	5	6	7	8	9	10
①	②	④	③	③	④	③	②	④	①
11	12	13	14	15	16	17	18	19	20
②	①	①	④	③	②	③	②	②	③
21	22	23	24	25					
①	②	③	④	③					

1 ①

② 스머핑(Smurfing) : IP와 인터넷 제어 메시지 프로토콜(ICMP)의 특성을 이용하여 인터넷망을 공격하는 행위이다. 정보교환을 위해 프로토콜로 운용중인 노드를 핑 명령으로 에코 메시지를 보내어 가짜 네트워크 주소인 스머핑 주소를 만든다. 이 주소로 보내진 다량의 메시지로 트래픽이 가득 차서 네트워크 사용이 어려워진다.

③ 스푸핑(Spoofing) : 위장된 정보로 시스템에 접근하여 정보를 빼가는 해킹수법이다.

④ 워터링홀(Watering Hole) : 사자가 먹이를 습격하기 위하여 물웅덩이 근처에 매복하고 있다가 먹이가 물웅덩이에 빠지면 공격하는 것에서 유래한 용어로 특정 계층이나 관련된 인사들만이 접근하는 사이트들에 악성코드 감염을 유도하는 수법이다.

2 ②

① 랜섬웨어(Ransomware) : 사용자 PC를 해킹하여 컴퓨터 내부 문서를 암호화하여 금품을 요구하는 악성코드이다.

③ 스피어 피싱(Spear Phishing) : 특정 기업 직무자를 대상으로 이메일을 보내 정보를 취득하는 사기수법이다.

④ 부트키트(BootKit) : OS에서 활동하는 악성코드이다.

3 ④

④ FIDO(Fast Identity Online) : 온라인 환경에서 ID, 비밀번호 없이 생체인식 기술을 활용하여 보다 편리하고 안전하게 개인 인증을 수행하는 기술이다.

① CPO(Chief Privacy Officer) : 개인정보보호책임자로 정부의 사생활 보호규정과 법률에 위반되는 정책을 찾아내 수정하며, 해킹 등 사이버범죄로부터 회원정보를 지켜내기 위한 안전장치를 마련하는 등의 업무를 한다.

② GDPR(General Data Protection Regulation) : 유럽연합의 개인정보보호 법을 의미한다.

③ RPA(Robotic Process Automation) : 기업의 재무, 회계, 제조, 구매, 고객 관리 분야 데이터를 수집해 입력하고 비교하는 단순반복 업무를 자동화해서 빠르고 정밀하게 수행하는 자동화 소프트웨어 프로그램을 말한다.

4 ③

① 멀티캐스트(Multicast) : 네트워크상에서 동일한 데이터를 여러명에게 동시에 전송하는 방식이다. 멀티캐스팅을 지원하는 가상 네트워크로는 엠본(MBone)이 있다.

② 핀치 투 줌(Pinch to Zoom) : 스티브잡스가 적용한 기술 특허로 터치스크린의 화면을 자유롭게 움직이면서 확대 및 축소가 가능한 기술이다.

④ 텔레프레전스(Telepresence) : 같은 공간에 있는 것과 같이 느껴지는 가상 화상회의시스템이다.

5 ③

② 데이터마이닝(Data Mining) : 다양한 데이터 가운데 유용한 정보를 추출하여 선택에 이용하는 과정이다.

③ OLAP(Online Analytical Processing) : 사용자가 대용량 데이터를 편리하게 추출·분석하도록 도와주는 비즈니스 인텔리전스(Business Intelligence) 기술이다.

④ 머신러닝(Machine Learning) : 인공지능의 한 분야로 컴퓨터를 통해 인간의 능력을 실현하기 위한 기술이다. 컴퓨터가 다양한 데이터를 통해 패턴을 찾아내는 방법이다.

6 ④

④ 블랙박스 테스트(Blackbox Test) : 비교검사(Comparison Testing)에 해당한다. 입력조건의 중간값에서 보다 경계값에서 에러가 발생될 확률이 높다는 점을 이용하여 이를 실행하는 테스트인 경계값분석(Boundary Value Analysis), 입력데이터 간의 관계가 출력에 영향을 미치는 상황을 체계적으로 분석하여 효용성 높은 시험사례를 발견하고자 원인 – 결과 그래프 기법을 제안하는 원인효과그래픽기법(Cause Effect Graphing Testing) 등이 있다.

① 튜링 테스트(Turing Test) : 컴퓨터가 인공지능을 갖추고 있는지 판별하는 실험으로 인간과의 의사소통을 통해 확인하는 시험법이다. 2014년 6월 영국 레딩대학에서 슈퍼컴퓨터 '유진 구스타만'이 튜링 테스트에 통과하였다고 밝혔다.

② 베타 테스트(Beta Test) : 하드웨어나 소프트웨어를 공식적으로 발표하기 전에 오류가 있는지를 발견하기 위해 미리 정해진 사용자 계층들이 써 보도록 하는 테스트이다.

③ 화이트박스 테스트(White Box Test) : 구조적·코드기반 테스트로 내부 소스 코드를 테스트하는 기법이다.

7 ③

MAANG은 미국 IT 산업을 선도하는 5개 기업 Microsoft, Amazon, Apple, Google, Netflix의 앞 글자를 딴 용어이다.

8 ②

① 암호화폐의 종류이다.

③ 가격변동성이 적게 유지되도록 설계된 화폐이다

④ 라이트코인(Litecoin) : 비트코인과 같은 형식으로 간편하게 채굴할 수 있는 장점이 있다.

※ NYSE(New York Stock Exchange)

상장사들의 처음 진행하는 거래를 기념하기 위해서 퍼스트 트레이드 NFT를 발행하였다. 대체 불가능한 토큰 (Non Fungible Token)으로 디지털 자산에 고유 인식값을 부여하여 교환이 불가능하다. NYSE가 발행한 NFT인 10초 가량의 동영상 안에는 각 회사의 로고, 상장가격, 거래코드 등이 들어있다.

9 ④

① 빅데이터(Big Data) : 디지털 환경에서 생성되는 데이터로 그 규모가 방대하고, 생성 주기도 짧고, 형태도 수치 데이터뿐 아니라 문자와 영상 데이터를 포함하는 대규모 데이터를 말한다. 과거에 비해 데이터의 양이 폭증했으며 데이터의 종류도 다양해져 사람들의 행동은 물론 위치정보와 SNS를 통한 생각과 의견까지 분석하고 예측할 수 있다.

② 딥러닝(Deep Learning) : 다층구조 형태의 신경망을 기반으로 하는 머신 러닝의 한 분야로, 다량의 데이터로부터 높은 수준의 추상화 모델을 구축하고자 하는 기법이다.

③ 사물인터넷(Internet of Things) : 인터넷을 기반으로 모든 사물을 연결하여 사람과 사물, 사물과 사물 간의 정보를 상호 소통하는 지능형 기술 및 서비스를 말한다.

※ 클라우느 컴퓨팅(Cloud Computing)

ㄱ 정의 : 클라우드(Cloud)로 표현되는 인터넷상의 서버에서 데이터 저장과 처리, 네트워크, 콘텐츠 사용 등 IT 관련 서비스를 한번에 제공하는 혁신적인 컴퓨팅 기술이다.

ㄴ 클라우드 컴퓨팅의 예

• IaaS(Infrastructure as a Service) : 서비스로써의 인프라라는 뜻으로, AWS에서 제공하는 EC2가 대표적인 예이다. 이는 단순히 서버 등의 자원을 제공해 주면서 사용자가 디바이스 제약 없이 데이터에 접근할 수 있도록 해준다.

• PaaS(Platform as a Service) : 서비스로써의 플랫폼이라는 뜻으로, 사용자(개발자)가 소프트웨어 개발을 할 수 있는 환경을 제공해 준다. 구글의 APP엔진, Heroku 등이 대표적인 예다.

• SaaS(Software as a Service) : 서비스로써의 소프트웨어라는 뜻으로, 네이버에서 제공하는 N드라이브, Drop Box, Google Docs 등과 같은 것을 말한다.

10 ①

㉠에 들어갈 용어는 '디지털 서비스세(DST Digital Service Tax)' 즉, '디지털세'이다. 디지털세는 영업이익이 아니라 '매출'을 기준으로 국가별로 보통 2 ~ 3% 부과되는 세금을 말한다(2020년 7월부터 인도네시아는 넷플릭스에 10%의 디지털세를 부과한다고 발표했다). 프랑스는 OECD에서 합의안이 도출(2020년 말 예정)되기 전, 한시적 운영으로서 2019년 최초로 디지털세를 도입했다.

※ BEPS(Base Erosion and Profit Shifting)

　다국적 기업이 각국의 조세제도 차이점 혹은 허점을 악용하여 조세부담을 줄이는 국제적 조세회피 행위이다. OECD는 이에 대응하기 위한 「BEPS 프로젝트」에서 15개 세부 과제 중 가장 우선순위로 '디지털세'를 선정한 바 있다.

11 ②

㉠에 해당하는 용어는 '엣지컴퓨팅'이다. 엣지컴퓨팅은 네트워크가 없어도 기기 자체에서 컴퓨팅을 구현할 수 있는 기술이다. 따라서 네트워크에 대한 의존도를 크게 낮출 수 있는 기술로 평가된다.

12 ①

블록체인(Block Chain) … 블록에 데이터를 담아 체인 형태로 연결하여 동시에 수많은 컴퓨터에 복제하여 저장하는 분산형 저장기술을 말하며, 공공 거래 장부라고도 불린다. 참여자들은 원장을 공유함으로써 모든 정보에 접근이 가능하며, 합의 과정을 통해 신뢰성이 보장된다.

13 ①

② **디지털 치매(Digital Dementia)** : 디지털 기기에 의존하여 기억력이 감소하는 상태를 말한다.

③ **필터 버블(Filter Bubble)** : 사용자에게 맞춤형 정보만을 제공하는 현상을 말한다.

④ **소셜 큐레이션(Social Curation)** : 미술관에 있는 큐레이터처럼 양질의 콘텐츠를 수집하여 공유하는 것을 말한다.

14 ④

이중지불(Double Spending) … 만일 악의를 가진 사람이 동시에 각각 다른 유저에게 암호화폐(비트코인, 이더리움 등)를 사용할 경우 이를 '이중 지불'이라 한다. 이중 지불의 문제를 해결하는 것이 암호화폐의 핵심 기능이라 할 수 있다. 비트코인 채굴과 블록체인은 이중지불을 방지하는 데 그 목적이 있으며, 이로써 네트워크가 어떤 비트코인 거래들이 유효한 것인지를 확인하고 합의할 수 있다.

15 ③

③ 뇌 - 컴퓨터 인터페이스(Brain - Computer Interface) : 뇌 - 컴퓨터 인터페이스로 뇌파를 이용하여 컴퓨터에서 해석할 수 있는 인터페이스를 말한다.

① 인공 신경망(Artificial Neural Network) : 인간의 신경처리 과정을 모방하여 만든 알고리즘을 말한다.

② 딥러닝(Deep Learning) : 다량의 데이터를 이용하여 스스로 학습하는 인공 신경망으로 구축된 기계학습 기술을 말한다.

④ 생성적 대립 신경망(Generative Adversarial Network) : 딥러닝 알고리즘으로 진짜와 똑같은 가짜를 생성하여 이를 판별하여 학습하고 진짜와 같은 가짜를 만드는 기술이다.

16 ②

컴퓨터 시스템은 크게 하드웨어와 소프트웨어로 구성된다. 컴퓨터 정보시스템은 하드웨어, 소프트웨어와 사람, 데이터의 4가지를 구성요소로 한다.

17 ③

디코더(Decoder) … 코드화된 2진 정보를 다른 코드형식으로 변환하는 해독회로이다.

18 ②

데이터 중복의 문제점 … 일관성 문제, 보안성 문제, 경제성 문제, 무결성 문제

19 ②

② RARP는 호스트의 물리주소를 이용하여 논리 주소인 IP주소를 얻어 오기 위해 사용되는 프로토콜이다.

20 ③

병렬전송은 버스 내의 선의 개수가 레지스터를 구성하는 플립플롭의 개수와 일치한다. 플립플롭에는 RS, JK, D, T 플립플롭이 있다.

21 ①

HTML 용어

㉠ UL : 순서가 없는 목록의 시작과 종료를 알려주는 태그이다.

㉡ OL : 순서가 있는 목록의 시작과 종료를 알려주는 태그이다.

22 ②

① WAN(Wide Area Network) : 이해관계가 깊은 연구소 간 및 다국적 기업 또는 상호 유대가 깊은 동호기관을 LAN으로 상호 연결시킨 망이다.

③ VAN(Value Added Network) : 회선을 직접 보유하거나 통신사업자의 회선을 임차 또는 이용하여 단순한 전송기능 이상의 정보의 축적이나 가공, 변환 등의 부가가치를 부여한 음성, 데이터 정보를 제공해 주는 매우 광범위하고 복합적인 서비스의 집합이다.

④ ISDN(Integrated Services Digital Network) : 전화망에서 모뎀 없이 데이터 전송이 가능하게 변화시킨 것으로 하나의 전화회선을 통해 음성, 데이터, 화상 등의 정보를 동시에 주고받을 수 있는 미래의 종합 서비스 디지털망이다.

23 ③

③ 퍼셉트론(Perceptron) : 프랑크 로젠블라트가 1957년에 고안한 알고리즘으로 인간의 신경 조직을 수학적으로 모델링하여 컴퓨터가 인간처럼 기억, 학습, 판단할 수 있도록 구현한 인공신경망 기술이다.

① 빠른 정렬(Quick Sort) : 주어진 입력 리스트를 피봇(Pivot) 또는 제어키(Control Key)라 불리는 특정 키 값보다 작은 값을 가지는 레코드들의 리스트와 큰 값을 가지는 레코드들의 리스트로 분리한 다음, 이러한 두 개의 서브 리스트들을 재귀적으로 각각 재배열하는 과정을 수행하는 방식이다.

② 맵리듀스(MapReduce) : 대용량 데이터 처리를 분산 병렬 컴퓨팅에서 처리하기 위한 구글의 소프트웨어 프레임워크이다.

④ 하둡(Hadoop) : 대량의 자료처리가 가능한 오픈 자바 소프트웨어 프레임워크로 빅데이터를 처리하는 분산파일 시스템이다.

24 ④

게이트웨이(Gateway) … 전송에서 응용계층까지의 영역의 망을 연결한다. 두 노드가 서로 통신하려면 동일한 프로토콜(통신규약)에서 행해져야 하는데 게이트웨이는 서로의 프로토콜을 적절히 변환시켜 통신을 가능하게 한다.

25 ③

코드는 사용자가 편리하게 다룰 수 있어야 하며 컴퓨터 처리가 용이하여야 한다. 또 코드가 단순명료해야 하고 일관성이 있어야 한다.